厚德博學
經濟匡時

中国宏观经济形势分析与预测年度报告

（2019－2020）

风险评估、政策模拟及其治理

——深化竞争中性改革，激发经济发展动力

“中国宏观经济形势分析与预测”课题组
上海财经大学高等研究院
著

上海财经大学出版社

图书在版编目(CIP)数据

中国宏观经济形势分析与预测年度报告(2019－2020):风险评估、政策模拟及其治理:深化竞争中性改革,激发经济发展动力/“中国宏观经济形势分析与预测”课题组,上海财经大学高等研究院著. 一上海:上海财经大学出版社,2020.8

ISBN 978-7-5642-3585-7/F・3585

Ⅰ.①中… Ⅱ.①中…②上… Ⅲ.①中国经济-宏观经济形势-经济分析-研究报告-2019-2010②中国经济-宏观经济形势-经济预测-研究报告-2019-2020 Ⅳ.①F12

中国版本图书馆 CIP 数据核字(2020)第 112197 号

□ 责任编辑 胡 芸

□ 封面设计 张克瑶

中国宏观经济形势分析与预测年度报告(2019－2020)

风险评估、政策模拟及其治理

——深化竞争中性改革,激发经济发展动力

“中国宏观经济形势分析与预测”课题组
上海财经大学高等研究院 著

上海财经大学出版社出版发行
(上海市中山北一路 369 号 邮编 200083)
网 址:http://www.sufep.com
电子邮箱:webmaster@sufep.com
全国新华书店经销
上海华业装璜印刷厂印刷装订
2020 年 8 月第 1 版 2020 年 8 月第 1 次印刷

710mm×1000mm 1/16 15.5 印张(插页:1) 238 千字
定价:60.00 元

出版说明

本书所有的分析和模拟都是在这次新型冠状病毒肺炎的暴发前做完并发布的——而本次史无前例的疫情大流行已经使整个经济的前景严重恶化，特别是短至中期内。从更加长远的角度看，基于我们在已发布的年度报告中所分析的结果，并结合最近疫情大流行所带来的巨大负面冲击，使得我们更加一如既往地强调，通过深化改革实现竞争中性对于中国向可持续、高质量发展阶段转变既有重要性，也有迫切性。

此外，为了更全面、及时地反映新冠疫情给中国经济带来的冲击以及课题组的观察，本书附件收录了课题组发布的主题为"疫情冲击下的中国宏观经济：挑战与出路"的《2020 年第一季度中国宏观经济形势分析与预测报告》。

课题组

（成员简介见附录）

负 责 人 田国强

首席顾问 盛松成

首席专家 黄晓东

成　　员 陈旭东　陈媛媛

（按姓氏拼音排序）

龚　关　宫　健

蒋荷露　Youngsoo Jang

Hyeon Ok Lee　李　倩

李双建　林立国

刘子熙　宁　磊

欧声亮　唐荣胜

王小雯　王玉琴

吴化斌　徐佳文

杨轶波　杨有智

张同斌　赵　琳

赵旭霞　朱　梅

本报告联系人　陈旭东

（021－65903125，chen. xudong@mail. shufe. edu. cn）

项目概览

上海财经大学高等研究院2009年发起成立“中国宏观经济形势分析与预测”课题组，旨在以一种开放式的科研组织模式，凝聚海内外相关研究力量，对中国宏观经济进行长期跟踪研究，定期发布中国宏观经济形势分析与预测报告，为政府、企业及社会各界提供有参考价值的经济洞见、政策对策及长期治理建议，推动中国经济的长期稳定增长和可持续发展以及国家治理能力和治理体系的现代化。

基于中西合璧、优化整合的方针，高等研究院依托中国宏观经济研究中心组建了阵容强大的课题组成员团队，包括曾任美联储高级经济学家的国际资深专家，原中国人民银行调查统计司司长、上海市人民政府参事，以及10多位获得国内外顶尖大学博士学位的高级研究人员，包括2位孙冶方经济科学奖得主、5位终身教职教授。与此同时，高等研究院下设的数据调研中心、人口流动与劳动力市场研究中心、卫生经济与老龄化研究中心等10多个中心也将从不同方面为本项目提供研究支持。

作为课题组的成果体现形式之一，中国宏观经济形势分析与预测报告坚持以全局观念、系统思维和综合治理方法来处理好改革、发展和稳定的辩证关系，力求体现以下特点：一是构建完善多部门大型量化准结构性宏观模型(IAR-CMM)：充分考虑中国元素，内含多个板块，板块对接时会把其他板块的结论嵌入该板块中去，使之短期政策应对变量与长期改革参数在所有板块中具有自洽性和内在一致性，以此达到宏观总体一般均衡和综合治理题。二是基于扎实的数据采集和整理的严谨计量经济分析、理论内在逻辑分析及历史视野比较分析，做到分析解决问题所需要的三个维度的结合,即理论逻辑、实践真知、历史视野,以体现“六性”:科学性、严谨性、针对性、现实性、前瞻性和思想性。三是不只是点预测,更多的是防范风险和稳增长的情景分析和反事实分析:对不同风险和政府不同增长目标给出应对力度和备选方案,为政府决策提供科学依据。四是既考虑到短期波动风险、趋势性和周期性因素的交互叠加和相互作用,也关注中长期制度性、结构性改革及其向纵深推进的方式。

目前,中国宏观经济形势分析与预测报告每年以季度为出版频率,一年4期,得到“经济学前沿理论与方法学科创新引智基地”和理论经济学上海市高峰Ⅱ类学科建设计划的支持。报告采取了国际前沿、国内较为独特的基于准结构模型的情境分析(Alternative Scenario Analyses)和政策模拟(Policy Simulations)方法,在对统计数据和经济信息充分收集和科学鉴别校正的基础上,对中国宏观经济最新形势进行严谨分析,对未来发展趋势进行客观预测,并提供各种政策情景模拟结果供决策参考。

课题组竭诚欢迎社会各界与我们开展合作交流,共同推动中国宏观经济研究的发展与中国宏观经济的持续繁荣!

摘　要

2019年，中国经济在国内外不确定性明显上升的复杂局面下稳中求进，取得了6%以上的经济增长，实属不易，总体上抵御了增速大幅下滑的风险，为2020年应对内外部复杂局面打下了基础，但同时也面临中国经济下行压力加大以及体制性、结构性方面的问题，需要引起重视。具体来看，消费增速持续下滑，进出口增速大幅下降，虽然房地产开发投资保持坚韧、基建投资有所回升，但受民营经济为主体的制造业投资增速大幅下滑影响，总投资增速亦有所回落。服务业的比重持续上升，但整体上仍面临效率不高、市场化程度不足等问题，一定程度上延滞了经济结构和体制的转型。劳动力市场持续疲软，居民收入水平增速下降。总和生育率下降，老龄化问题严重，人口结构性问题亟待解决。受以猪肉为代表的食品价格快速上升等因素的影响，CPI同比增速不断上升，但受需求和国际大宗商品价格等因素的影响，PPI同比增速自7月份以来持续为负，CPI和PPI剪刀差不断扩大。尽管一些新经济行业增速较快，但其在国民经济中的比重还不高，对冲传统经济增速下滑的作用有限。

从内部来看，防范化解金融风险依然是重中之重。家庭部门杠杆率不断增加，严重制约了家庭消费潜力的释放，增加了金融风险。受总需求不足的影响，企业经营困难进一步加大，不得不被动加杠杆。重要的是，家庭和企业部门之间相互加强的反馈作用，使得不论是家庭杠杆率的下降还是僵尸企业的出清都变得愈加困难。为了保就业，地方政府对企业的补贴虽然会起到一些效果，但仍难以扭转企业经营问题对家庭部门的负面影响。与此同时，随着经济环境不确定性的增加及地方政府债务违约风险的上升,需警惕金融系统内部风险与之相互叠加,引起金融再次“脱实向虚”,服务实体经济的能力下降。从外部来看,中美贸易摩擦持续以及贸易环境的紧缩将继续拖累进出口增速,同时全球增长放缓也导致外部需求放缓,这将进一步拖累进出口增速。尽管人民币汇率自 2019 年 11 月以来在合理区间小幅震荡,但人民币长期贬值压力仍不可忽视。

课题组充分重视对各种风险的防范,对不同情景下的经济走势、短期政策应对和中长期改革治理,有如下主要结果和观点。基于上海财经大学高等研究院中国宏观经济预测模型(IAR-CMM)的情景分析和政策模拟结果,课题组测算,在基准情景下,2020 年全年实际 GDP 增速约为 6.0%,经校正后的 GDP 增速约为 5.9%,CPI 增长 3.2%,PPI 增长 0.1%,GDP 平减指数增长 1.7%,消费增长 7.1%,投资增长 5.4%,出口增长−2.4%,进口增长 1.3%,人民币兑美元汇率(CNY/USD)将在 7 附近双向波动。考虑到内外部环境改善、制造业利润下滑及贸易摩擦情况恶化等因素,课题组做出如下 5 种情景分析:

1. 情景Ⅰ——内部环境改善,保守乐观情形下,假设 2020 年我国消费和投资均高于基准 0.15 个百分点,全年实际 GDP 增长 6.1%;乐观情形下,假设 2020 年我国消费和投资均高于基准 0.3 个百分点,全年实际 GDP 增长 6.2%。

2. 情景Ⅱ——外部环境改善,保守乐观情形下,假设外需上升导致 2020 年我国出口同比增速高于基准 3 个百分点,全年实际 GDP 增长 6.1%;乐观情形下,假设外需大幅上升导致 2020 年我国出口同比增速高于基准 5 个百分点,全年实际 GDP 增长 6.2%;假设内外部环境同时改善,2020 年我国消费和投资均高于基准 0.4 个百分点,出口高于基准 3 个百分点,全年实际 GDP 增长 6.4%。

3. 情景Ⅲ——贸易摩擦情况恶化,保守悲观情形下,假设 2020 年我国出口同比增速低于基准 3 个百分点,全年实际 GDP 增长 5.8%;悲观情形下,假设 2020 年我国出口同比增速低于基准 5 个百分点,全年实际 GDP 增长 5.7%。

4. 情景Ⅳ——制造业利润继续下滑,保守悲观情形下,假设固定资产投资累计同比增速下降 1.7 个百分点,全年实际 GDP 增长 5.7%;悲观情形下,假设固定资产投资累计同比增速下降 3 个百分点,全年实际

GDP 增长 5.5%。

5. 情景Ⅴ——内外部条件持续恶化叠加，极度悲观情形下，假设固定资产投资累计同比增速下降 4.3 个百分点，出口同比增速低于基准 5.5 个百分点，全年实际 GDP 增长 5.0%。

课题组就各种假设情景探讨了政策力度的选择。根据 IAR-CMM 模型的分析，若 2020 年要维持 GDP 增速 6.0%或校正 GDP 增速 5.9%的目标，在不同情景下所需的政策力度分别为：基准情景和乐观情景Ⅰ、Ⅱ下，可保持稳健货币政策和积极财政政策的力度，不需要额外降准和增加预算外赤字；情景Ⅲ的保守悲观情形下，货币政策方面需在基准政策之上降准 1 次 50 个基点，同时财政赤字需要增加 1 457.5 亿元，超过预算赤字 4.48%，全年赤字率约为 3.24%；情景Ⅲ的悲观情形和情景Ⅳ的保守悲观情形下，需在基准政策之上降准 1 次 50 个基点，同时财政赤字需要增加 2 743.6 亿元，超过预算赤字 8.44%，全年赤字率约为 3.36%；情景Ⅳ的悲观情形下，需在基准政策之上降准 2 次，每次 50 个基点，同时财政赤字需要增加 4 629.8 亿元，超过预算赤字 14.25%，全年赤字率约为 3.54%；情景Ⅴ的极度悲观情形下，需在基准政策之上降准 2 次，每次 100 个基点，同时财政赤字需要增加 9 002.4 亿元，超过预算赤字 27.70%，全年赤字率将达到 4.02%，但是课题组并不建议采用如此激进的短期需求管理政策来达到增长目标。

根据模型结果，课题组发现，货币政策与财政政策不但影响总需求，也影响供给端的资源分配，从而会对劳动生产率造成影响。具体来说，扩张性货币政策在降低融资成本、刺激总需求的同时，可能导致房地产价格的又一轮上升，从而使得大量资源流向低生产率的房地产部门，造成工业企业的固定投资与研发支出的大幅减少，降低了劳动生产率。与扩张性货币政策不同的是，扩张性财政政策有可能改善基础设施建设，提高劳动生产率。因此，课题组认为，在当前中国经济面临下行压力时，财政政策仍有必要主动发力，在稳增长中发挥更大的作用；货币政策应当与宏观审慎政策协调，防止资金过度流入房地产部门，从而影响劳动生产率。

结合短中长期的视角来看，对如何以全局观念、系统思维和综合治理应对中国经济下行压力，走向可持续增长和高质量发展路径，课题组提出如下观点：

第一,面对外部的负面冲击和周期影响,逆周期调节政策对于稳定投资、消费、进出口、汇率等有其现实必要性,但需要注意其科学性、严谨性、现实性、针对性的有机结合。在全球竞争性货币宽松的背景下,货币政策应保持稳健,做到灵活适度,不搞强刺激。稳健的货币政策需要配合宏观审慎政策防止资金流向房地产市场,一方面要防范化解金融风险,稳定宏观杠杆率;另一方面也要提振民企信心,落实金融服务实体经济,降低民企融资成本,并从根本上改善投资环境,提高投资效率。财政政策应全面落实减税降费政策,以助力民企、改善民生、促进民富为导向,稳定就业市场形势、改变阶层分化的格局,抑制收入差距的持续恶化、控制家庭债务规模,以激发、提振市场有效投资和消费内生性需求。同时,适度增加财政支出,如基础设施建设投资支出,可以促进公共品外部性,提高劳动生产率。产业政策与货币、财政政策有相关性,应更多使用致力于提升市场功能的普遍性、功能性或软性产业政策,慎用倾斜性、选择性或硬性产业政策,以与市场化改革的大方向相一致。

第二,逆周期政策调节只是为了进一步全面深化改革开放争取时间、打下基础、创造条件,而不能解决持续发展和根本性问题,应该与市场化改革、全方位开放的大方向相一致。尤其是硬性产业政策的采用应适度、慎用。理论、实证及中国改革开放实践都表明了,改革不改革、改革到位不到位,经济增长差异巨大,相差可达 3 个百分点。与此同时,仍需坚持发展是硬道理、压倒一切的是稳定的基本方略。课题组主张对于"改革开放到底做对了什么"这一问题要有准确的认识,否则会影响改革发展的大业和政策制定。近些年出现的一些影响经济发展的问题都与"改革开放到底做对了什么"这个问题没有弄清楚有关。造成的后果是可能影响中央全会精神的贯彻执行,使得文件空转,把做对了的改革也往回改。因此,我们需要以控制实验的科学方法论来区分哪些是改革前后的共性因素、哪些是差异因素。新的差异因素是:较大程度的经济上的选择自由、松绑放权改革、引入竞争机制、对外开放、民营经济大发展、国有经济比重不断下降。因此,市场化改革应坚持竞争中性、所有制中立的原则方向,以改革促进不合理体制、结构的纠正。经济全球化开放应向更高的制度型开放转变,以开放倒逼自身制度环境的改善。而竞争中性又是下一步改革和开放的共同关键词,有利于促进"有能、有为、有效、有爱"的维护和服务性有限政府及有效市场的形成，以更全面的深化改革和扩大开放来形成促进可持续增长与高质量发展的制度红利。

第三，完善法律和政策体系，确立竞争中性原则。应从国家法律层面对竞争中性原则及其适用性予以确认，如在《公司法》《反垄断法》《反不正当竞争法》等相关法律法规中进行适当体现，健全支持民营经济发展法治环境。在国家高位阶法律没有做出修订之前，各地方政府可以从自身经济的实际出发，对地方自主权以内的一些法律制度安排做出一些先行先试的探索，对于各种市场主体的所有制成分，在政策环境、法律保障、要素供给等方面都一视同仁。同时，可以考虑设立一些实施竞争中性、所有制中立政策的先行试验区。例如，深圳是中国改革开放的一面旗帜，其作为最早的经济特区，起到了探索、实验、示范的作用。历史赋予了深圳中国特色社会主义先行示范区的新定位，但经济依然是中心工作。深圳在民营经济发展和创新驱动发展方面有基础、有条件、有优势，可成为实施竞争中性政策的试验区。

第四，改革国资监管的体制，促进竞争中性落地。应促进从管资产向管资本转变，促进国有资本布局调整，同时深化国有企业改革，让竞争行业中的国有企业成为不依靠政府倾斜政策、与民营企业一样受到公平对待的独立市场竞争主体。《中共中央国务院关于深化国有企业改革的指导意见》曾提出，“该管的要科学管理、决不缺位，重点管好国有资本布局、规范资本运作、提高资本回报、维护资本安全；不该管的要依法放权、决不越位，将依法应由企业自主经营决策的事项归位于企业，将延伸到子企业的管理事项原则上归位于一级企业”。与此同时，创新，特别是技术创新，主要靠市场而不是政府，靠民企而不是国企。民营经济、创新经济最强的是美国，靠的是民企，也靠企业家精神。

第五，提升对外开放的层级，倒逼竞争中性改革。在改革进入深水区之后，改革每往前走一步都十分艰难，开放之于改革的倒逼作用就显得异常重要。进入新时期，“零关税、零壁垒、零补贴”，加强知识产权保护，创造公平竞争营商环境等正成为开放体系下全球经济贸易和投资的目标和重点。这样的开放，对于竞争中性原则的落地具有倒逼作用。并且，新时期的对外开放不能仅仅停留在商品、要素等方面的流动型开放上，也要向规则、议程等方面的制度型开放转变，全方位开展更高标准、更高水平的双边和多边自由贸易协定谈判，加快推进中欧、中英、中日韩、RCEP(区域全面经济伙伴关系)等主要多边双边自由贸易协定谈判或升级谈判，积极探讨加入 CPTPP(全面与进步跨太平洋伙伴关系协定)的可行性，在全球贸易规则重塑中保障自身利益。

总之，定位恰当的维护和服务性有限政府治理模式，在经济体制转型、结构变迁及市场失灵中发挥着不可或缺的指导性作用，硬性的产业政策尽管是需要的，但应该保持适度、保持慎用，更重要的是，提供基础性制度环境的市场化改革。中国目前离构成现代化经济体系的目标还有较大差距，需要从产业政策更多地过渡到竞争政策，进一步强化竞争中性、所有制中立原则，特别是在当前内外严峻的经济环境下，市场化改革显得尤其必要。只有通过市场化改革不断地逼近维护和服务性有限政府这一理想状态，才能建立现代化经济体系，落实创新、协调、绿色、开放、共享的新发展理念，让经济走向更加平衡和充分的高质量发展路径。坚持全局观念和系统思维，以改革、发展、稳定、创新和治理五位一体的综合治理方式，通过根本性的制度变革来正确处理政府与市场、政府与社会之间的关系，真正让市场在资源配置中起到决定性作用，更好而不是更多地发挥政府的作用，并发挥社会自组织在诸多公共事务中的桥梁纽带作用，才能有助于国家治理体系和治理能力现代化目标的早日实现。

关键词：宏观经济预测　政策模拟　情景分析　长期治理

目　录

概　述

基于上海财经大学高等研究院中国量化准结构宏观预测模型（IAR-CMM）所建立的情景分析和政策模拟，课题组分别从基准情景（假设外部经济小幅回升、美联储2020年不再降息、人民币汇率在7附近双向波动，居民杠杆率攀升、商业银行不良贷款率小幅上升、基建投资回暖，中国人民银行2020年降准100个基点）、情景Ⅰ（内部环境改善）、情景Ⅱ（外部环境改善）、情景Ⅲ（贸易摩擦情况恶化）、情景Ⅳ（制造业利润下降）、情景Ⅴ（内外部条件持续恶化叠加）进行数值模拟，所得的预测结果显示，2020年中国宏观经济整体下行压力有进一步加大的趋势，需要以竞争中性为导向深化改革开放，以应对当前国内外的复杂局面。

课题组就不同假设情景探讨了实现6.0%经济增长目标所需的政策组合选择。当然，逆周期政策调节有其必要性，但治标不治本，更重要的是结构性、体制性改革。中国需要通过深层次、全方位的市场化改革，进一步提升经济包容性，促进向效率驱动和创新驱动的转变，同时进一步提升依法治国能力，构建有能、有为、有效、有爱的维护和服务性有限政府。在改革进入深水区的阶段，通过开放倒逼改革是可行和必要的，当前国内经济社会所出现的深层次难点问题和世界政治经济环境所发生的巨大变化，让我们更加迫切地感受到深化改革开放的必要性和紧迫感。结合短中长期的视角来看，课题组认为通过高水平、全方位开放倒逼竞争中性导向的体制性、结构性改革,有助于实现中国经济的可持续增长和高质量发展。

一、经济走势及主要问题

(一)消费增速持续下降

2019年1～11月的累计同比增速为8.0%,较2018年同期低了1.1个百分点。网上零售在社会消费品零售总额中的占比继续攀升,在11月已达到33.2%。其1～11月的累计同比增速达到16.6%,高出社会消费品零售总额此时间段累计同比增速8.6个百分点。限额以上企业商品零售额的同比增速仍然较低,截至11月,累计同比增速为3.9%,较上年同期低了2.2个百分点。除了6月由汽车销量激增引起的同比增速暂时反弹,限额以上企业的商品零售额同比增速在低位保持相对平稳。其中,与民生息息相关的食品类消费,受猪肉价格上涨引起的总体价格上涨的影响,其实际同比增速自9月以来出现了负增长,于11月达到－5.8%。汽车类消费增速也在除6月短暂的激增之外,维持负增长的态势。建筑装潢类消费的同比增速于2019年4月出现了近10年来的首个负增长,家具类在10月也迎来了近10年来最低同比增速。中西药类消费并未因为大病抵扣政策的出台而得到改善,反而在11月出现了近10年来最低同比增速。可喜的是,在限额以上企业中,化妆品类1～11月累计同比增速达到12.7%,超过上年同期2.2个百分点。体育娱乐类的消费增速明显加快,其11月同比增速达到20.1%,为近两年来的最高值。受到国际油价走低的影响,虽然石油类制品名义同比增速持续下滑,但实际同比增速节节攀升,于11月达到了8.3%,为近三年来的最高。

(二)基建投资略有回升,但民营经济为主体的制造业投资增速大幅下滑

2019年,全国固定资产投资同比增速持续下滑,主要受制造业投资增速大幅下滑拖累。预计2019年全年增速5.2%,比上年回落0.7个百分点。其中,房地产投资虽缓慢下行,但新开工面积增速和施工面积增速

双双回暖支撑了房地产投资增速仍保持坚韧，1～11月房地产开发投资累计同比增长10.2%，高于上年全年累计9.5%的增速。若施工面积增速保持平稳带动建安投资增速，课题组判断2020年房地产投资或在第一季度面临较大压力，而全年增速约为8%。受内外需疲弱的影响，民营经济为主体的制造业利润持续下降，制造业投资增速年内大幅下滑，1～11月累计增速2.5%。贸易争端可能常态化，但2020年全球经济增长可能弱复苏，如果内部融资环境进一步改善，课题组估计2020年制造业投资增速略高于2019年，约为2.8%。1～11月基建投资（不含电力）同比增速为4.0%，比2018年全年提升了0.2个百分点，在逆周期调节不放松的前提下预计2020年将继续回升。预计2020年全年固定资产投资增速小幅上升至5.4%，比2019年高0.2个百分点。

（三）进出口增速大幅下滑，贸易顺差有所扩大

2019年1～11月，全国出口、进口增速均出现大幅下滑。其中，进口增速较出口增速出现更大幅度下滑，贸易顺差比2018年同期增加828.9亿美元。进出口增速下降的主要原因包括：第一，自2018年以来，中美双方互相加征关税的行为对双边贸易造成较大影响，中国对美国出口和中国从美国进口均出现大幅负增长，并对总体进出口产生影响；第二，内外部需求均面临一系列挑战，是影响进出口增速的根本性因素；第三，2018年同期增速较高，受基数效应的影响，2019年上半年进出口增速相对较低。服务贸易进出口增速基本平稳，服务贸易进口增速慢于其出口增速，服务贸易逆差较2018年同期有所减少。

（四）劳动力市场疲软，居民收入增速放缓，人口结构性问题突出

2019年实现全年城镇新增就业1 100万人以上的目标。前11个月新增就业人数累计1 279万人，同比下降1.08%，劳动力市场收紧。从失业率上看，10月、11月的全国城镇调查失业率都为5.1%，与上一季度相比有所下降，但与2018年同期相比上升0.2%、0.3%。其中，10月、11月31个大城市城镇调查失业率均为5.1%，与上一季度平均水平相比下降0.1%，同比上升0.4%。从采购经理人指数（PMI）中的从业人员指数看，10月、11月的制造业PMI从业人员指数为47.3%，与上一季度相比

有所上升，同比分别下降 0.8%、1%。非制造业 PMI 从业人员指数分别为 48.2%、49%，相比 9 月有所上升，与 2018 年同期相比，两个月分别下降 0.7%与上升 0.3%。企业的用工规模持续缩小，但趋势有所缓解。2019 年第三季度求人倍率为 1.24，用人单位通过公共就业服务机构招聘各类人员约 404 万人，进入市场的求职者约 325.8 万人，相较于 2018 年第三季度，需求人数和求职人数分别下降 3.9%和 3.2%，这反映了 2019 年第三季度劳动力市场疲软。10 月、11 月全国企业就业人员周平均工作时间为 46.8、46.7 小时，相比上一季度有所上升，同比上升 0.7、0.5 小时。2019 年前三季度外出务工农村劳动力人数累计 18 336 万人，同比增加 1.1%，环比增速降低 0.2%。从收入上看，第三季度的全国居民收入累计增长速度与 GDP 增速基本相同，为 6.1%，是 2015 年以来的最低水平，环比下降 0.4%，同比下降 0.5%。其中，城镇居民收入增速 5.4%，环比下降 0.3%，同比下降 0.3%；农村居民收入增速 6.4%，高于全国居民和城镇居民，环比下降 0.2%，同比下降 0.4%。城镇与乡村居民可支配收入分别为 31 939 元和 11 622 元，比值为 2.75，同比下降 0.03。人口总和生育率持续下降，低生育率问题亟待解决。总和生育率自 2016 年以来小幅回升，2017 年总和生育率为 1.67，突破“低生育率陷阱”的临界水平 1.5。带动总和生育率提高的主要力量来自 30～39 岁年龄段第二胎生育率的提高，表明全面二胎政策短期效果显现但恐无长期效应，生育率仍处于低位。从长期来看，增加基础教育投入以及推进教育资源公平是解决低生育率可能的有效途径。从妇女生育年龄来看，20～29 岁年龄段生育率下降，30～39 岁年龄段生育率上升，出现生育年龄推迟现象。同时，我国老龄化问题严重，2018 年 65 岁及以上人口占比上升到 11.9%，老年人口(65 岁及以上人口)占比呈现上升趋势。2017 年性别比为 104.81，性别比例失调稍有改善。

(五)CPI 与 PPI 剪刀差持续扩大

2019 年前 11 个月 CPI、扣除食品和能源的核心 CPI 以及 PPI 累计同比增速分别为 2.8%、1.7%和－0.3%，前三季度 GDP 平减指数累计同比增速为 1.6%。CPI 相较于 2018 年同期 2.1%的同比增速有所上升，从食品来看，2019 年前 11 个月食品价格平均上涨 8.5%，导致 CPI 上升约1.70个百分点；而2018年同期食品价格增速为1.7%，拉动CPI上升约0.34个百分点。从非食品来看，2019年前11个月非食品价格平均上涨1.4%，导致CPI上涨约1.12个百分点；而2018年同期增速为2.2%，拉动CPI约1.76个百分点。因此，2019年CPI同比增速的上升主要是因为食品价格同比增速的大幅上升，特别是猪肉价格由于上行周期和非洲猪瘟的叠加影响急剧上升，导致2019年11月CPI同比增速为4.5%，达到近8年来的新高。2019年非食品价格同比增速下跌，其中价格下降最为明显的是医疗保健类和交通通信类，医疗保健类价格同比增速下降主要是因为医改效应逐渐消失，而交通通信类同比增速下降主要是因为国际油价的下降。受基数效应、原油价格和国内需求等因素的影响，2019年PPI同比增速较2018年同期3.8%的增速大幅下降，并已于7月由正转负，使得PPI与CPI的剪刀差不断扩大。考虑到2020年猪肉等食品价格的变化趋势、国际大宗商品价格的不确定性以及国内需求难以明显改善，课题组预计，2020年CPI同比增速将在第一季度达到高峰，之后将呈现下降趋势，年均增速较2019年将略有上升；PPI同比增速将在“0”附近震荡；CPI与PPI剪刀差将逐渐减少；GDP平减指数同比增速将依然在合理区间。

（六）金融市场运行平稳，但企业融资深层问题或被掩盖

货币供应增速保持平稳，与经济运行相适应。实体经济融资需求稳中略降，人民币贷款、非金融企业债券净融资和地方政府专项债券融资是社会融资增长的主要动力，表外融资拖累减小，增量信贷主要投入短期贷款以及票据融资。具体地，截至2019年11月，M2余额同比增长8.2%，增速环比下降0.2个百分点，同比上升0.2个百分点；社会融资规模存量为221.3万亿元，同比增加10.8%，增速自第三季度以来持续下降。利率方面，市场整体流动性合理充裕，票据融资利率大幅下降，而一般贷款利率水平虽然也有所下降，但仍处于较高水平。具体地，在央行于9～11月全面或定向降准三次共释放9 000亿元流动性、11月对MLF和OMO利率各下调了5个基点的背景下，11月末DR007的加权平均利率为2.58%，第三季度末各类贷款的加权平均利率为5.62%。不论是从同比还是环比来看，银行间利率和实体经济融资利率均有所下降。但值得注

意的是,从非金融企业的信用债发行来看,2019 年推迟或取消发行以及发行失败的债券,不论是数量还是融资规模都大幅上升,即企业融资成功率不仅没有上升反而有所下降。因为在经济下行压力加大的背景下,一方面,企业整体的风险水平处于高位,金融机构风险偏好下降,只有少数的优质企业才能融到资,融资难度不降反升;另一方面,企业外迁意愿增强或投资意愿降低,在国内融资的需求下降,信贷或债券市场上优质资产的供给减少。因而,实体经济融资成本稳中趋降或许只是资金供给和融资需求同时减少作用下的表象。

(七)外储稳定,人民币汇率双向波动增强

2019 年以来,外汇储备规模从年初的 3.08 万亿美元逐步攀升至 6 月的 3.12 万亿美元,下半年在 3.1 万亿美元左右波动。中美贸易摩擦形势的变化成为影响人民币汇率走势的关键因素。自 2018 年 12 月初 G20 峰会中美就双边经贸问题达成重要共识以来,2019 年前 4 个月双方加紧磋商,在"谈判"的主旋律下,人民币兑美元汇率从 6.85 回升到 6.74,升值幅度约 1.6%,其间更一度升值突破 6.7。但 5 月美方将进口自中国的 2 000 亿美元商品关税税率提至 25%的消息使人民币严重受挫,在岸人民币汇率两周之内就从 5 月 7 日的 6.76 贬至 6.91,贬值幅度约为 2.2%;离岸人民币汇率更一度接近 6.95 的位置。随后,央行进行了一系列表态,诸如坚持扩大金融开放、加强逆周期调节、保持外汇市场稳定,稳定了市场情绪,随后人民币汇率在 6.9 左右双向波动。6 月底,中美双方在大阪 G20 峰会同意重启经贸磋商,美方表示不再新加关税,人民币小幅升值,人民币汇率在 6.85 周围波动。然而,8 月初特朗普发文称 9 月 1 日起对 3 000 亿美元中国出口美国商品加征 10%关税后,人民币一周内大幅贬值近 2.3%,并于 8 月 5 日,在岸和离岸人民币十年来首次双双"破 7",美国随即将中国列为汇率操纵国。8 月 24 日,美方再次施压,宣布将之前对 2 500 亿美元中国商品加征关税税率从 25%提高到 30%,对另外 3 000 亿美元商品关税由 10%提高到 15%,因此人民币再次贬值,在岸人民币和离岸人民币于 9 月初分别逼至 7.18 和 7.19 的高位。为缓解人民币短期贬值压力,央行宣布,取消境外机构合格投资者投资额度限制、放宽外资金融机构准入条件以扩大金融对外开放。第四季度中美贸易谈判

再度缓和，在10月举行的第十三轮经贸磋商中，双方在农业、知识产权保护、技术转让等方面取得实质性进展，即将达成第一阶段协议。11月1日和16日，国务院副总理刘鹤与美国贸易代表莱姆希特两次通话，进一步讨论第一阶段协议核心问题和下一步经贸磋商安排。人民币逐渐回暖，于11月初重回7.0关口，随后围绕7.02双向波动。中美12月13日就第一阶段经贸协议文本达成一致，人民币汇率回升至6.983 9，随后围绕"7"窄幅震荡。此次人民币"破7"并未引发跨境资本的剧烈波动，体现了人民币汇率弹性不断增强，人民币汇率市场形成机制改革不断完善。从外部环境看，短期内中美贸易摩擦有望缓解并达成实质性共识，英国脱欧或有所进展。从内部环境看，我国保持稳健的货币政策，实施必要的宏观审慎管理，推动金融供给侧改革，促进更高水平的对外开放，这都将在短期对人民币的稳定或小幅升值形成支撑。但中长期来看，美国单边主义和贸易保护主义的政策导向未发生实质性改变，叠加国内经济增速承压、美国总统选举等不确定性因素，人民币的长期贬值压力仍不容忽视。因此，课题组预估，2020年CNY/USD双向波动幅度将加大，但仍会处在合理区间。

(八)家庭债务风险持续累积

家庭债务余额累积增速虽有放缓，但更多是由基数效应所致。家庭部门吸收了近一半的新增贷款，截至2019年11月，居民中长期贷款累计新增额达到4.97万亿元，超过2018年同期的累计新增额。对房地产市场的过度依赖不仅使得家庭债务急剧累积，而且买房还掏空了家庭的储蓄，家庭储蓄率开始逐年下降，已经由2010年42%的峰值下降至2016年的36%。高涨的房价不但使得很多家庭成为"房奴"，破坏了家庭资产负债表，更是阻碍了很多家庭拥有自己的住房，"居者有其屋"日益困难。对于有房贷的家庭而言，房贷负担已使得许多家庭面临流动性约束的限制。家庭杠杆率越高的省份，受到流动性约束的家庭比例也越高。与此同时，收入分配持续恶化，阶层分化日益严重。利用家庭微观调查数据，课题组发现收入差距在2018年有继续扩大的趋势，特别是高收入与中低收入家庭之间的差距。家庭收入的90分位数值与50分位数值之比(P90/P50)，以及90分位数值与10分位数值之比(P90/P10)一直呈上升趋势。

根据统计局的调查数据,无论是城市还是农村,中低收入者的收入增速一直呈现下降趋势,特别是中等偏下户。农村中等偏下户 2018 年的收入增速仅为 1.9%,城市中等偏下户 2018 年的收入增速仅为 1.25%,扣除 CPI 的影响则均为负增长。不论是家庭债务累积还是收入差距扩大,都会挤出家庭消费、降低总需求。而课题组早在 2018 年就通过家庭债务与企业债务之前的联动指出总需求不足的危害,而当前的经济环境中,企业利润的下滑、宏观杠杆率的高企等都可以看到总需求不足的影子。

(九)地方政府作用十分有限,实现高质量发展最终还要靠坚决出清僵尸企业

近年来,企业经营困难越来越多,2019 年以来利润增速更是陷入负增长,企业经营举步维艰。为此,地方政府通过各种补贴来维持僵尸企业的经营,试图达到稳定经济的目的。但课题组发现,地方政府的政策意图难以实现。具体地,利用上市公司数据将导致僵尸企业的因素区分为地方政府的干预因素和企业自身因素,课题组发现,导致僵尸企业区域间差异的关键在于地方政府干预程度的不同,即中部和东北地区地方政府对僵尸企业形成的干预作用明显高于东部地区地方政府;而来自企业自身因素的影响在区域间则没有明显的差异。在此基础上,课题组将上市公司与家庭调查数据相结合,进一步分析了僵尸企业对家庭部门的溢出效应,发现企业自身因素不论是对个体失业情况还是对家庭消费都呈现十分显著的负面影响,甚至还会十分显著地拉低个体中长期的劳动参与率。而地方政府的干预虽然能显著提高个体的劳动参与率,并对个体失业情况和家庭消费都有一定的正面影响,但是对后两者的影响均不显著。更严重的是,将企业自身因素和地方政府干预两种因素综合起来考虑时,课题组发现,地方政府干预对于稳定家庭部门不能起到主导作用,反而是企业自身因素起到了主导作用,地方政府通过补贴来维持僵尸企业的成本远大于收益。因此,课题组认为,还是需要通过坚持我们在 2019 年年中报告中提到的“因企施策、因地制宜”地出清僵尸企业来真正促进我国经济迈向高质量发展。

(十)地方政府债务存在违约风险隐忧

根据前三季度 GDP 总量和增速估算,如果计入城投债余额 7.8 万亿

元地方债务,则地方显性债务余额为 28.9 万亿元,政府负债率达 46.3%。截至 2019 年 11 月底,地方政府累计发行债券 4.32 万亿元,同比增长 5.4%。其中大部分为新增债券和再融资债券。此外,随着发行期限相关政策的放开,地方债务发行期限明显上升,其中 10 月份加权发行期限达到 19.3 年。按课题组估算的负债率,贵州、青海和云南三个西部省份以及天津市均超过了 50%,其中贵州和青海更是超过 75%。考虑到经济增速下降压力、债务到期高峰到来的兑付压力以及地方财政规范化等多方面因素,预计 2020 年发行总额还将有较大幅度的增长,其中专项债将作为短期经济提振政策的重要组成部分。

为客观地评价地方政府债务违约风险,课题组基于中国经济运行的典型事实构建多部门 DSGE 模型分析发现,地方政府债务违约问题会以“蝴蝶效应”的方式,迅速蔓延到金融领域,导致地方政府债务违约风险转化为更为严重的金融资金空转问题,加剧实体经济融资难、融资贵的困境,造成风险进一步放大和扩散。据此,课题组认为,需要密切关注地方政府债务风险在部分财政实力薄弱地区爆发的潜在风险,在科学决策的基础上规范地方政府举债融资权限,加强债务发行管理和风险监控,确保地方政府的举债规模与财政承受能力相适应。同时,对中西部少数风险较为集中的高负债省份和城市,应提前准备应对预案,重点监管高负债地区过度建设开支、“三公”经费以及其他一般性支出,着力提高财政可持续性,并在必要时给予适度的政策倾斜和财政支持,避免局部债务违约风险爆发而影响经济发展的大局。

(十一)楼市整体平缓趋稳,各地房价走势分化

在“房住不炒”的房地产调控基调下,2019 年我国房地产市场整体低位调整,平缓趋稳。全国商品房销售同比增速自下半年以来降幅有所收窄,进入第四季度后重新转正,房价上涨速度有所放缓。尽管楼市整体平稳,但各地房价走势出现分化,各线城市之间房价走势不一,一线城市小幅提速,二、三线城市则增幅收窄。各线城市内部的房价呈现涨跌互现的格局。2019 年 12 月的中央经济工作会议在继续强调“房住不炒”定位的基础上,进一步提出了要全面落实因城施策,稳地价、稳房价、稳预期的长效管理调控机制。这一方面给予地方政府在房地产调控方面更多的自主

权,另一方面也将“三稳”的思路明确纳入了长效管理调控机制。此外,会议还将加大城市困难群众住房保障工作、加强城市更新和存量住房改造提升、做好城镇老旧小区改造、大力发展租赁住房等实现房地产长效机制的具体任务作为明年的工作重点。预计2020年的房地产市场整体上仍将继续保持平稳,不会出现过大起伏。

(十二)金融系统的风险点有所迁移,维持市场稳定难度加大

2019年以来,国际政治经济环境正发生深刻变化,国内经济下行压力加大,包商银行等事件对我国金融系统稳定产生一定冲击,但银行系统稳定性整体有所改善。具体地,根据在险价值(CoVaR)模型对我国银行系统稳定性的评估,课题组发现,整体而言,我国商业银行的个体风险有所下降,国有大银行抗击系统性风险的能力依然强于其他银行。利用银行间同业网络的分析也显示,引发系统性风险的机构数目较2018年有所减少,可能导致的最大系统性损失规模也在下降。但需要指出的是,在持续关注中小银行风险的同时,需要注意到银行系统风险点的分布已发生明显变化这一新特点,五大国有行系统重要性再次上升。CoVaR模型的评估结果显示,在出现系统性风险时国有大银行的风险溢出率的变化趋势由降转升,系统性风险的风险点重新向五大国有商业银行集中。此外,在对银行间同业网络结构的分析中,课题组发现,银行间同业业务整体上呈现资产和负债规模差距持续上升的态势,同业资产和同业债务之比从2013年的0.96下降至2018年的0.51,且不论从资产方还是负债方来看,同业网络的集中度和变异系数均持续上升,同业业务的风险点和风险来源日益向大型商业银行集中。而按同业业务的特点将其分为信用类和质押类两类业务时,课题组发现,质押类同业业务的资产方和负债方的市场集中度和变异系数变化趋势截然相反,在其资产方业务市场集中度持续上升的同时,负债方业务市场集中度进入2018年后转而向下,这表明质押类同业业务的风险点在向大型商业银行集中的同时,风险来源反而变得日趋分散,维持市场稳定的难度进一步加大。

(十三)不确定性增加,金融服务实体经济质效下降

在我国以商业银行为主导的金融体系下,金融服务实体经济能力主

要表现为银行流动性创造水平的高低。课题组通过匹配我国 161 家商业银行非平衡面板数据和经济政策不确定性指数数据，分析了经济政策不确定性对银行流动性创造的影响。课题组研究发现，经济政策不确定性上升能显著抑制银行流动性创造，具体而言，经济政策不确定性上升 1 个标准差，银行流动性创造将降低约 4.24%。在银行流动性创造各组成部分上，经济政策不确定性上升不仅可以显著抑制表内流动性创造，而且能降低表外流动性创造水平。在时间维度上，经济政策不确定性对银行流动性创造的影响具有长期持续性，存在一个两年"影响期"的时间窗口，直到窗口期之后经济政策不确定性对银行流动性创造的负向影响效应逐渐减弱。据此，课题组认为，经济政策的制定与实施应保持稳定性和持续性，避免政策剧烈波动带来的不确定性，必要时辅以相应配套措施缓解经济政策不确定性带来的负向冲击，进而提高银行流动性创造水平，为经济高质量发展提供金融支撑。

二、主要指标预测及政策模拟

课题组基于 IAR-CMM 模型对中国经济增长和各关键经济指标进行了预测。表 1 报告了 2019 年与 2020 年各关键经济指标的实际增长情况和预测结果。

表 1　上海财经大学高等研究院对中国各主要经济指标增速的预测①　单位：%

时间 指标	2019 年					2020 年				
	Q1	Q2	Q3	Q4	全年	Q1	Q2	Q3	Q4	全年
GDP	6.4	6.2	6.0	6.0	6.2	6.0	5.8	5.9	6.2	6.0
校正 GDP	6.2	6.0	5.9	5.9	6.0	5.9	5.7	5.8	6.0	5.9
投资	6.3	5.8	5.4	5.2	5.2	5.5	5.3	5.2	5.4	5.4
消费	8.5	8.6	7.6	7.6	8.1	6.7	6.9	7.5	7.2	7.1

① 课题组基于全社会用电量、货运量、社会融资规模和社会消费品零售总额等月度数据以及时间序列分析方法构造用于监测实体经济运行质量的实体经济运行指数(REOI)，并根据该指数与工业增加值增速与实际 GDP 增速的历史数据对比分析对统计局公布的 GDP 增速进行了校正。2018 年年初以来，随着经济统计数据挤水分的推进，校正 GDP 增速与实际 GDP 增速之间的差距已经有所缩小。

续表

指标＼时间	2019 年					2020 年				
	Q1	Q2	Q3	Q4	全年	Q1	Q2	Q3	Q4	全年
出口①	1.0	−1.5	−0.8	−1.7	−0.8	−1.6	−2.7	−4.1	−1.3	−2.4
进口	−4.3	−3.9	−6.4	−1.1	−3.9	0.0	0.1	1.0	4.3	1.3
CPI	1.8	2.6	2.9	4.1	2.9	4.5	3.6	2.7	1.8	3.2
PPI	0.2	0.5	−0.8	−1.3	−0.4	−0.7	−0.1	0.3	0.7	0.1
GDP 平减指数	1.3	2.0	1.5	1.3	1.5	1.6	1.7	1.8	1.5	1.7

数据来源：CEIC、Wind、上海财经大学高等研究院。

在基准情景下的预测，课题组对 2020 年的基准预测的外部环境主要假设条件包括：(1)以国际货币基金组织(IMF)公布的《世界经济展望报告》为基础，预测美国 2020 年全年经济实际增速为 2.3%，法国经济实际增速维持在 1.5%，德国实际经济增速下降至 1.0%，日本实际经济增速略微上升到 1.3%，东盟五国实际经济增速下降至 4.8%。其他经济体大体维持实际经济增速稳定。(2)美联储在 2019 年最后一次利率决议上，同意不改变利率，政策声明中称，当前的政策立场是合适的。课题组预计，2020 年全年不会采取利率行动。(3)人民币汇率方面，课题组预估 2020 年 CNY/USD 双向波动幅度将加大，但仍在合理区间。(4)国际贸易方面，预期 2020 年贸易摩擦仍然存在，但摩擦的行业和领域并未进一步扩大。

基于前文对中国经济形势与风险的分析，课题组对 2020 年基准预测的内部环境主要假设条件包括：(1)居民杠杆率攀升，继续对消费形成负面影响，假定家庭杠杆率 2020 年上升 3 个百分点。(2)2020 年基建投资回暖，制造业投资小幅回升，房地产投资温和下行。(3) 根据银保监会公布的相关数据，截至 2019 年第三季度末，商业银行不良贷款率为 1.86%，课题组假设截至 2020 年年末我国商业银行不良贷款率比例上升至 2%。(4)财政政策：考虑到基建投资需求，预计 2020 年财政赤字率约扩大至 3%。(5)货币政策：保持稳健的货币政策，预计 2020 年将降准两次，每次降 50 个基点。

① 本报告的进出口数据均指海关贸易口径下以美元计价的货物贸易进出口。

考虑到经济结构调整、全球经济回暖、制造业利润下降及中美贸易摩擦等因素，课题组做出5种情景分析：情景Ⅰ：内部环境改善；情景Ⅱ：外部环境改善；情景Ⅲ：贸易摩擦情况恶化；情景Ⅳ：制造业利润下降；情景Ⅴ：内外部条件持续恶化叠加。

课题组就各种假设情景探讨政策力度选择。根据IAR-CMM模型的分析，若要实现GDP增速6.0%或校正GDP增速5.9%的目标，在不同情景下所需的政策力度如表2所示。

表2　各情景假设下实现经济指标增速目标所需的政策力度

情景	基准	Ⅲ保守悲观	Ⅲ悲观 Ⅳ保守悲观	Ⅳ悲观	Ⅴ极度悲观
全年实际GDP增速	6.0%	5.8%	5.7%	5.5%	5.0%
全年实际校正GDP增速	5.9%	5.7%	5.6%	5.5%	5.0%
假设经济增长目标	6.0%				
假设校正增长目标	5.9%				
货币政策所需增加力度	无额外调整	1次降准50个基点	1次降准50个基点	2次降准50个基点	2次降准100个基点
赤字超预算额（亿元）	无预算外赤字	1 457.5	2 743.6	4 629.8	9 002.4
赤字超预算比率	0	4.48%	8.44%	14.25%	27.70%
估算赤字率	3.0%	3.24%	3.36%	3.54%	4.02%

数据来源：上海财经大学高等研究院。

三、研发创新与优化资源配置并重，提升经济增长潜力

近年来，我国经济正在发生深刻的变化。由要素驱动、投资驱动的传统增长模式已难以为继，未来的经济增长，正在向效率驱动、消费驱动的方向不断转变。全要素生产率(TFP)是决定经济潜在增长率最为关键的因素。从我国的实际情况来看，一方面，经济中的研发投入比重不断提升，对TFP将产生正向促进作用；另一方面，部门之间、行业之间以及所有制结构之间的大量资源错配，导致效率低下，拖累了TFP的增长。通过市场化、制度性的改革实现资源的优化配置，同样能促进TFP增长，提

升潜在增长率。课题组将整体经济分为资本品和非资本品两个部门,并采用楔值核算模型对研发创新与优化资源配置对潜在增长率的影响进行分析。限于模型所需的相关数据的可获得性(如分行业的总产出及其价格指数等),尚无法应用于全国层面的核算,但可以考察部分地区的情况。以上海为例,研发投入是推动资本品部门 TFP 增长的重要动力,但商品房销售增值在非资本品部门的最终使用中的比重快速上升,对居民的生活性、服务性的消费产生了挤压,制约了经济潜力的有效释放。课题组进一步采用楔值模型对上海"十四五"期间的潜在增长率进行了分析。在基准情景下,上海"十四五"期间的潜在增长率约为 6.88%。而在研发投入有效促进资本品部门 TFP 以及非资本品部门最终使用中的商品房增值比重下降这两种反事实情景下,上海"十四五"期间的潜在增长率将分别达到 7.48%和 7.17%,分别高出基准 0.6 和 0.29 个百分点。当两种情景叠加时,"十四五"期间的潜在增长率将达到 7.78%,高出基准 0.9 个百分点。由于上海处于中国经济结构转型的前沿,考察研发创新和优化资源配置对上海经济潜在增长率的影响,对全国层面来说也具有前瞻启示意义。上述结果显示,鼓励研发创新活动和高新技术产业发展、深化先进制造业与高端服务业的融合、加大研发投入强度,是释放经济增长潜力的重要途径。此外,优化经济中的资源配置、防范房地产业的过度发展,同样也是提升经济增长潜力的重要手段。

四、以深化竞争中性改革应对内外复杂局面

当今世界和中国都处于大变革、大调整时期。从外部看,世界政治经济格局已经发生了深刻变化,既有的全球秩序和多边体系在贸易保护主义、单边主义的冲击之下面临重构,尤其是中美贸易摩擦持续,使得全球经济下滑的风险和不确定性显著增加。同时,科学技术变革日新月异,对现有的体制机制提出了新的挑战,但由于地缘政治因素也被一些国家引入科技竞争之中,使得科技合作发展也面临着何去何从的转折。与此同时,受外部性、周期性因素的部分影响,但更主要是受体制性、结构性因素的影响,使得中国经历了一个持续的增长速度下行。从中国自身的发展目标任务尤其是到 2020 年实现国内生产总值和城乡居民人均收入比

2010 年翻一番的目标来看,目前的增速水平已近下边界。如果应对不当,中国经济的下行压力还会进一步增大,发展不平衡不充分的问题也会更加突出。

面对外部的负面冲击和内部的周期影响、结构失调,逆周期调节政策对于稳定投资、消费、进出口、汇率等有其现实必要性,但需要注意其科学性、严谨性、现实性、针对性的有机结合,并且应该与市场化改革、全方位开放的大方向相一致。在全球竞争性货币宽松的背景下,货币政策应保持稳健,做到灵活适度,不搞强刺激。稳健的货币政策需要配合宏观审慎政策防止资金流向房地产市场,一方面要防范化解金融风险,稳定宏观杠杆率;另一方面也要落实金融服务实体经济,降低民企融资成本,并从根本上改善投资环境,提高投资效率。财政政策应全面落实减税降费政策,以助力民企、改善民生、促进民富为导向,稳定就业市场形势、改变阶层分化的格局,抑制收入差距的持续拉大、控制家庭债务规模,来激发、提振市场有效投资和消费内生性需求。同时,适度增加财政支出,如基础设施建设投资支出,可以促进公共品外部性,提高劳动生产率。产业政策与货币、财政政策有相关性,应更多地使用致力提升市场功能的普遍性、功能性或软性产业政策,慎用倾斜性、选择性或硬性产业政策,以与市场化改革的大方向保持一致。

需要注意的是,逆周期政策调节只是为进一步全面深化改革开放争取时间、打下基础、创造条件,而不能解决持续发展和根本性问题。课题组主张对于"改革开放到底做对了什么"这一问题,要有准确的认识,否则会影响改革发展的大业和政策制定。近些年出现的一些影响经济发展的问题都与"改革开放到底做对了什么"这个问题没有弄清楚有关。造成的后果是可能影响中央全会精神的贯彻执行,使得文件空转,把做对了的改革也往回改。因此,我们需要以控制实验的方法论来区分哪些是改革前后的共性因素、哪些是差异因素。新的差异因素是:较大程度的经济上的选择自由、松绑放权改革、引入竞争机制、对外开放、民营经济大发展、国有经济比重不断下降。理论、实证及中国改革开放实践都表明了,改革不改革、改革到位不到位,经济增长差异巨大,相差可达 3 个百分点。20 世纪 80 年代初中央提出到 20 世纪末经济增长要翻两番的宏伟目标。当时许多经济学家都认为这是不可能做到的事情,怎么可以在 20 年时间内经济增长要提高整整3个百分点呢?但市场为导向的改革开放的结果是大大超出了这个目标。这是被实践所检验的结论,国外和本项目的量化分析的结果显示大致也是如此。与此同时,仍需坚持发展是硬道理、压倒一切的是稳定的基本方略。

因此,课题组认为,需要以控制实验的方法论来区分哪些是改革前后的共性因素、哪些是差异因素。新的差异因素是:较大程度的经济上的选择自由、松绑放权改革、引入竞争机制、对外开放、民营经济大发展、国有经济比重不断下降。因此,市场化改革应坚持竞争中性、所有制中立的原则方向,以改革促进不合理体制、结构的纠正。经济全球化开放应向更高的制度型开放转变,以开放倒逼自身制度环境的改善。这二者是相辅相成、互动互促的,改革推动开放,开放倒逼改革,而竞争中性又是下一步改革和开放的共同关键词,有利于促进"有能、有为、有效、有爱"的维护和服务性有限政府及有效市场的形成。

十九大报告对于怎样建立包容性的市场经济以及国家治理体系和治理能力的现代化,提供了非常准确的描述。报告提出要"以完善产权制度和要素市场化配置为重点,实现产权有效激励、要素自由流动、价格反应灵活、竞争公平有序、企业优胜劣汰"的市场建设目标,也提出要"转变政府职能,深化简政放权,创新监管方式,增强政府公信力和执行力,建设人民满意的服务型政府"。这两段话基本对应了有能、有为、有效、有爱的维护和服务性有限政府的行为特征,正好对应经济包容性、国家强制力(依法治国)和政府执行力及社会包容和谐性的提升,并点出了政府应回归到维护和服务的基本职能上来。整体而言,中国需要坚持竞争中性导向,以更全面的深化改革和扩大开放来形成促进可持续增长与高质量发展的制度红利。

第一,完善法律和政策体系,确立竞争中性原则。应从国家法律层面对竞争中性原则及其适用性予以确认,如在《公司法》《反垄断法》《反不正当竞争法》等相关法律法规中进行适当体现,健全支持民营经济发展法治环境。在国家高位阶法律没有做出修订之前,各地方政府可以从自身经济的实际出发,对地方自主权以内的一些法律制度安排,做出一些先行先试的探索,对于各种市场主体的所有制成分,在政策环境、法律保障、要素供给等方面都一视同仁。同时,可以考虑设立一些实施竞争中性、所有制中立政策的先行试验区。例如，深圳是中国改革开放的一面旗帜，其作为最早的经济特区，起到了探索、实验、示范的作用。历史赋予了深圳中国特色社会主义先行示范区的新定位，但经济依然是中心工作。深圳在民营经济发展和创新驱动发展方面有基础、有条件、有优势，可成为实施竞争中性政策的试验区。

第二，改革国资监管的体制，促进竞争中性落地。应促进从管资产向管资本转变，促进国有资本布局调整，同时深化国有企业改革，让竞争行业中的国有企业成为不依靠政府倾斜政策，与民营企业一样受到公平对待的独立市场竞争主体。《中共中央国务院关于深化国有企业改革的指导意见》中提出，"该管的要科学管理、决不缺位，重点管好国有资本布局、规范资本运作、提高资本回报、维护资本安全；不该管的要依法放权、决不越位，将依法应由企业自主经营决策的事项归位于企业，将延伸到子企业的管理事项原则上归位于一级企业"。十九届四中全会着重提出的将国有资本做强、做大、做优也非常具有科学性，与将国有企业做强、做大、做优有重大差别。与此同时，创新，特别是技术创新，主要靠市场而不是政府，靠民企而不是国企。民营经济、创新经济最强的是美国，靠的是民企，也靠企业家精神。

第三，提升对外开放的层级，倒逼竞争中性改革。在改革进入深水区之后，改革每往前走一步都十分艰难，开放之于改革的倒逼作用就显得异常重要。进入新时期，"零关税、零壁垒、零补贴"，加强知识产权保护，创造公平竞争营商环境等正成为开放体系下全球经济贸易和投资的目标和重点。这样的开放，对于竞争中性原则的落地，具有倒逼作用。并且，新时期的对外开放不能仅仅停留在商品、要素等方面的流动型开放上，也要向规则、议程等方面的制度型开放转变，全方位开展更高标准、更高水平的双边和多边自由贸易协定谈判，加快推进中欧、中英、中日韩、RCEP（区域全面经济伙伴关系）等主要多边双边自由贸易协定谈判或升级谈判，积极探讨加入 CPTPP（全面与进步跨太平洋伙伴关系协定）的可行性，在全球贸易规则重塑中保障自身利益。

总之，定位恰当的维护和服务性有限政府治理模式，在经济体制转型、结构变迁及市场失灵中发挥着不可或缺的指导性作用，硬性的产业政策尽管是需要的，但应该保持适度、保持慎用，更重要的是，提供基础性制度环境的市场化改革。中国目前离构成现代化经济体系的目标还有较大差距,需要从产业政策更多地过渡到竞争政策,进一步强化竞争中性、所有制中立原则,特别是在当前内外严峻经济环境下市场化改革就显得尤其必要。只有通过市场化改革不断地逼近维护和服务性有限政府这一理想状态,才能建立现代化经济体系,落实创新、协调、绿色、开放、共享的新发展理念,让经济走向更加平衡和充分的高质量发展路径。坚持全局观念和系统思维,以改革、发展、稳定、创新和治理五位一体的综合治理方式,通过根本性的制度变革来正确处理政府与市场、政府与社会之间的关系,真正让市场在资源配置中起决定性作用,更好而不是更多地发挥政府的作用,并发挥社会自组织在诸多公共事务中的桥梁纽带作用,才有助于早日实现国家治理体系和治理能力现代化目标。

第一章

中国宏观经济发展的即期特征与主要风险

一、2019 年以来中国宏观经济发展呈现的主要特征

根据国家统计局数据，2019 年第三季度 GDP 同比增长率为 6.0%，比上年同期增速下降 0.2 个百分点，其中三大产业同比增速分别为 2.9%、5.6%、7.0%，分别比上年同期下降 0.5、0.3、0.7 个百分点。第二产业和第三产业对 GDP 增长的拉动分别同比下滑 0.1 和 0.3 个百分点。按照课题组提出的实体经济运行指数测算，校正后实际增长率约为 5.9%。2019 年，受国际经济环境变幻和国内改革进入深水区等多方面因素综合影响，中国经济面临较大的不确定性，但总体上抵御了增速大幅下滑的风险，为 2020 年实现全面建成小康社会目标奠定了基础。以下分几个模块，具体阐述课题组对当前中国宏观经济各个方面形势的看法。

(一)消费增速持续下降

2019 年社会消费品零售总额同比增速持续下降。1～11 月的累计同比增速为 8.0%，较 2018 年同期低了 1.1 个百分点。

网上零售在社会消费品零售总额中的占比继续攀升，11 月占比已达到 33.2%。同时，网上零售类的同比增速虽较 2018 年同期有所下降，但其 1～11 月的累计同比仍达 16.6%，高出社会消费品零售总额此时间段

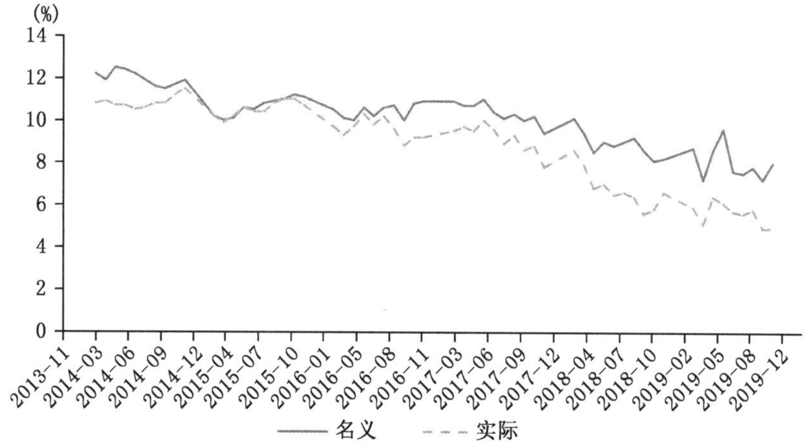

数据来源:国家统计局。

图 1　社会消费品零售总额同比增速

累计同比增速 8.6 个百分点。尤其是受到“双十一”的带动,11 月网上零售类消费同比增速达 24.6%,为 2019 年最高点。

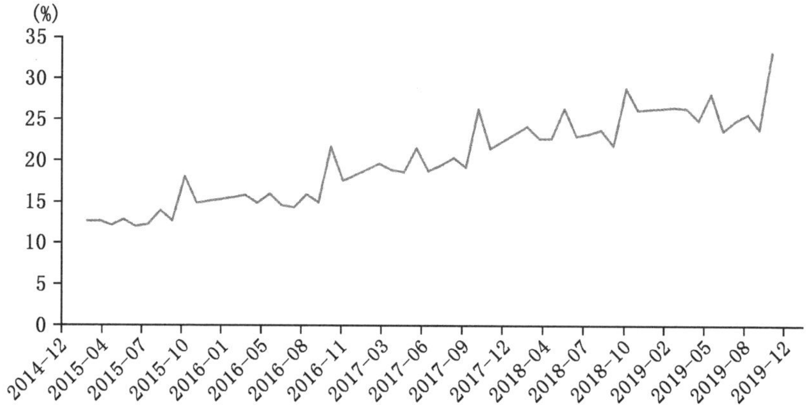

数据来源:国家统计局。

图 2　网上零售在社会消费品零售总额占比

在社会消费品零售总额中占比超过三分之一的限额以上企业的同比增速仍然较低,截至 11 月,累计同比增速为 3.9%,较 2018 年同期低了 2.2 个百分点。除了 6 月由汽车销量激增引起的同比增速暂时反弹,限额以上企业的同比增速在低位保持相对平稳。

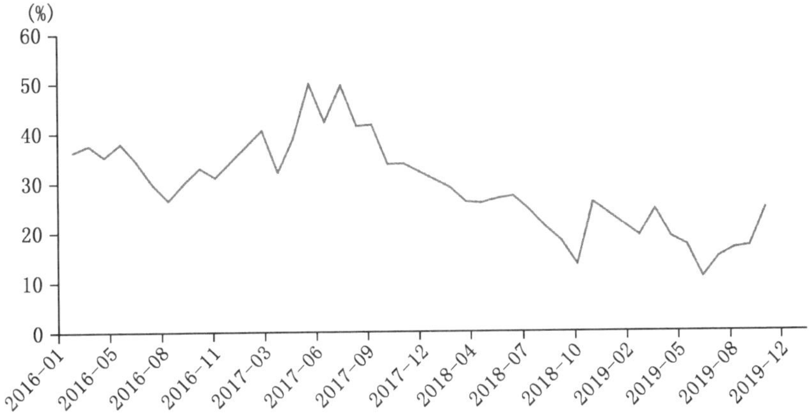

数据来源：国家统计局。

图 3　网上零售类名义同比增速

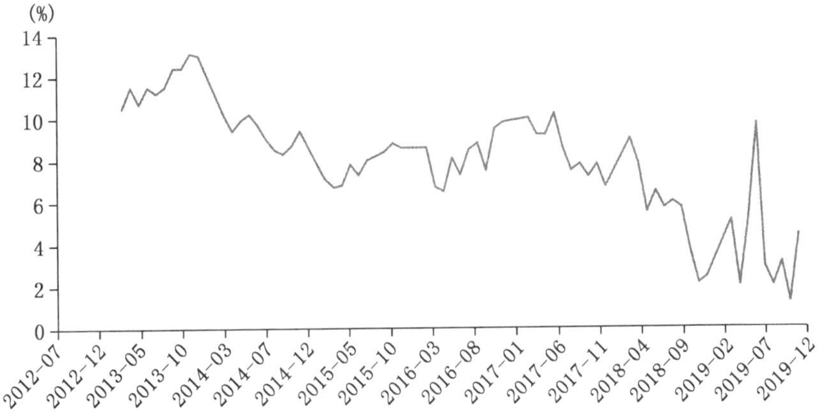

数据来源：国家统计局。

图 4　限额以上企业名义同比增速

在限额以上企业中，与民生息息相关的食品类消费，其名义同比增速变化不大，保持在 10%的水平上波动。然而受到猪肉价格增加所带来的食品价格上涨的拖累，食品类实际同比增速自 9 月以来出现了断崖式下滑，首次呈现负增长。具体来说，9 月、10 月、11 月食品类的实际同比增速分别为−0.1%、−3.8%、−5.8%。

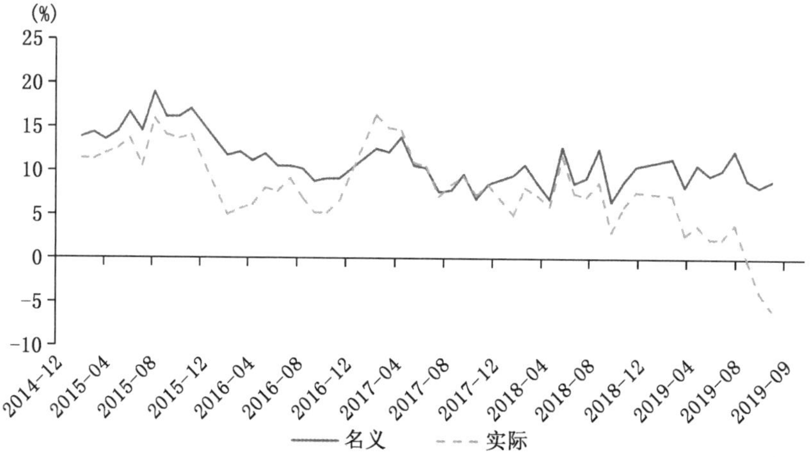

数据来源:国家统计局。

图 5　食品类同比增速

在限额以上企业中占比为 10%左右的服装鞋帽、针、纺织品类,其同比增速明显低于 2018 年水平。2019 年 4 月和 10 月分别出现了两次负增长,增速分别为－1.1%和－0.8%,而其他月份相对稳定。截至 11 月,服装鞋帽、针、纺织品类的累计同比增速为 3.0%,低于 2018 年同期 5.1 个百分点。

与此同时,占比达到 28%的汽车类消费的同比增速除了在 2019 年 6 月出现大幅反弹之外,持续了 2018 年年中以来负增长的态势。6 月同比增速达到 17.2%的主要原因是 2018 年加征关税导致增速下滑,进而使得基数过低。而在 6 月的反弹之后,汽车类消费在 7 月同比增速又降为－2.6%,并持续至 11 月,即使 2018 年同期过低的基数也未能使 2019 年汽车类消费同比增速出现逆转。

建筑装潢类的消费受到 2018 年下半年房地产市场回暖以及消费滞后性的影响,在 2019 年第一季度出现小幅回暖。然而紧随其后,建筑装潢类消费的同比增速于 4 月出现了自 2009 年以来的首个负增长,4 月和 5 月的同比增速分别为－0.3%和－1.1%。经过房地产市场的“金九银十”,建筑装潢类消费又在 11 月出现了负增长,同比增速为－0.3%。截至 11 月,建筑装潢类消费累计同比增速仅为 3.0%,比上年同期低了 5.1 个百分点。

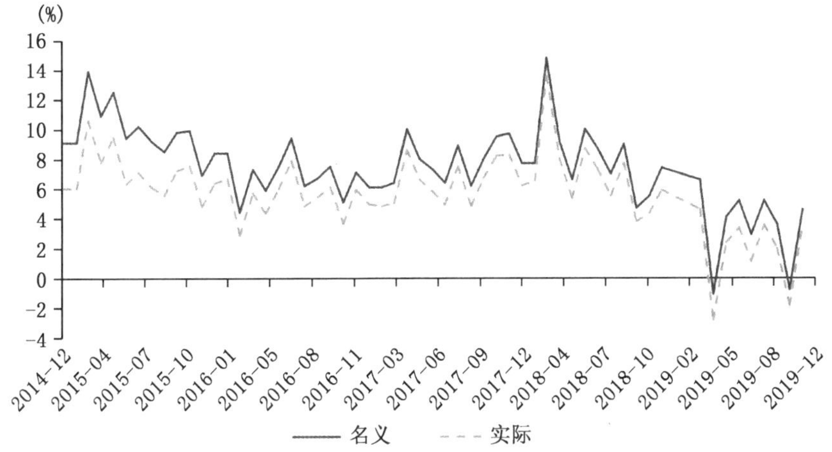

数据来源：国家统计局。

图 6　服装鞋帽、针、纺织品类同比增速

数据来源：国家统计局。

图 7　汽车类名义同比增速

与建筑装潢类紧密相关的家具类消费，其同比增速也在 2019 年呈现波动下滑的趋势。1～11 月累计同比增速为 5.5％，大幅低于上年同期的累计同比增速 4.3％。其中 10 月，家具类消费以 1.8％的同比增速迎来了近 10 年来的最低值。

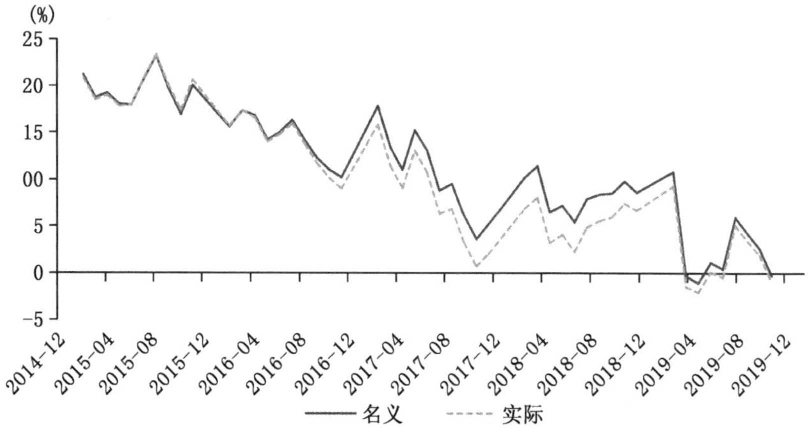

数据来源:国家统计局。

图 8　建筑装潢类同比增速

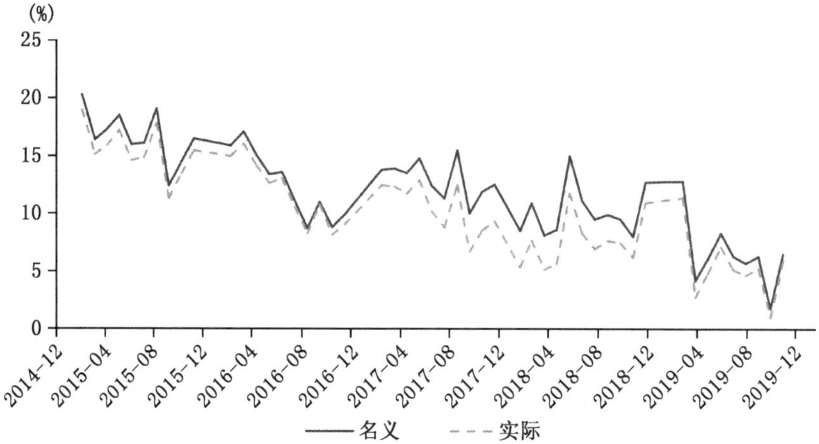

数据来源:国家统计局。

图 9　家具类同比增速

在社会消费品零售总额中占比在5%左右的中西药类的消费并未因为大病抵扣政策的出台而得到改善,其同比增速在2019年上半年相对稳定,保持在11%左右。然而自下半年以来,中西药类同比增速连续下滑,11月仅为4.9%,为2008年3月以来的最低值。

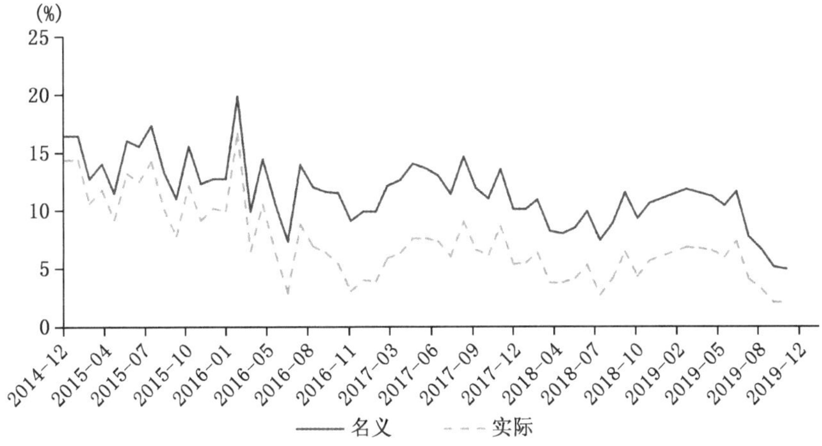

数据来源：国家统计局。

图 10　中西药类同比增速

可喜的是，在限额以上行业中，化妆品类和体育娱乐类的消费增速明显加快。截至 11 月，化妆品类累计同比增速达到 12.7%，比 2018 年同期 10.5%的累计同比明显提高。体育娱乐类消费自 5 月以来，扭转了从 2018 年 5 月至 2019 年 4 月之间持续了一年的负增长态势，其 9 月和 10 月的名义同比增速达到 15.7%和 11.5%，而 11 月的增速更是飙升至 20.1%，为近两年来最高点。2019 年前 11 个月，体育娱乐类消费的累计名义同比增速为 6.6%，高于上年同期 8.8 个百分点。

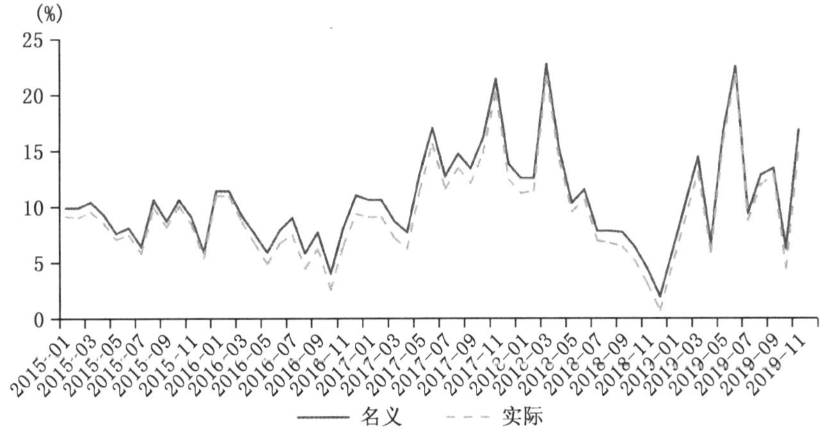

数据来源：国家统计局。

图 11　化妆品类同比增速

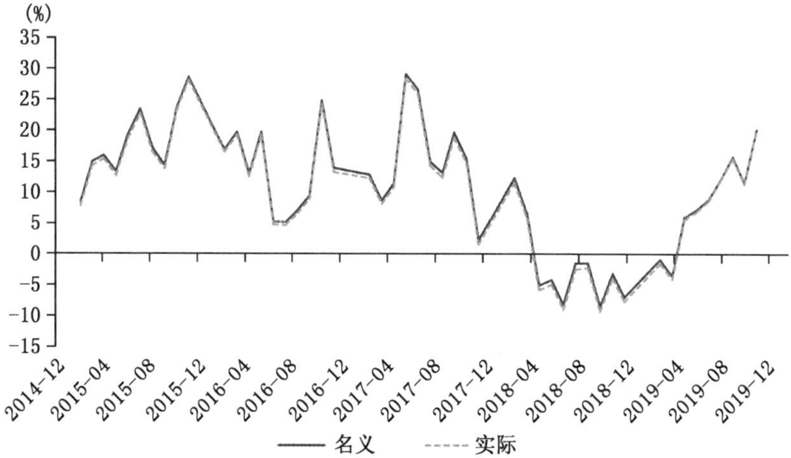

数据来源:国家统计局。

图 12　体育娱乐类同比增速

通信器材类的消费从总体来看,同比增速出现加快的迹象。由于受到 2018 年第四季度负增长的基数效应,其 10 月名义和实际同比增速分别达到了 22.9%和 25.2%,为近两年来的最高值。

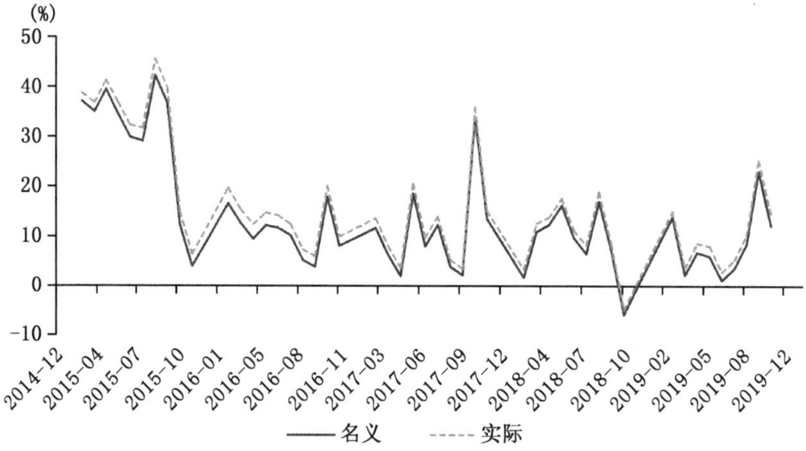

数据来源:国家统计局。

图 13　通信器材类同比增速

受到国际油价走低的影响,虽然石油及制品类消费的名义同比增速自 2018 年 8 月初以来持续下滑,但从 2019 年下半年以来,石油及制品类消费实际同比增速持续上升，于11月达到了8.3%，为2016年4月以来的最高点。

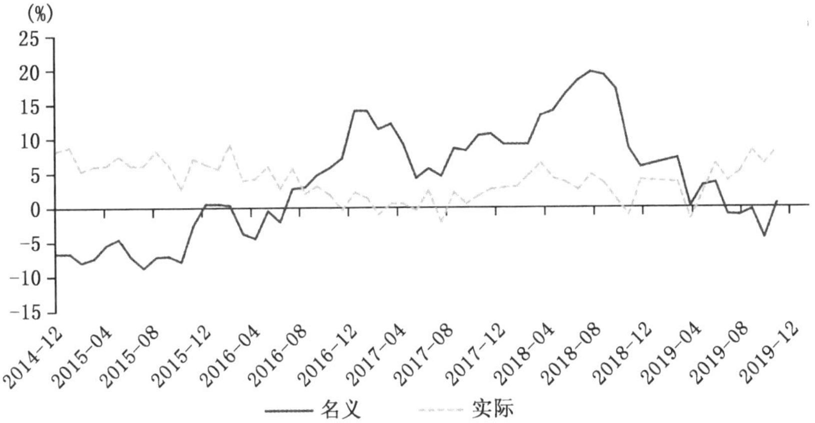

数据来源:国家统计局。

图14　石油及制品类同比增速

家用电器类的消费在2019年第一季度涨势迅猛，3月的名义同比增速达到15.2%。然而4月出现了断崖式下滑，名义同比增速跌至3.2%。自第二季度以来，家用电器类消费的同比增速在低位徘徊，而11月出现反弹，达到了9.7%。

(二)基建投资略有回升，但民营经济为主体的制造业投资增速大幅下滑

2019年1～11月，全国固定资产投资同比增速持续下滑，预计全年增速为5.2%，比上年回落0.7个百分点。固定资产投资下滑主要受制造业投资增速大幅下滑影响。其中，房地产投资虽缓慢下行，但新开工面积增速和施工面积增速双双回暖支撑了房地产投资增速仍保持坚韧，1～11月房地产开发投资累计同比增长10.2%，高于2018年全年累计9.5%的增速。受内外需疲弱的影响，制造业利润持续下降，制造业投资年内大幅下滑，1～11月累计增速2.5%，预计制造业投资全年累计增速2.5%，有望企稳。1～11月基建投资(不含电力)同比增速为4.0%，比2018年全年提升了0.2个百分点，在逆周期调节不放松的前提下预计2020年将继续回升。

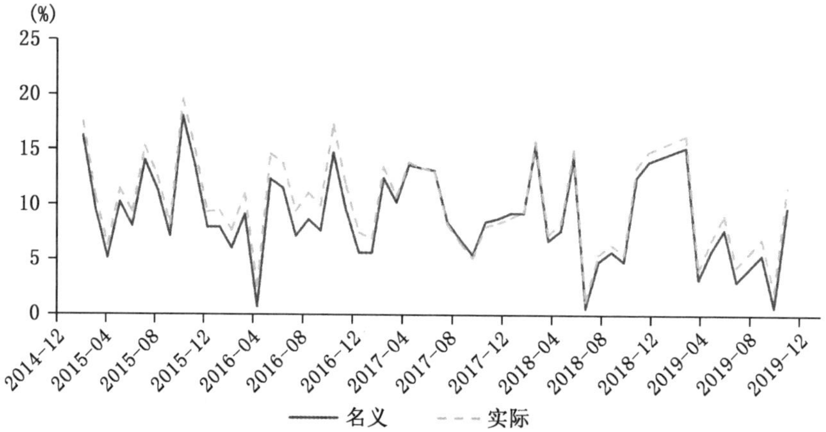

数据来源:国家统计局。

图 15　家用电器类同比增速

2019 年以来,受制造业投资增速大幅下滑拖累,整体固定资产投资增速持续下降。1～11 月,固定资产投资名义值累计增速 5.2%,比 2018 年全年回落 0.7 个百分点。若按三季度价格计算,实际累计同比增长 3.1%,比 2018 年全年提高 1.9 个百分点。占整体固定资产投资 60%左右的民间固定资产投资名义累计增速也持续下滑,2019 年 1～11 月增速为 4.5%,比 2018 年全年回落 4.2 个百分点。

分区域来看,除西部地区增速回升以外,其他地区均有所回落,东北地区 2019 年 4 月以来增速为负。2019 年 1～11 月,东部地区固定资产投资增速为 4.1%,比 2018 年全年下降 1.6 个百分点,中部地区固定资产投资增速为 9.3%,比 2018 年全年下降 0.7 个百分点,西部地区固定资产投资增速为 4.9%,比 2018 年全年上升 0.2 个百分点。东北地区同期固定资产投资增速为－3.7%,比 2018 年全年下降 4.7 个百分点。

从投资的三大组成部分来看,2019 年制造业投资增速拖累较大,房地产投资增速有所提升,基建投资小幅回升。

2019 年前 11 个月制造业投资累计同比增长 2.5%,比 2018 年全年下滑 7 个百分点。2019 年以来受贸易摩擦的持续影响,我国进出口贸易受到较大影响,内需不振,导致制造业企业利润恶化、投资下滑。截至 2019 年 10 月,制造业前六大行业中,仅电气机械及器材制造业利润总额累计增速为 15%,大幅高于 2018 年全年的 1%,其他行业均出现利润增

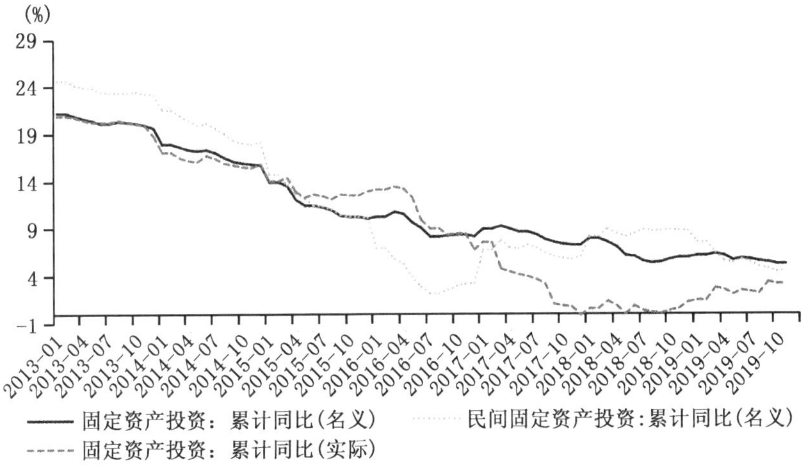

数据来源：CEIC、上海财经大学高等研究院。

图 16 整体和民间固定资产投资完成额累计同比

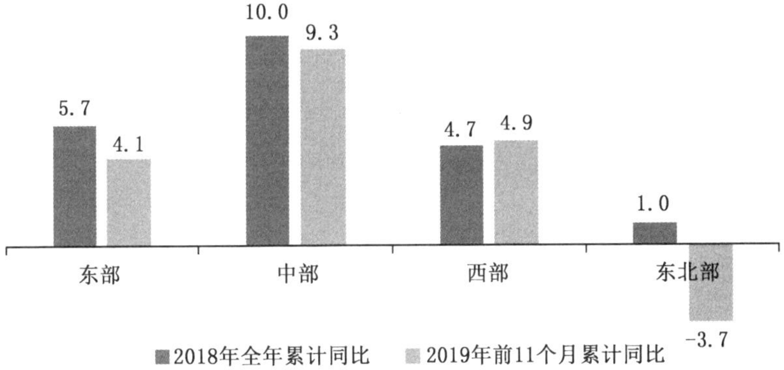

数据来源：CEIC、上海财经大学高等研究院。

图 17 分区域固定资产投资增速(%)

速下降，其中化工、汽车等行业 1～10 月利润总额累计同比增速为负，汽车行业利润增速负值逐渐收窄。如果按照所有制划分，制造业投资中非国有控股投资占 90%左右，因此制造业投资增速的下滑尤其反映出民营企业经营活力的下降。除了需求端的影响，融资端的紧张也是桎梏民营和小微企业融资的原因。在金融去杠杆、整体社会融资规模收紧的前提下，兴业研究的利差数据表明，过去近两年产业债发行利率民营企业加速

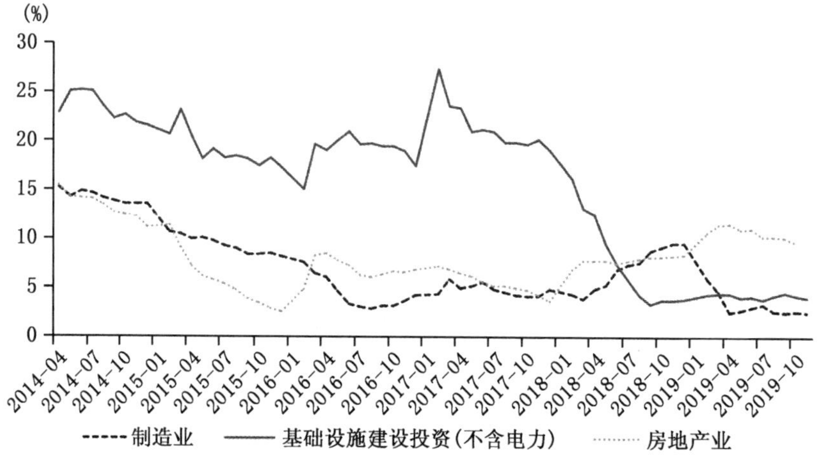

数据来源:CEIC、上海财经大学高等研究院。

图 18　分大类固定资产投资累计同比

高于央企和地方国企,截至 12 月 13 日,民营企业发债利率仍高于地方国企近 2 个百分点。2019 年 12 月,中央经济工作会议指出,货币信贷、社会融资规模增长同经济发展相适应,要增加制造业中长期融资,更好地缓解民营和中小微企业融资难融资贵问题,课题组认为这对稳定制造业投资极其重要。

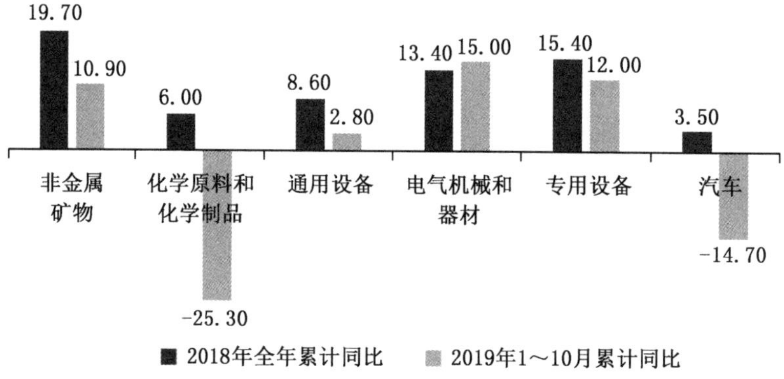

数据来源:CEIC、上海财经大学高等研究院。

图 19　制造业分行业利润累计增速(%)

展望 2020 年,贸易谈判第一阶段文本协议达成,但长期来看,中美贸易谈判的进程或为最大不确定性因素,且中美贸易摩擦很可能成为常态

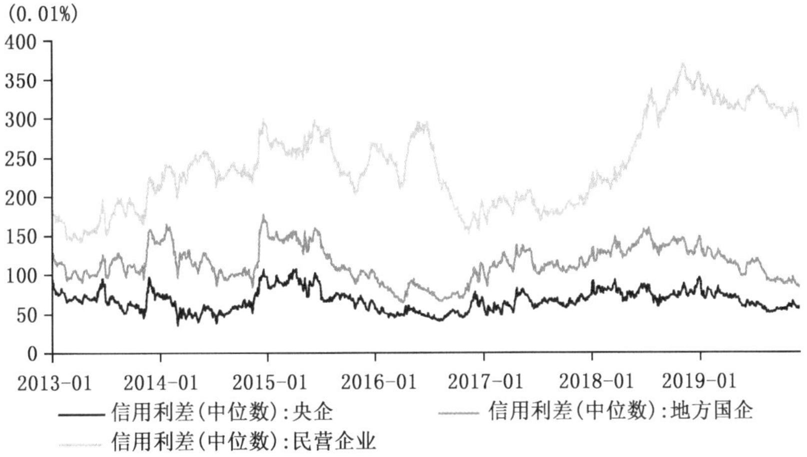

数据来源:兴业研究、上海财经大学高等研究院。

图 20　分企业类型产业债发行信用利差(中位数)

化存在。若 2020 年全球经济增长弱复苏，内部融资环境进一步改善，课题组估计 2020 年制造业投资增速将略高于 2019 年，约为 2.8%。

房地产投资增速相比 2018 年全年有所提升，但如前期预判全年逐渐回落。领先土地购置费累计增速约 12 个月的本年土地成交价款累计增速从 2018 年年底起到 2019 年 5 月持续下滑至－35.6%，土地购置费也随之不断下滑，使得房地产开发投资中的其他费用对房地产开发投资增速贡献率降低。但下半年新开工面积增速和施工面积累计同比维持较高增速，商品房销售额和销售面积累计同比均有所回升，使得房地产开发投资中的建安投资累计同比维持较高增速，而近年来建安工程投资在整个房地产开发投资中占比约为 60%，因此支撑 2019 年下半年房地产投资仍保持坚韧。土地成交价款累计增速自 2019 年 6 月以来不断上升，若施工面积增速保持平稳带动建安投资增速，课题组判断，2020 年房地产投资或在第一季度面临较大压力，而全年增速约为 8%。

2019 年 1～11 月全口径基建投资同比增速为 3.5%，比 2018 年全年提升了 1.7 个百分点，基建投资尚未完全发力。考虑到政策方面，近期财政部已提前下达了 2020 年部分新增专项债务限额 1 万亿元，占 2019 年当年新增专项债务限额 2.15 万亿元的 47%；同时要求各地尽快将专项债券额度按照规定落实到具体项目，确保 2020 年初即可使用见效，同时倡导积极的财政政策要提质增效，因此判断未来基建应仍有改善余地，投资企稳有支撑。

整体而言，课题组预计，2019 年制造业固定资产投资约为 2.8%，房地产开发投资回落至 8%，基建上升至 6%，使得全年固定资产投资增速小幅上升至 5.4%。

(三)进出口增速大幅下滑，贸易顺差有所扩大

2019 年 1～11 月，全国进出口增速较上年同期出现较大幅度下滑，进口增速下降幅度大于出口增速下降幅度，贸易顺差较上年同期有所增加。第一，自 2018 年以来，中美双方互相加征关税的行为对双边贸易造成较大影响，中国对美国出口和中国从美国进口均出现大幅度负增长，并拖累总体出口和进口增速；第二，内外部需求均面临一系列挑战，是影响进出口增速的根本性因素；第三，2018 年同期增速较高，受基数效应的影响，2019 年上半年进出口增速相对较低。2019 年 1～11 月，进出口总额为 41 426.9 亿美元，同比增长－2.2%。其中，出口总额为 22 601.4 亿美元，同比增长－0.3%；进口总额为 18 825.4 亿美元，同比增长－4.5%；顺差为 3 776.0 亿美元，比 2018 年同期增加 828.9 亿美元。由于人民币兑美元汇率较上年同期贬值约 4.5%，因此以人民币计价的进出口增速好于以美元计价的进出口增速。2019 年 1～11 月，进出口总额人民币值为 285 048.2 亿元，同比增长 2.4%。其中，出口总额为 155 550.3 亿元，同比增长 4.5%；进口总额为 129 497.9 亿元，同比增长 0.0%；顺差为 26 052.4 亿元，比 2018 年同期增加 6 361.1 亿元。国际服务贸易增速保持基本稳定，其中，服务贸易进口负增长，导致服务贸易逆差较 2018 年同期有所减小。国家外汇管理局的统计数据显示，2019 年 1～10 月，服务贸易总额为 6 124.5 亿美元，同比增长－2.5%。其中，服务贸易出口总额为 1 961.3 亿美元，同比增长 3.4%；服务贸易进口总额为 4 163.2 亿美元，同比增长－5.1%；服务贸易逆差为 2 201.9 亿美元，比 2018 年同期减少 288.1 亿美元。

2020 年，制约对外贸易增速的下行风险仍将继续存在。2019 年以来，货物贸易和服务贸易增速均出现大幅度下滑，尤其以进口增速下降幅度最为显著。对外贸易增速的大幅度下滑由多种因素叠加共同导致。第

一，中美贸易摩擦愈演愈烈，与美国互相加征关税的负向影响已经显现。对美国出口增速和从美国进口增速均较2018年全年下降20个百分点以上。从弹性的角度看，中国进出口产品的弹性较大，导致加征关税对进出口数量的影响较大。尽管当前中美双方已经达成阶段性缓和，但后续谈判仍面临较多问题。课题组仍然维持之前的判断，即中美贸易摩擦仍然会持续较长时间，并将继续对中美贸易产生影响。第二，外部需求普遍下滑是导致出口全面下跌的根本性因素。根据IMF在2019年10月发布的预测，全球经济在2019年增速为3.0%，相比2018年下降0.6个百分点。除日本以外，其他经济体增速均出现不同程度的下滑，全球贸易需求也受到较大拖累。第三，国内需求动力不足，进口增速较出口增速出现更大幅度的下滑，导致货物贸易顺差被动增加和服务贸易逆差被动减小。国内因素仍然是制约外贸发展的根本性因素。具体来看，实际消费增速和制造业投资增速均持续低迷，PPI在1～11月同比增速为－0.3%，相比2018年同期大幅度下滑4.1个百分点，以上均显示国内需求正处于收缩过程中，是进口增速大幅度下滑的一个重要因素。

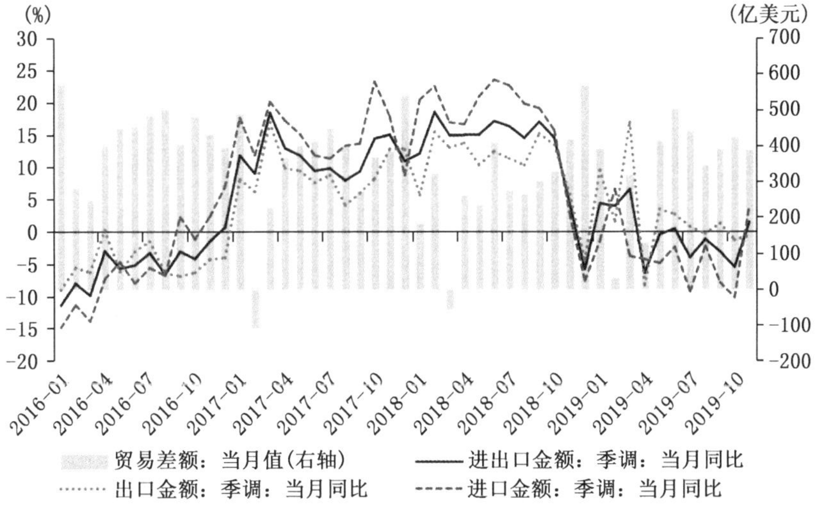

数据来源：海关总署。

图21　2016年以来全国进出口增速及贸易差额变化

2019年以来，出口价格指数和出口数量指数均出现趋势性下滑，且下半年以来，受2019年人民币汇率较上年同期贬值的影响，出口数量指数较出口价格指数下降幅度更大。首先,在中美贸易摩擦的影响下,由于不同产品贸易弹性的不同,导致不同产品价格和数量的下降幅度有所分化。与2018年同期不同,2019年1～11月,机电产品出口价格指数开始低于纺织类产品出口价格指数,但纺织类产品出口数量指数略低于机电产品出口数量指数。其次,出口数量的下滑主要由中美贸易摩擦和外部需求疲软导致,出口数量的波动性主要来源于中美贸易摩擦产生的不确定性。

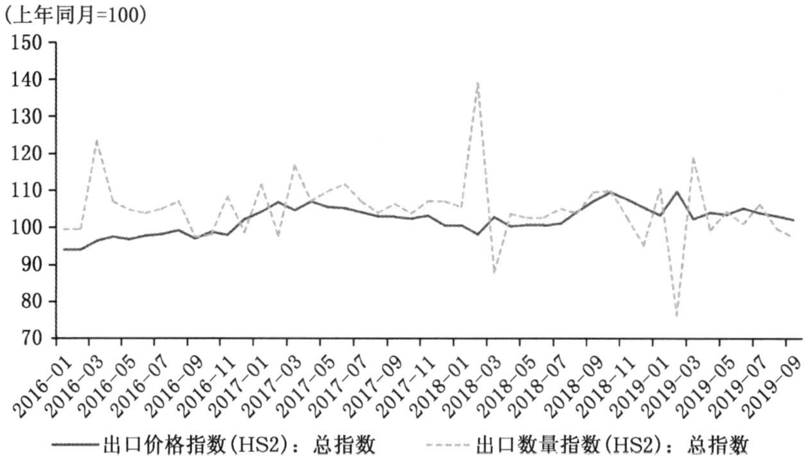

数据来源:海关总署。

图22　2016年以来中国出口价格指数和数量指数走势

2019年以来,进口数量显著低于2018年同期水平,维持负增长趋势;受2018年前低后高的基数效应影响,进口价格出现趋势性下滑,截至9月,进口价格已经跌破上年最低值。进口数量和进口价格的双双下跌,表明2019年以来进口需求持续疲软。2019年以来,国内制造业投资及其利润持续下行,拖累进口需求。矿产品进口数量和机电产品进口数量均较上年同期出现下滑,且机电产品进口数量指数显著低于矿产品进口数量指数。进口价格方面,2019年国际原油价格和进口需求均维持在较低水平,导致矿产品进口价格和机电产品进口价格均持续下滑,并低于上年同期水平。中美贸易摩擦主要从两个方面对进口产生影响:一方面,关税的提高降低了进口需求;另一方面,关税的提高在减少出口的同时,也对加工贸易进口需求产生负向影响。此外,2018年前低后高的基数效应

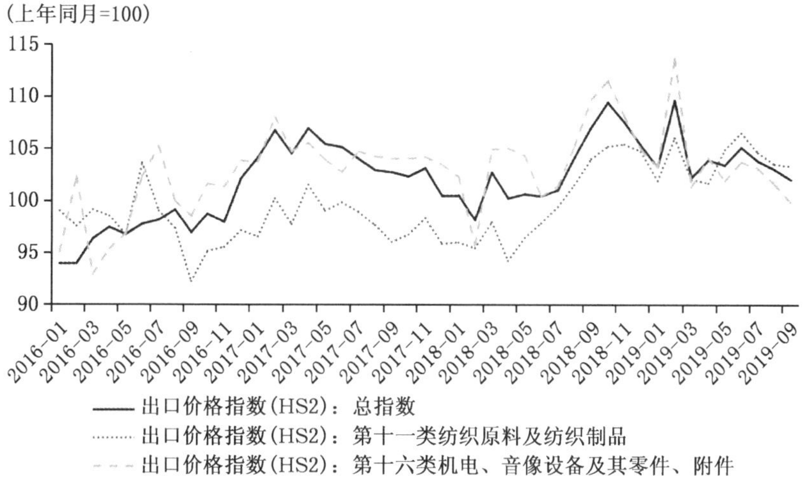

数据来源:海关总署。

图 23　2016 年以来中国出口价格指数及其主要分项走势

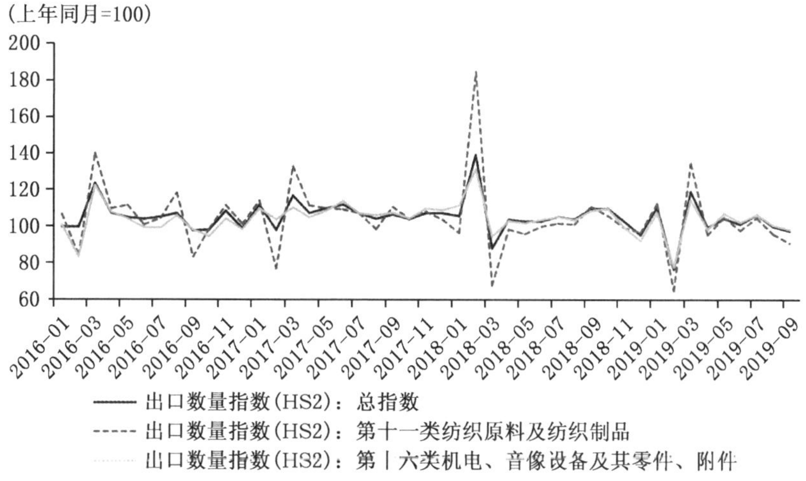

数据来源:海关总署。

图 24　2016 年以来中国出口数量指数及其主要分项走势

也是导致 2019 年进口价格持续下行的原因之一。

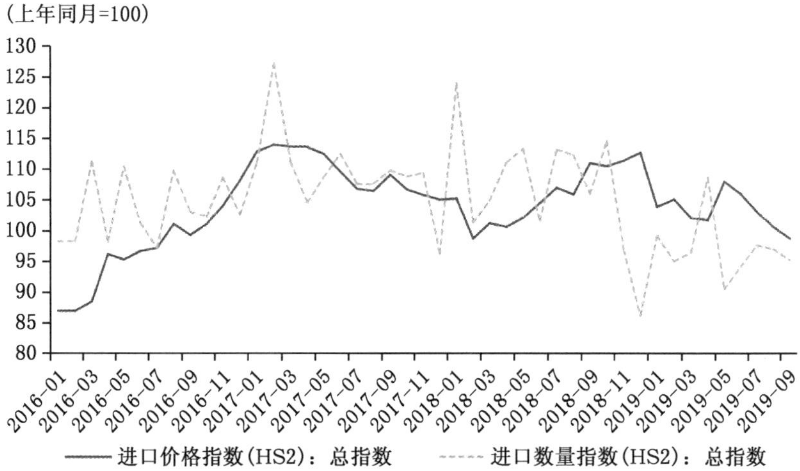

数据来源:海关总署。

图 25　2016 年以来中国进口价格指数和数量指数走势

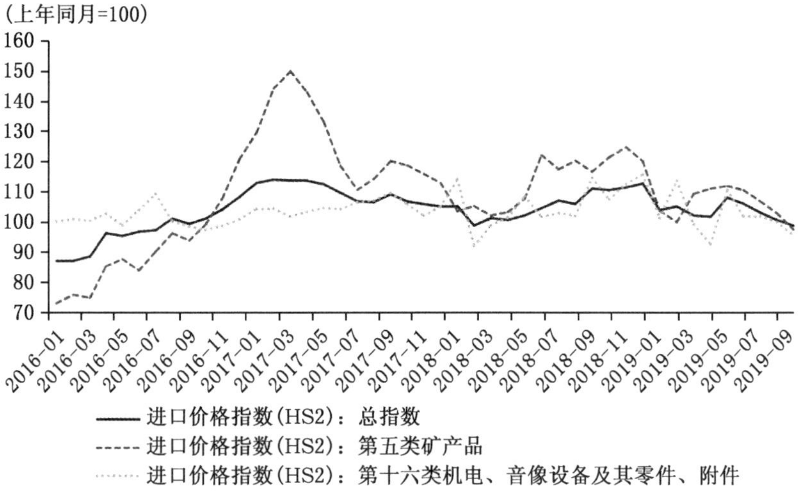

数据来源:海关总署。

图 26　2016 年以来中国进口价格指数及其主要分项走势

分贸易方式来看,2018 年以来,加工贸易增速和一般贸易增速开始分化,加工贸易增速显著低于一般贸易增速,这一分化趋势在 2019 年持续存在。主要原因在于:首先,中美贸易摩擦导致出口和进口关税均有所提高,而加工贸易由于价格弹性较大,其受关税上升的负向影响较一般贸

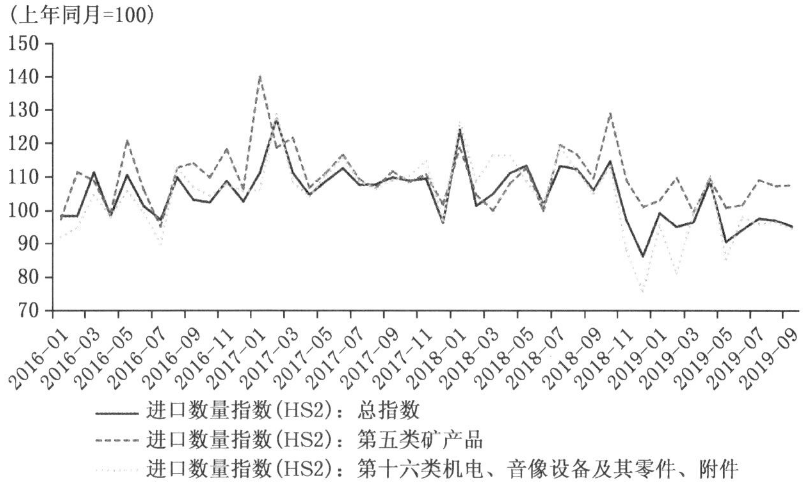

数据来源：海关总署。

图 27　2016 年以来中国进口数量指数及其主要分项走势

易更大；其次，国内制造业持续多年的转型升级，导致加工贸易不断转移至东南亚等国家，加工贸易增速及其份额都在减小；最后，国内劳动力成本和环保成本的持续上涨，导致劳动力相对密集且利润相对较小的加工贸易受到较大的负向影响。

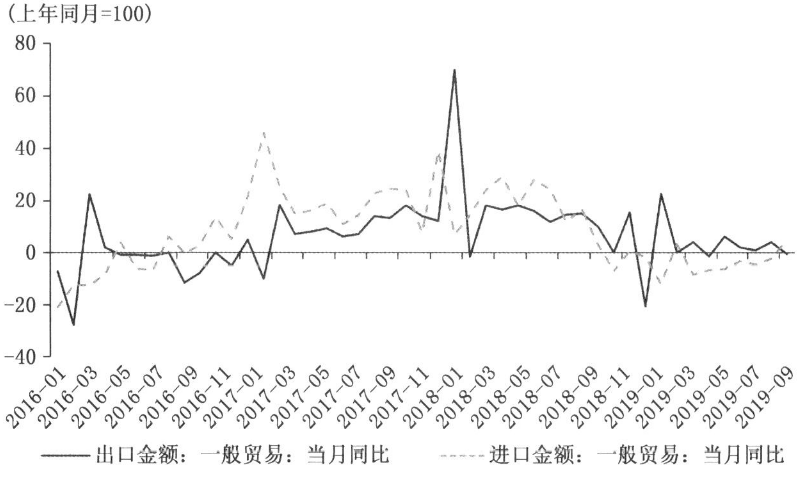

数据来源：海关总署。

图 28　2016 年以来中国一般贸易进出口增速

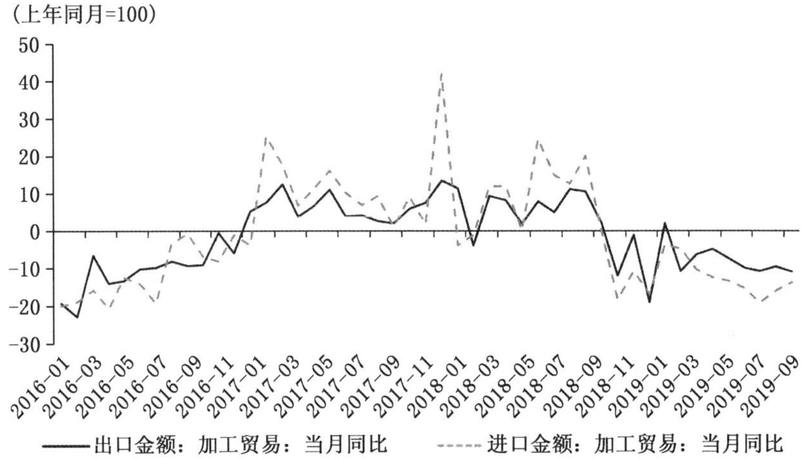

数据来源:海关总署。

图 29　2016 年以来中国加工贸易进出口增速

分国别来看,相比于 2018 年全年,2019 年 1～11 月,中国与主要贸易伙伴国(地区)的贸易增速均出现大幅下滑。出口方面,受中美贸易摩擦和外部需求分化的影响,中国对不同国家(地区)的出口增速出现分化。对美国出口增速和对中国香港出口增速(转口贸易)均出现大幅度负增长,对东盟出口增速保持较高水平的正增长,对其他国家(地区)出口增速相对较低,维持在零附近。进口方面,受中美贸易摩擦持续、工业企业利润走低以及国内生产需求疲弱的影响,中国从美国及各个贸易伙伴国(地区)的进口增速均出现不同幅度的下滑。从美国进口增速大幅度下滑至－23.4％,严重拖累总进口增速。此外,从韩国进口也出现较大幅度的负增长。除了从俄罗斯和巴西的进口出现小幅度增长外(远远低于 2018 年同期增速),对其他国家和地区的进口增速均维持在零附近。

2019 年 1～10 月,中国服务贸易保持基本稳定。2019 年服务贸易出口增速显著大于其进口增速,导致贸易逆差比 2018 年同期减少 288.13 亿美元,全年服务贸易逆差大概率低于上年,或导致其自 2007 年以来首次下降。服务贸易的逆差主要来源于旅行、运输、知识产权使用费、保险和养老服务这 4 个行业,并且以旅行逆差为主。2019 年 1～11 月,服务贸易逆差为 2 201.9 亿美元,其中旅行逆差为 1 835.6 亿美元,贡献了服务贸易总逆差的 83.4％。结构方面,占我国服务贸易较大比重的依然是

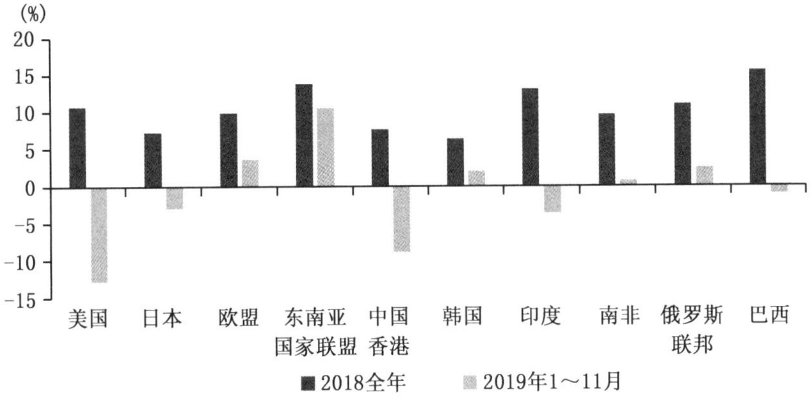

数据来源：海关总署。

图 30　中国对主要出口国(地区)贸易增速

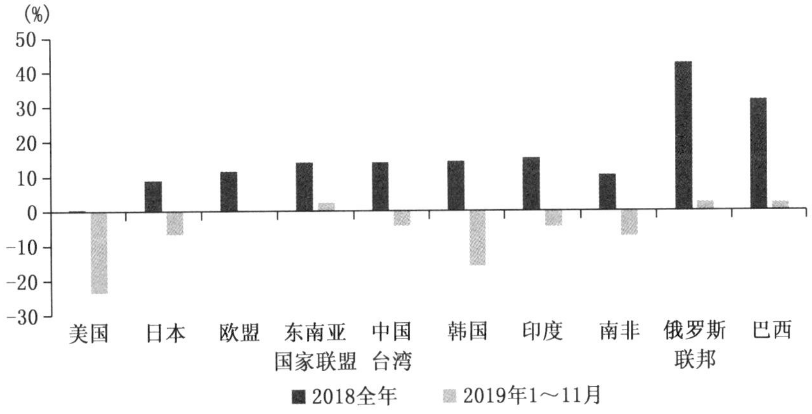

数据来源：海关总署。

图 31　中国对主要进口国(地区)贸易增速

一些传统的低附加值行业，如旅行、运输、加工服务等，未来中国服务贸易结构调整和持续增长的潜力巨大。

(四)劳动力市场疲软，居民收入增速放缓，人口结构性问题突出

截至 2019 年年底，失业率环比下降但同比上升，城镇新增就业人数同比下降；求人倍率同比下降环比上升，区域差异明显，技能不匹配较严重；PMI 低于 50%，但是下降趋势放缓；农村外出务工人员数量增速放

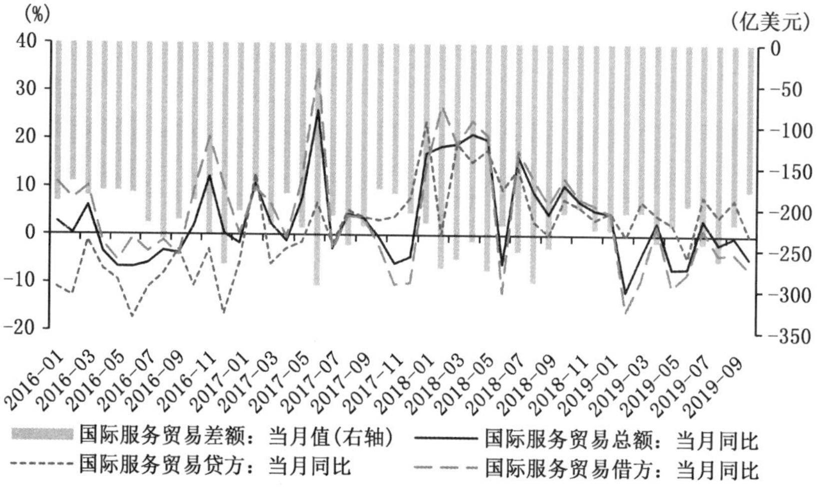

数据来源:国家外汇管理局。

图 32　2016 年以来服务贸易走势

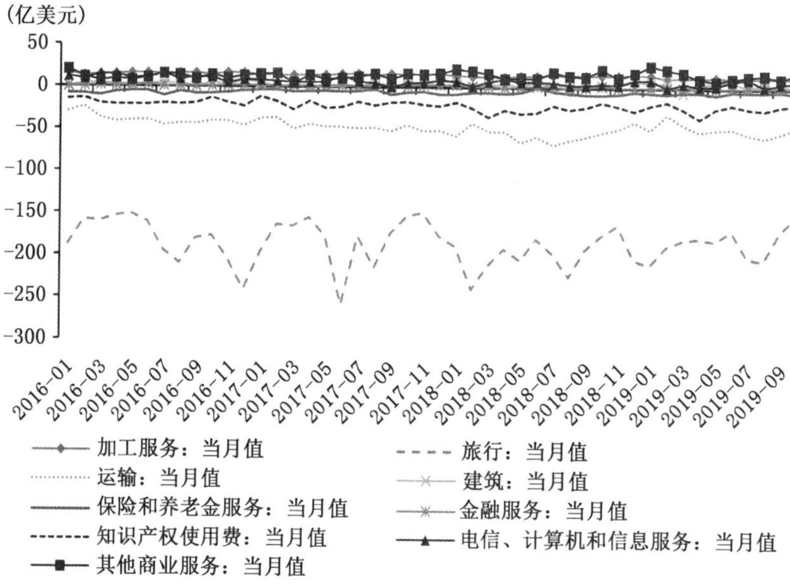

数据来源:国家外汇管理局。

图 33　2016 年以来主要行业服务贸易差额变化

缓,行业与区域分布发生变化;居民收入水平增速放缓,农村居民收入增速高于城市居民,城乡收入差距缩小;人口总和生育率整体下降,二胎政策短期效果显现但恐无长期效应。生育年龄推迟,老龄化问题严重,人口结构矛盾凸显,问题亟待解决。

1. 劳动力市场疲软,区域行业技能不匹配严重

受国内经济结构调整的影响,新增就业人数相比2018年有所下降,失业率上升。

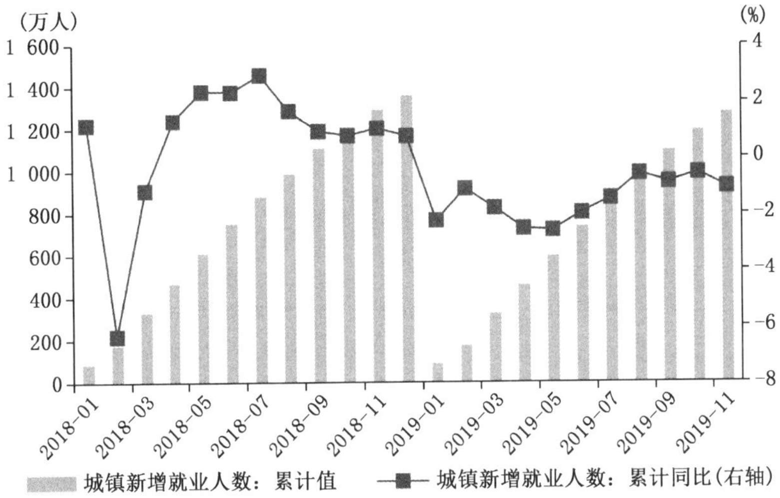

数据来源:国家统计局。

图34　城镇新增就业情况

从2017年3月开始,制造业PMI从业人员指数已经连续32个月低于50%的荣枯线,就业规模持续收缩,但在近期收缩的趋势有所缓和,稳定在47%左右。其中,从2018年9月开始,大型、中型、小型企业制造业PMI从业人员指数均低于50%,中型企业形势最不容乐观,就业规模缩减幅度最大,小型企业虽然一开始时受影响较少,但波动幅度大,如果经济下行压力持续,未来有可能继续下降。相对而言,大型企业则较为稳定。

从2018年9月开始,非制造业PMI从业人员指数持续14个月低于50%,建筑业是波动的主要原因。受到一系列房地产市场调控政策的影响,建筑业虽仍处于扩张状态,但自2019年3月以来处于下行趋势,在11月份重新开始上升。服务业虽一直处于收缩区间,但2019年以来相对稳定在48%左右,10月份达到一年半以来最低点47.6%。

2019年第三季度,劳动力市场的供给端和需求端总量均有较大幅度的

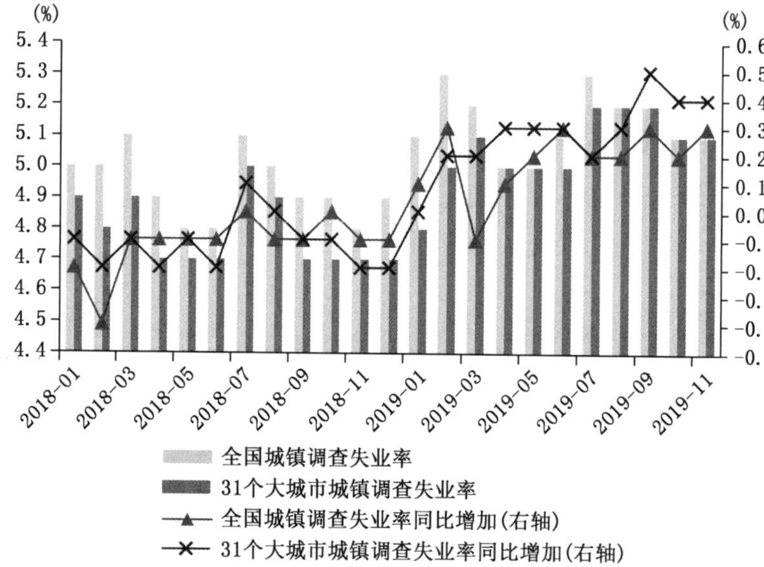

数据来源:国家统计局。

图 35　城镇调查失业率

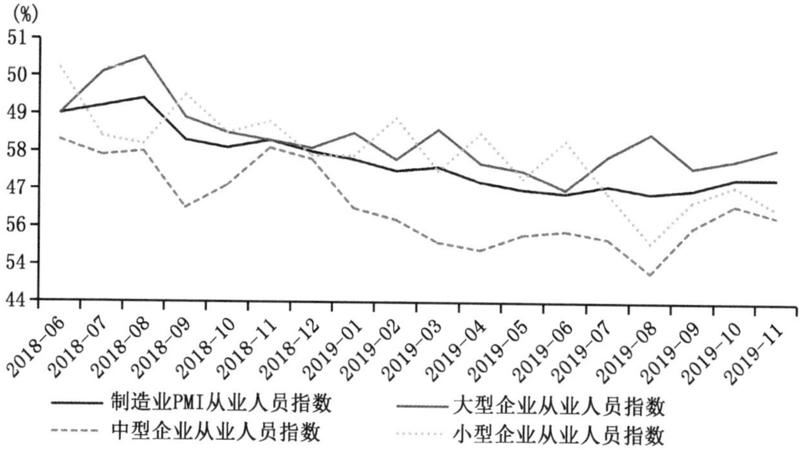

数据来源:国家统计局。

图 36　制造业 PMI 从业人员指数

下降,劳动力需求端与供给端均处于相对较低水平。用人单位通过公共就业服务机构招聘各类人员约 404 万人,进入市场的求职者约 325.8 万人,数据显示,相较于 2018 年第三季度,需求人数和求职人数分别下降 3.9%和

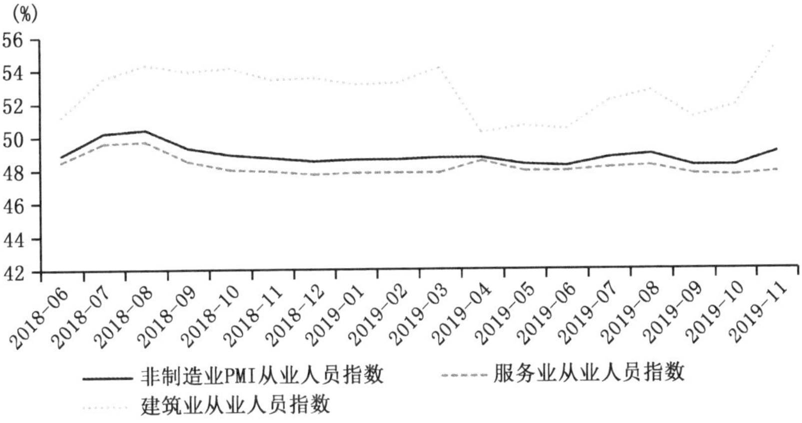

数据来源：国家统计局。

图 37　非制造业 PMI 从业人员指数

3.2%。这反映了 2019 年第三季度劳动力市场有较大幅度的降温。

表 3　　劳动力市场供求状况(2018 年第一季度至 2019 年第三季度)

	需求人数（万人）	求职人数（万人）	需求人数/求职人数同比(%)	需求人数/求职人数环比(%)
2018 年第一季度	574.8	466.9	4.5/−4.1	30.5/30.4
2018 年第二季度	534	435	3.7/−4.8	−6.2/−4.9
2018 年第三季度	489	390	0.8/−7.5	−6.1/−9.4
2018 年第四季度	438	343.7	2.4/−2	−11.3/−13
2019 年第一季度	589.7	459.4	3.3/−0.3	34.1/34.6
2019 年第二季度	—	—	—	—
2019 年第三季度	404	325.8	−3.9/−3.2	−13.1/−13.1

数据来源：中国人力资源市场监测中心。

作为反映劳动力市场整体供求关系的重要指标，求人倍率(需求人数与求职人数的比值)在 2019 年第二季度出现明显下降，第三季度有所回升。2019 年第三季度求人倍率约为 1.24，比 2018 年同期下降 0.01，相较上一季度回升 0.02。从区域看，2019 年第三季度东、中、西部地区的求人倍率分别为 1.21、1.22、1.33，西部地区的劳动力市场供求状况最为宽松，中部次之，东部最低。

如表 3 所示，第三季度的整体需求人数同比下降 3.9%。东部地区市场用人需求减少 17.4 万人，下降 9.6%，求职人数减少 10.3 万人，下降

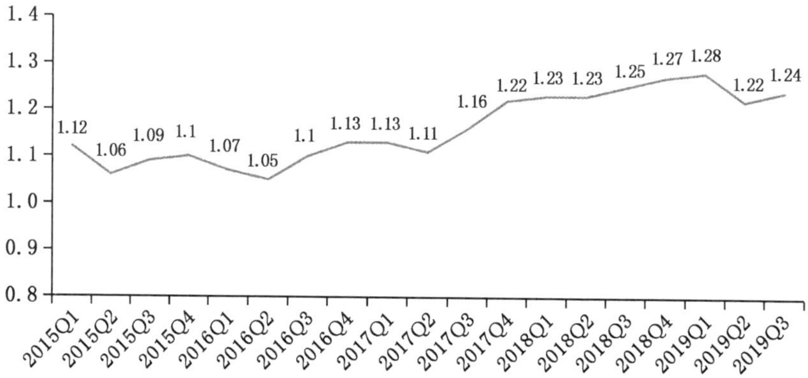

数据来源：中国人力资源市场监测中心。

图 38　整体求人倍率(需求人数与求职人数的比值)

7%；中部地区市场用人需求增加 0.4 万人，增长 0.3%，求职人数减少 1.7 万人，下降 1.6%；西部地区市场用人需求增加 1.5 万人，增长 1.6%，求职人数增加 1.7 万人，增长 2.6%。由此看出，导致整体劳动力市场下行的压力主要来自东部地区。2019 年第三季度东、中、西部地区市场用人需求相对于上一季度均出现了较大幅度的下降。东部地区市场用人需求减少 21.5 万人，下降 11.9%；中部地区市场用人需求减少 22 万人，下降 14.5%；西部地区市场用人需求减少 13.9 万人，下降 13.4%。

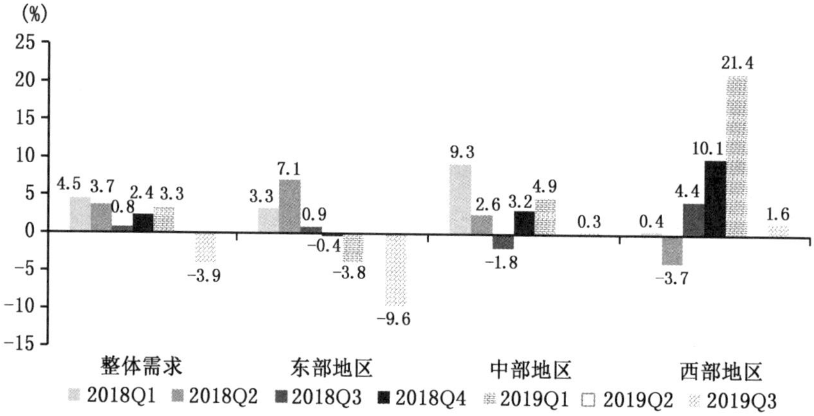

数据来源：中国人力资源市场监测中心。

图 39　需求人数同比变化

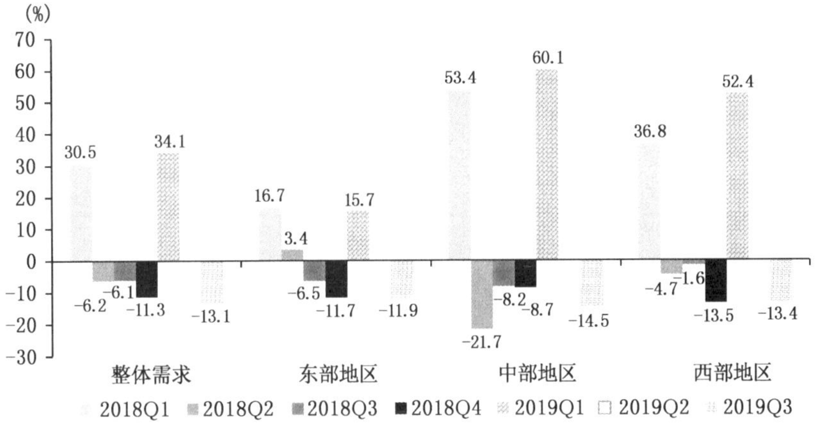

数据来源：中国人力资源市场监测中心。

图 40　需求人数环比变化

从劳动力市场的供给端来看，2019 年第三季度求职人数有较大幅度的下降，低于 2018 年同期 3.2 个百分点。东部地区下降幅度最大，市场求职人数减少 10.3 万人，同比下降 7 个百分点；中部地区求职人数减少 1.7 万人，同比下降 1.6%；西部地区求职人数增加 1.7 万人，同比增长 2.6%。由此看出，造成劳动力供给端活力下降的压力主要来自东部地区。相比第二季度，第三季度整体求职人数有较大幅度下降，人数减少 45.9 万人，环比下降 13.1%。东部地区市场求职人数减少 18.3 万人，下降 12.3%；中部地区市场求职人数减少 15.7 万人，下降 12.9%；西部地区市场求职人数减少 11.9 万人，下降 14.7%。

从行业分布看，用人需求存在行业差异。具体而言，2019 年第三季度用人需求集中在制造业(27.7%)、批发和零售业(13.3%)、住宿和餐饮业(10.4%)、居民服务和其他服务业(9.8%)、租赁和商务服务业(9.3%)、信息传输计算机服务和软件业(4.2%)、建筑业(4.6%)、房地产业(4.1%)等。与 2018 年同期相比，2019 年第三季度用人需求增加较多的行业有：建筑业(7.8%)、公共管理与社会组织(32.1%)、教育(31.1%)、水利环境和公共设施管理业(23.8%)、文化体育和娱乐业(15.9%)、卫生社会保障和社会福利业(12.0%)、居民服务和其他服务业(8.1%)、交通运输仓储和邮政业(6.1%)、信息传输计算机服务和软件业(2.4%)等。用人需求减少较多的行业有：电力煤气及水的生产和供应业

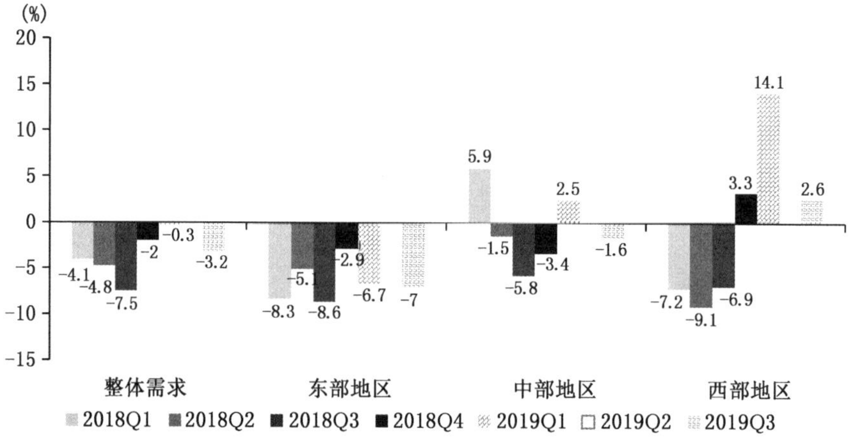

数据来源：中国人力资源市场监测中心。

图 41　求职人数同比变化

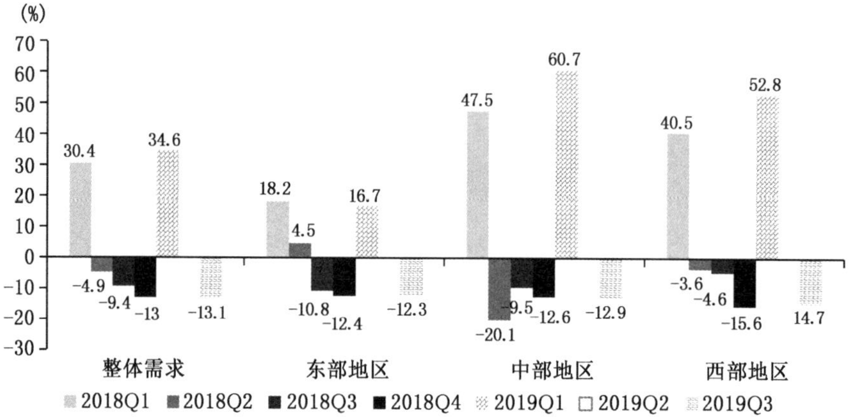

数据来源：中国人力资源市场监测中心。

图 42　求职人数环比变化

（－20.2％）、采矿业（－13.8％）、制造业（－5.0％）、房地产业（－16.8％）、租赁和商务服务业（－10.5％）、批发和零售业（－9.1％）、住宿和餐饮业（－8.4％）等。综合以上信息可以看出，2019 年第三季度，在整体用人需求中占比较大的几个行业如制造业、批发和零售业、住宿和餐饮业、租赁和商务服务业以及房地产业等的用人需求均同比出现了较大幅度的下降，这也在一定程度上解释了第三季度劳动力市场的疲软。

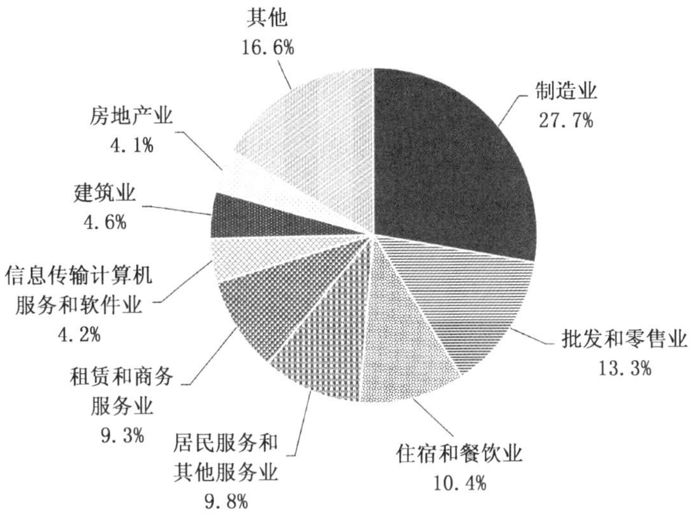

数据来源：中国人力资源市场监测中心。

图 43　2019 年第三季度用人需求行业分布

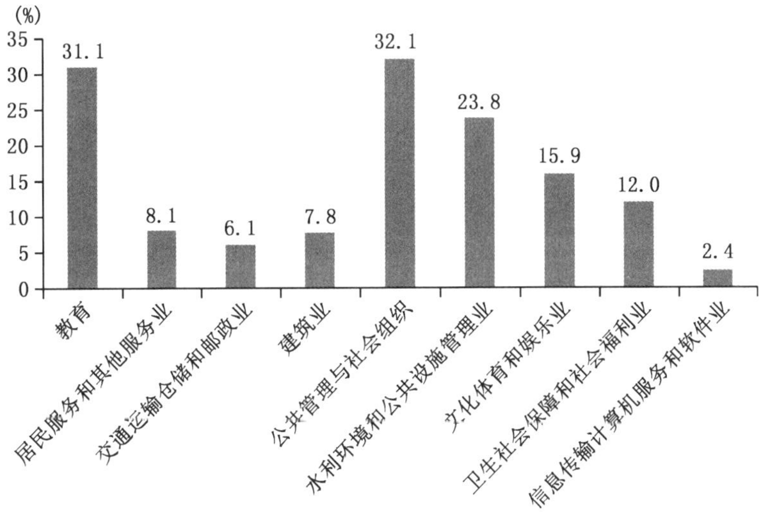

数据来源：中国人力资源市场监测中心。

图 44　按行业划分用人需求同比：2019 年第三季度增加的行业

自 2015 年第一季度以来，西部地区求人倍率始终明显高于整体水平，与之相反，东部地区求人倍率则在大部分时期内低于整体水平，这反

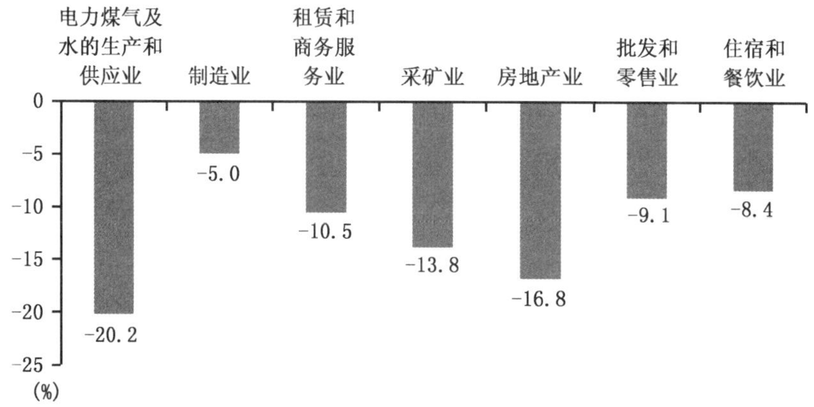

数据来源:中国人力资源市场监测中心。

图 45　按行业划分用人需求同比:2019 年第三季度减少的行业

映了我国人才呈现区域异质性。东部地区作为全国各类人才的主要聚集地,人才短缺程度相对较弱,而西部地区人才短缺状况则比较明显。

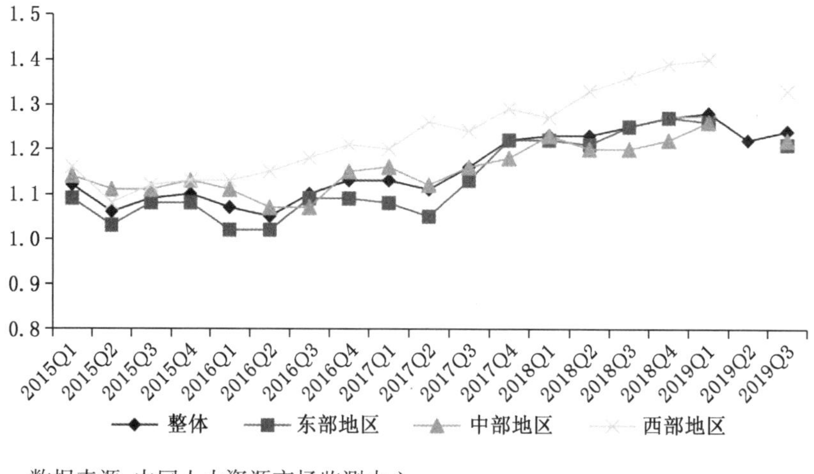

数据来源:中国人力资源市场监测中心。

图 46　求人倍率(需求人数与求职人数的比值):分地区

自 2015 年第一季度以来,具有一定技术等级或者专业技术职称的技能人员始终处于供不应求的状态,其中,具有一定技术等级人才的缺口明显大于有专业技术职称人才的缺口。另外可以看出,除个别季度以外,劳动力市场上这两类人才的缺口整体出现变大的趋势。这反映了我国目前人才技能更新的速度远远不能满足我国当前加速调整产业结构的要求。

2019 年第三季度，41.7%的市场用人需求对劳动者的技术等级或专业技术职称有明确要求，其中，对技术等级有要求的占 24.5%，对专业技术职称有要求的占 15.4%。从供给侧看，42.6%的市场求职人员具有一定技术等级或者专业技术职称，其中，具有技术等级的占 26.7%，具有专业技术职称的占 15.9%。从供求对比看，具有一定技术等级的求职者约短缺 12 万人，具有专业技术职称的技能人员约短缺 10.4 万人。

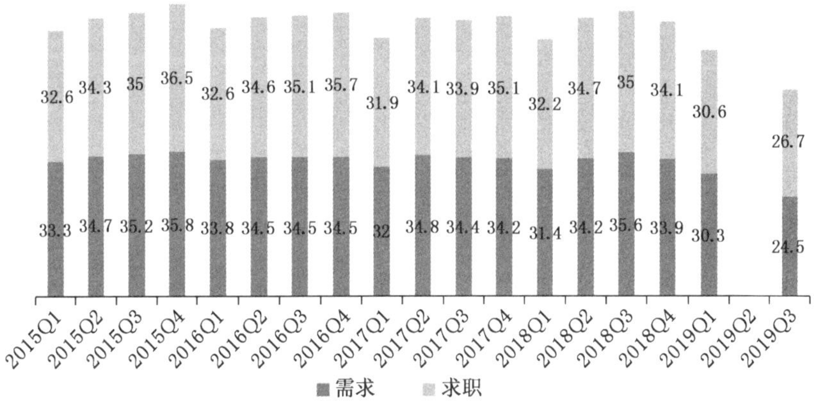

数据来源：中国人力资源市场监测中心。

图 47　对技术等级有要求的需求占比与有技术等级的求职占比(%)

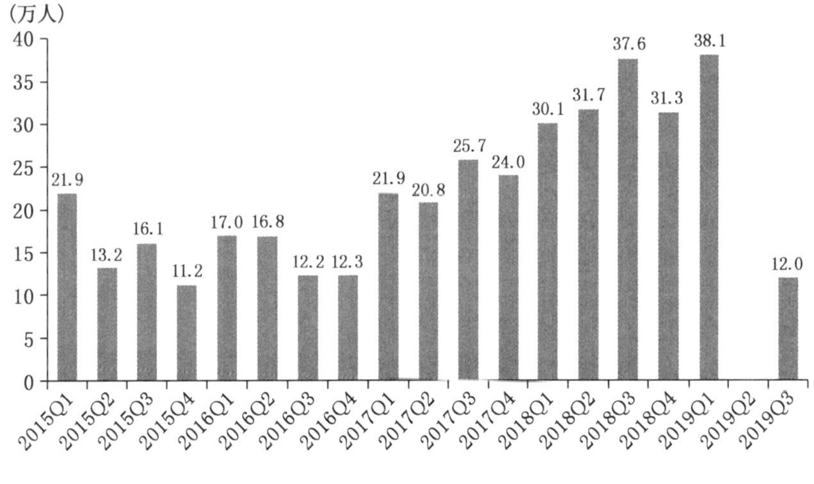

数据来源：中国人力资源市场监测中心。

图 48　技能人员缺口：有一定技术等级的求职者

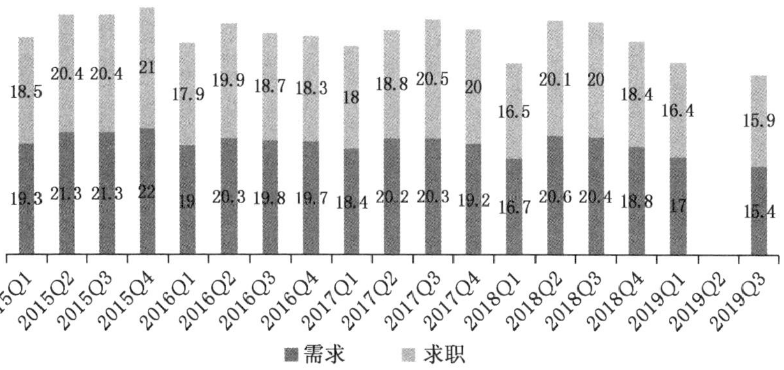

数据来源：中国人力资源市场监测中心。

图 49　对专业技能职称有要求的需求占比与有专业技能职称的求职占比（%）

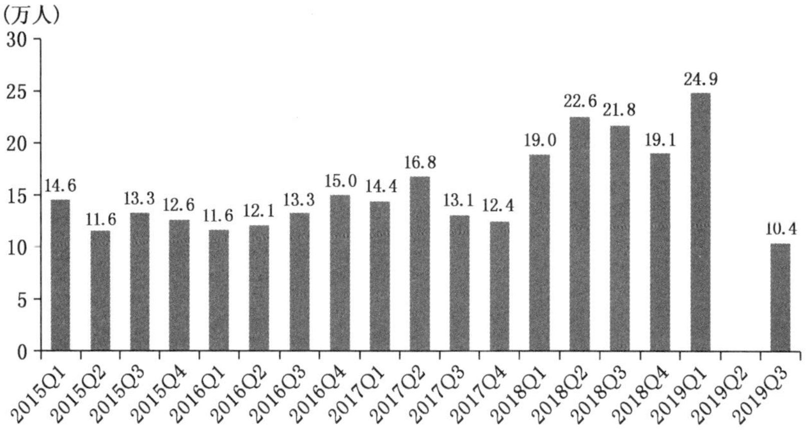

数据来源：中国人力资源市场监测中心。

图 50　技能人员缺口：有专业技术职称的求职者

2019 年第三季度，各技术等级或者专业技术职称的岗位空缺与求职人数的比率均大于 1.6，其中高级工程师、高级技师、高级技能工岗位空缺与求职人数的比率分别为 3.81、2.37、2.14。

相比 2018 年同期，2019 年企业员工的工作时长增加。受经济下行趋势影响，企业招聘下降，对现有劳动力资源的利用相对增加，导致工作时间相比以往出现了延长。

就业人数与劳动人口增速放缓。自 1991 年以来，劳动力人口与就业

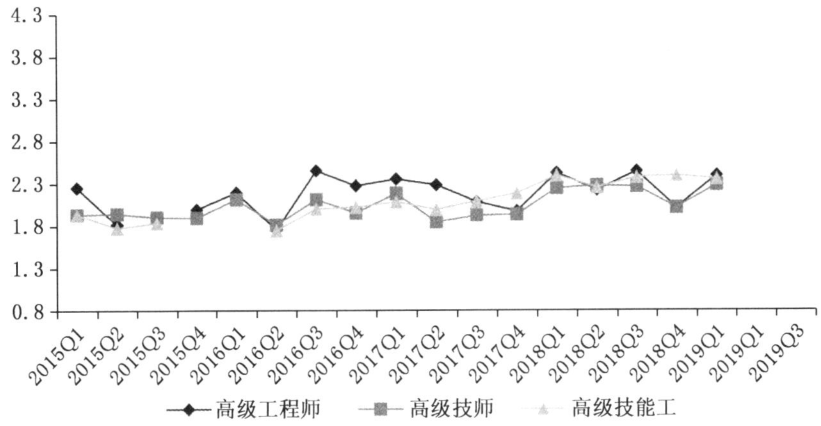

数据来源:中国人力资源市场监测中心。

图 51　求人倍率(需求人数与求职人数的比值):分技能

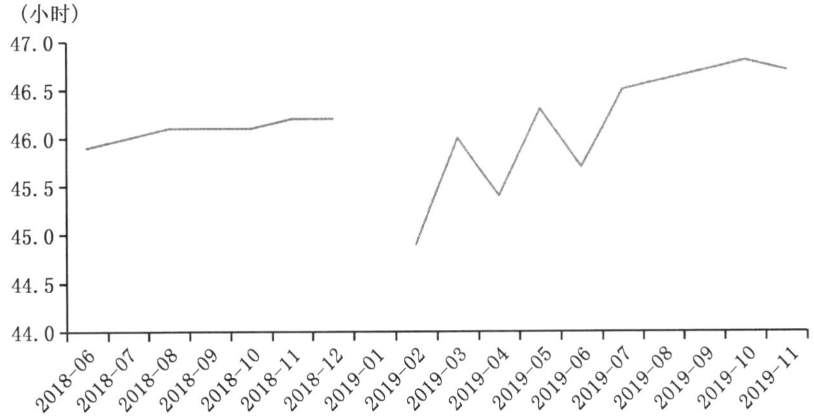

数据来源:国家统计局。

图 52　企业员工周平均工作时间

人口整体在不断增加,但增长速度呈下降趋势。自 2017 年以来,劳动力与就业人口整体进入平稳期。

2. 农村外出务工人员数量增速放缓,行业与区域构成发生变化,城乡收入差距缩小

2019 年第三季度,农村外出务工劳动力人数为 18 336 万人,同比增加 1.1%。农村外出务工劳动力人数呈现季节性的特征,第二季度、第三

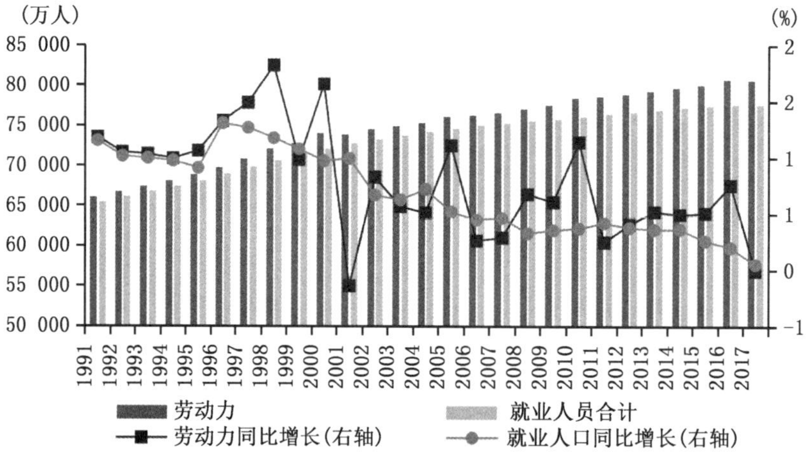

数据来源:各年《中国第三产业统计年鉴》。

图 53　1991～2017 年就业人员与劳动力

季度的农村外出务工人数较多,第一季度和第四季度的人数较少。2019 年前三季度的农村外出务工人数逐渐增加,与上年同期相比,均增长 1.2%左右,增幅自 2017 年 1 月开始呈现下降趋势,2019 年第一季度开始出现较大反弹,但第三季度重新回落。

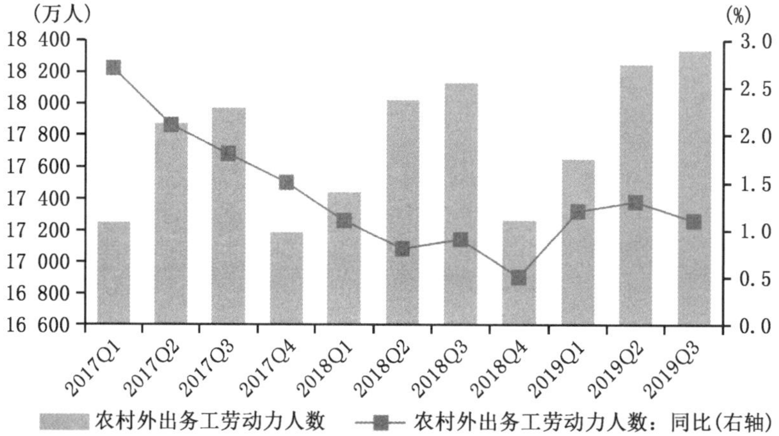

数据来源:国家统计局。

图 54　农村外出务工劳动力人数

从输出地来看,农村外出务工人数有一定的区域性变化,中部地区是主要的农村外出务工人员输出地，西部和东部地区所占比例相当。2013年以后，中部地区所占比例先是进一步上升，在2016年以后回落，稳定在37％左右；东部地区由于地区发展水平较高和统计局区域调整的影响，所占比例不断下滑，从2012年的31.5％降至2018年的21.3％，但下降速度开始放缓，而西部地区输出比例始终稳定在32％左右。从2016年开始，国家统计局将东北地区的数据单列计算，东北地区占比始终保持在3.5％左右。

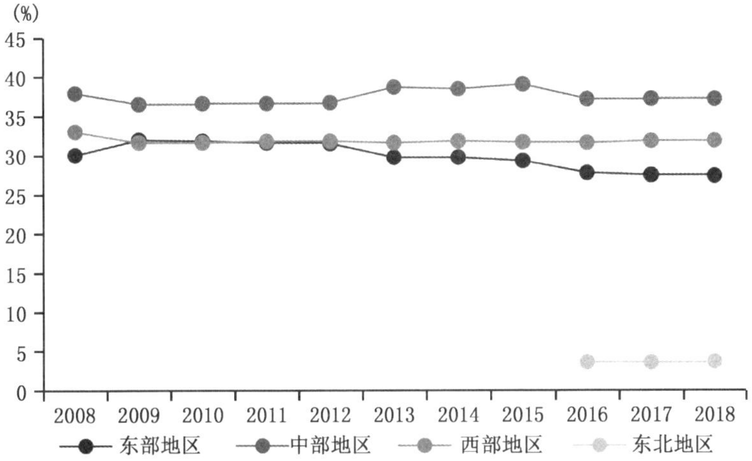

数据来源：国家统计局。

图55　按输出地：农村外出务工人数占全国比重

从就业区域来看，受东部地区产业转移的影响，农村外出务工人员选择东部地区作为就业地区的比重有持续下降的趋势，2008年选择东部地区作为就业地区的比例为71.22％，而2018年该比例为54.8％。与之相反，农村外出务工人员选择中部和西部地区作为就业区域的比重有上升趋势，均由2008年的15％左右上升到2018年的20％左右。

农村外出务工人数在性别构成上较为稳定。2009～2018年男性的比例维持在65％的水平，女性约为35％。

从年龄构成来看，农村外出务工人员呈现高龄化趋势。30岁以内的务工人员比例持续下降，40岁以上的比例持续增加，尤其是41～50岁之间的比例显著上升，从2008年的19％上升到2018年的26％。这一现象表明新生代农村外出务工人员数量持续减少，部分体现了我国人口老龄

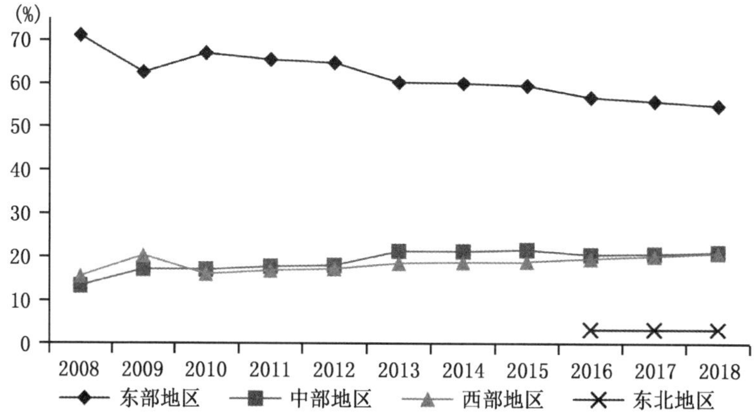

数据来源:国家统计局。

图 56　按就业区域:农村外出务工人员占全国比重

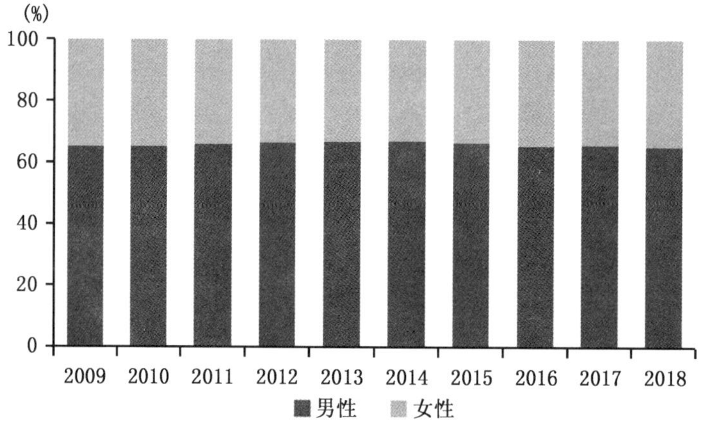

数据来源:国家统计局。

图 57　农村外出务工人员性别构成

化的趋势,同时也释放了农村外出务工人员短缺的信号。

从文化程度构成来看,农村外出务工人员整体教育水平明显上升。与 2011 年相比,2017 年大专以下各文化程度所占比例出现了不同程度的缩小,大专及以上文化程度则由 7%上升到 13.5%。

从产业结构来看,农村外出务工人员由第二产业向第三产业转移。总体而言,从事第一产业的农村外出务工人员较少,从事第二产业的农村

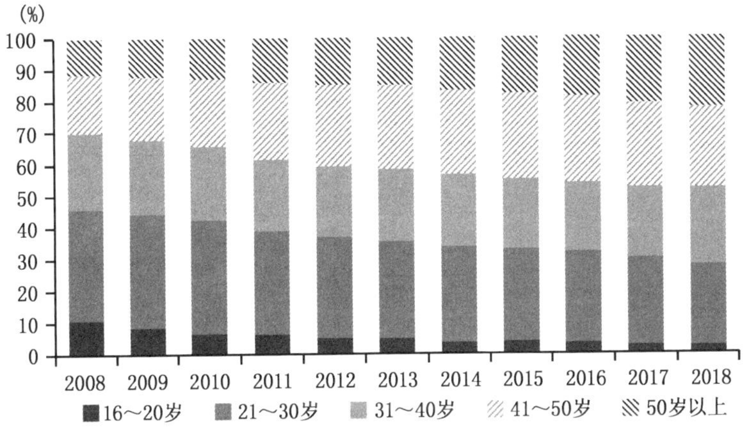

数据来源：国家统计局。

图 58　农村外出务工人员年龄构成

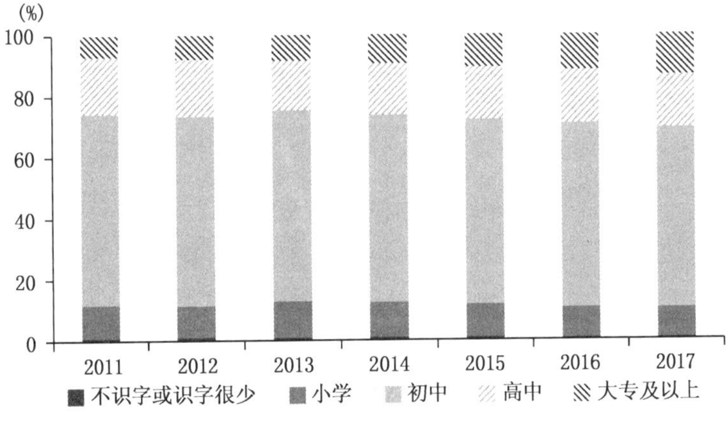

数据来源：国家统计局。

图 59　农村外出务工人员文化程度构成

外出务工人员比例持续下降，其中制造业农村外出务工人员比例从 2008 年开始连续十年下降，建筑业农村外出务工人员比例在 2013 年达到顶峰后也开始下降，而第三产业各个行业的人数则在不断上升，这也与我国产业结构由第二产业转向第三产业的变迁相契合。2018 年延续了这个趋势，从事第一产业的农村外出务工人员占比 0.4%，同比下降 0.1%；第二产业占比 49.1%，同比下降 2.4%；第三产业占比 50.5%，同比上升

2.5%。全国而言,2017年三大产业就业人员占比分别为27%、28.1%、48.9%。相比全国就业人员各产业占比的平均水平,农村外出务工人员较少选择第一产业,第二产业的就业占比相对较高,第三产业就业占比略高于全国平均水平。

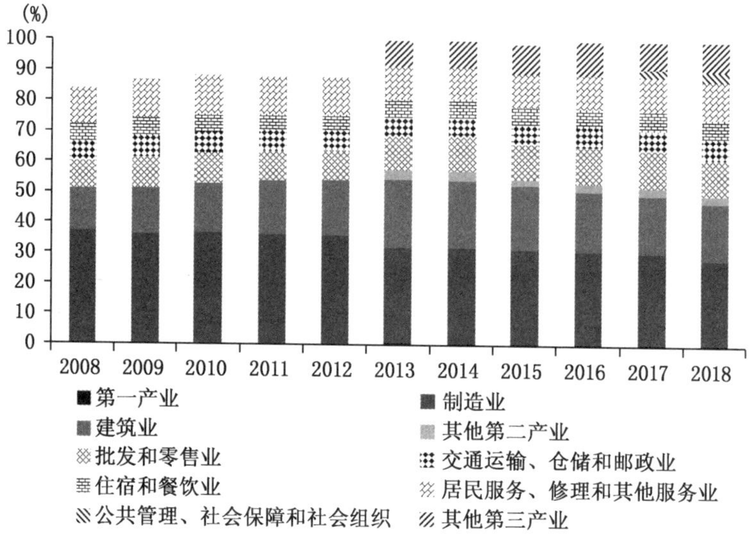

数据来源:国家统计局。

图60 农村外出务工人员行业分布

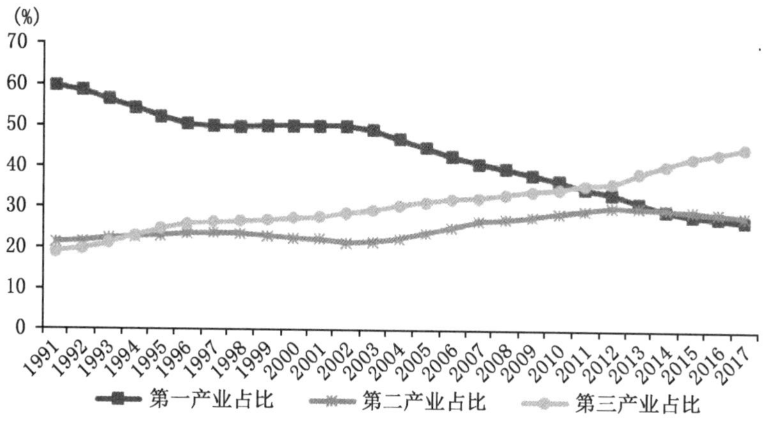

数据来源:各年《中国第三产业统计年鉴》。

图61 1991～2017年三大产业就业人员占比

收入方面,农村外出务工人员的月均收入总体呈现上升趋势,但收入增速在下滑。2019 年前三季度的工资同比增长均不低于 6.4%,高于实际 GDP 增速。第三季度月平均收入为 3 952 元,同比增加 6.5%。

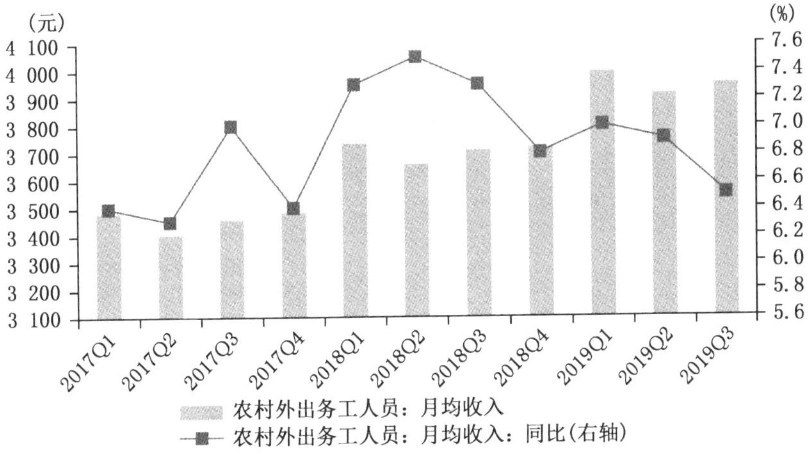

数据来源:国家统计局。

图 62　农村外出务工人员月均收入

2018 年,农村外出务工人员月均收入的区域性分化加大。东部地区的平均收入高于其他地区,为 3 955 元,也高于全国平均水平 3 721 元。中部、西部、东北地区的月均收入分别为 3 568 元、3 522 元、3 298 元,都低于全国平均水平。这是自 2012 年后中部地区工资再次高于西部,但差距不大。东北地区农村外出务工人员收入水平最低。

农村外出务工人员月均收入存在行业差异。农村外出务工人员工资水平较高的两个行业为交通运输、仓储和邮政业以及建筑业,2018 年分别到达了 4 345 元和 4 209 元,较低的两个行业是住宿餐饮业和服务业,收入均为 3 000 元左右。

2019 年前三季度居民的累计可支配收入同比增加 6.1%,城镇、农村居民的累计可支配收入同比分别增加 5.4%、6.4%,农村居民收入增速高于城市居民。纵观全年,收入水平小幅度下滑但相对稳定,增速不及 2018 年同期。

从城乡收入差距的角度看,城乡之间的收入差距进一步缩小,2019 年第三季度城乡居民可支配收入比为 2.75,相比上年同期下降 3%。

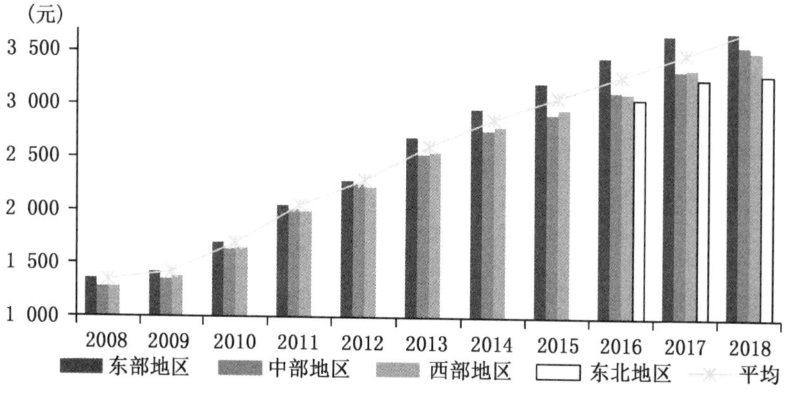

数据来源:国家统计局。

图 63　农村外出务工人员月均收入(按地区)

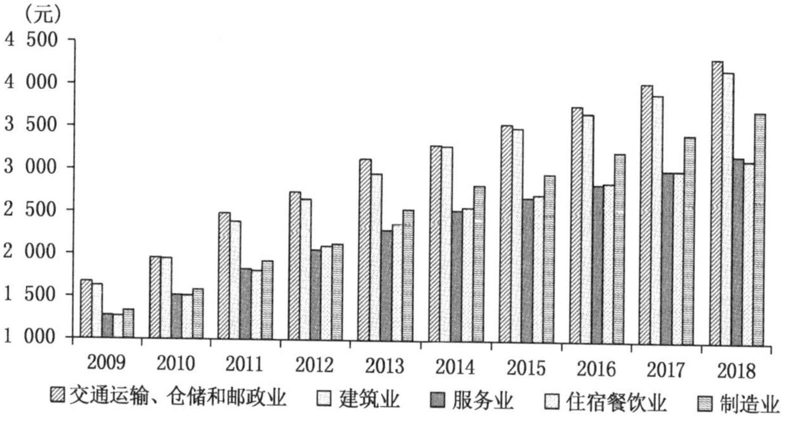

数据来源:国家统计局。

图 64　农村外出务工人员分行业月均收入

3. 总和生育率下降,二胎政策恐无长期效应,生育年龄推迟,老龄化问题严重,人口结构性矛盾突出,问题亟待解决

长期以来,总和生育率持续下降,2016 年后有小幅回升但仍处于下行阶段。从总体来看,总和生育率在 1980～2015 年间有逐渐下降的趋势。由于世界银行的年度数据是对联合国人口司每 5 年的总和生育率数据插值得到,因此该数据更适用于趋势分析,以下分析主要依据《中国人口与就业统计年鉴》提供的数据。具体来看,1980～1990 年间的总和生

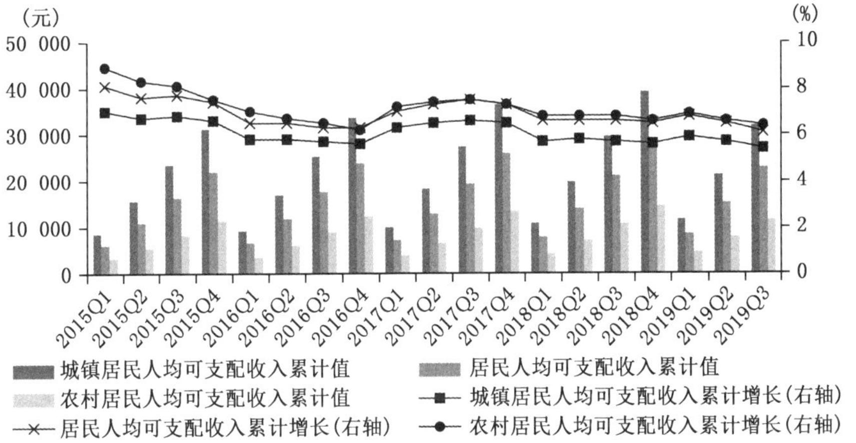

数据来源:国家统计局。

图 65 居民人均可支配收入累计

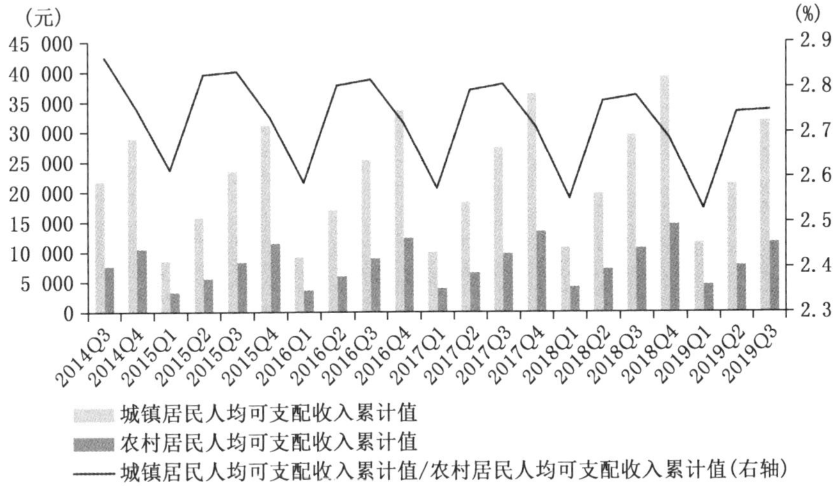

数据来源:国家统计局。

图 66 城乡居民人均可支配收入比

育率能够维持在 2.47 的平均水平;1993～1994 年、1997～1999 年间总和生育率已经降到了 2 以下;2001～2015 年间平均总和生育率为 1.45,总体低于"低生育率陷阱"的临界水平 1.5;2016 年是全面二胎政策实施元年,总和生育率在 2016～2017 年有所上升,并在 2017 年达到 1.63。

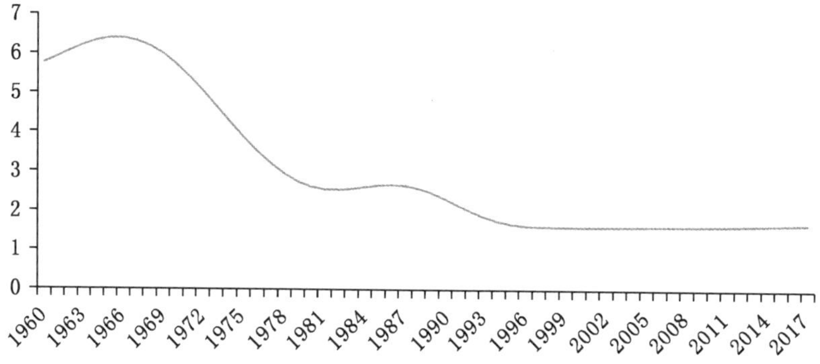

数据来源:世界银行。

图 67　1960～2017 年总和生育率

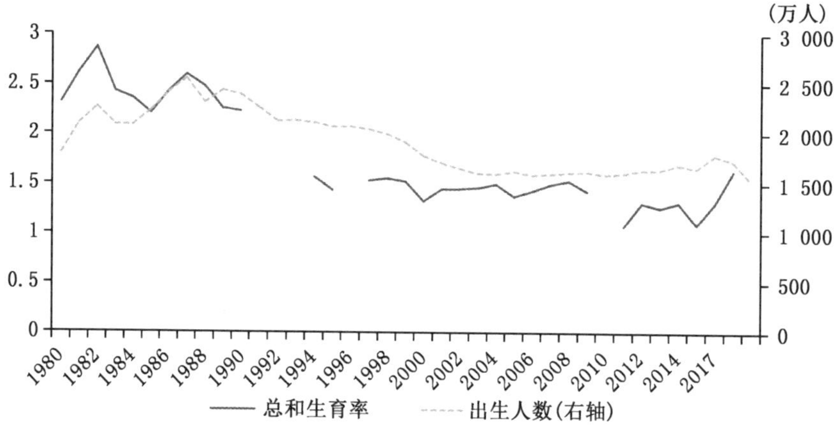

数据来源:各年《中国人口和就业统计年鉴》、Wind。

图 68　1980～2017 年总和生育率及出生人数

全面二胎政策短期效果显现,但难以产生长期效果。从整体的一孩、二孩生育率来看,2015 年前,一孩生育率整体呈下降趋势,二孩生育率整体平稳。2015～2016 年间,一孩生育率短期回升,随即又呈下行趋势,而二孩生育率在 2015 年后提高较为显著。分不同的年龄段来看,一孩生育率在 20～29 岁年龄段整体呈下降趋势,且逐渐与二孩生育率水平相同。30～34 岁年龄段生育率在 2005～2008 年有所上升,其虽在 2008～2017 年阶段有所波动,但整体较为平稳,并没有明显受到全面二胎政策的影响。

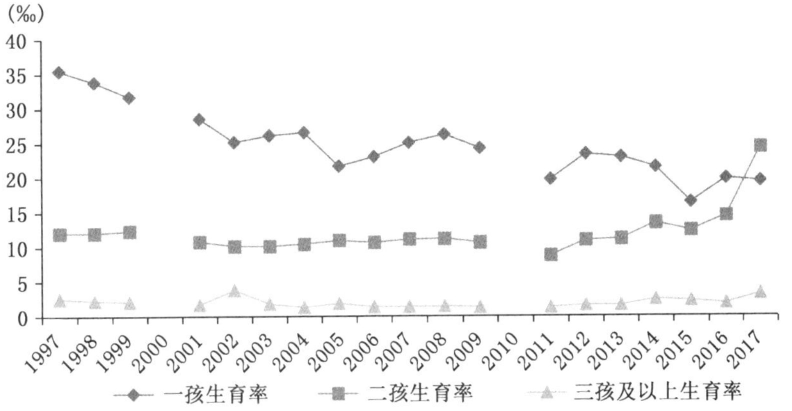

数据来源:各年《中国人口和就业统计年鉴》、Wind。

图 69　1997～2017 年一孩、二孩、三孩及以上生育率

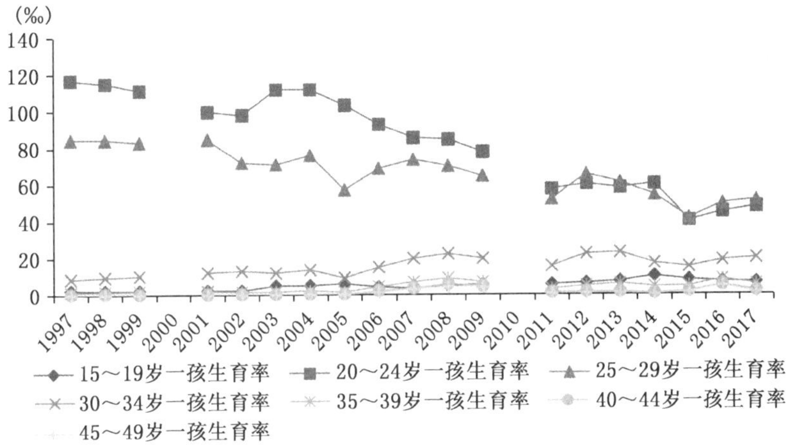

数据来源:各年《中国人口和就业统计年鉴》、Wind。

图 70　1997～2017 年分年龄段一孩生育率

相比一孩生育率,二孩生育率受到了全面二胎政策的显著影响。各个年龄段的二孩生育率在 1997～2013 年处于比较稳定的状态,2013 年单独二胎政策实施后,20～29 岁年龄段生育率有所提升,但在 2015 年又回落到单独二胎政策实施前的生育率水平。这表明单独二胎政策仅在短期内发挥了作用,受到影响的年龄段主要为 20～29 岁。2015 年后,20～39 岁年龄段二孩生育率均有所提升,25～39 岁年龄段二孩生育率的提高尤为明显。这进一步表明25～39岁年龄段生育率提高的主要原因是该年龄段二孩生育率的提高。三孩及以上生育率在2015年后也有所提高，但总体水平低于10‰，对总体生育率的提高贡献并不大。

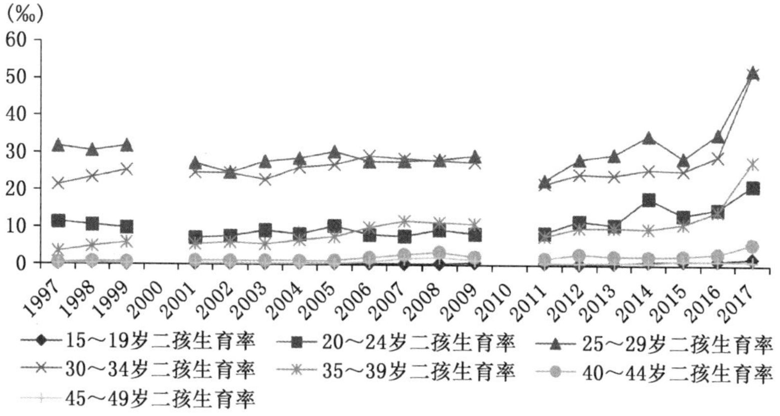

数据来源:各年《中国人口和就业统计年鉴》、Wind。

图71　1997～2017年分年龄段二孩生育率

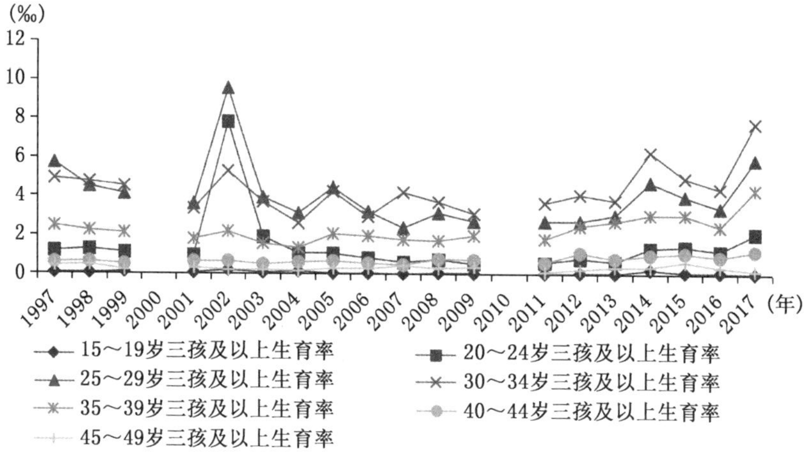

数据来源:各年《中国人口和就业统计年鉴》、Wind。

图72　1997～2017年分年龄段三孩及以上生育率

以上分析表明,全面二胎政策短期内效果显现,但该政策对一孩生育率影响甚微。短时间内二孩生育率的提高可能是由那些在政策开放前已有二孩生育意愿的人群带来的。短期内同时生育二孩会有较大的抚养压力，因此预期生育二孩的人群通常会选择提前生育第一孩。而在数据中并没有明显表现出一孩生育年龄提前的现象，可以推断全面二胎政策并没有显著刺激到政策实施前没有生育二孩意愿的人群，我国仍需警惕“低生育率陷阱”，并需要高度重视低生育率的长期影响。

妇女生育年龄推迟，30～39 岁年龄段生育率逐年上升。2017 年生育率最高的年龄段为 25～29 岁，其次为 30～34 岁年龄段，20～24 岁年龄段生育率仅排第三。但在 1997～2006 年间，生育率最高的年龄段为 20～24 岁，2006 年后 25～29 岁年龄段成为生育率最高的年龄段。从趋势角度来看，在 2015 年前，20～24 岁、25～29 岁生育率逐年下滑，而 30～34 岁、35～39 岁两个年龄段的生育率则呈现出逐年上升的趋势，整体体现出我国生育年龄推迟。

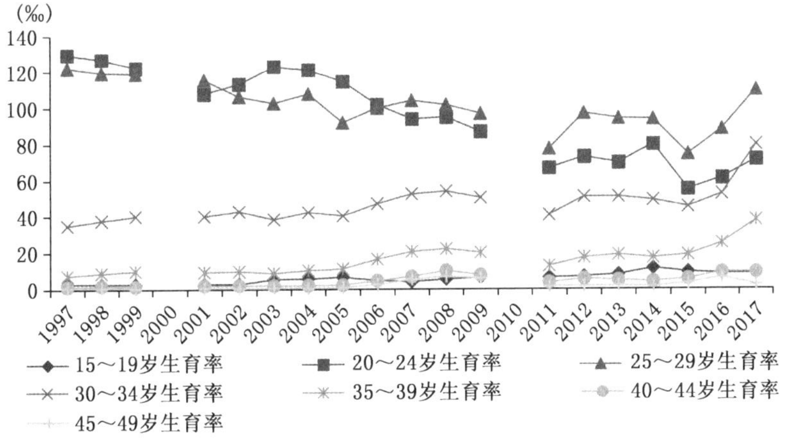

数据来源：各年《中国人口和就业统计年鉴》、Wind。

图 73　1997～2017 年分年龄段生育率

老年人口比例逐年增长，男女比例有下降趋势。自 1991 年以来，老年人口(65 岁及以上)占比总体呈现逐年增加的趋势。从 2001 年开始，65 岁及以上人口占比超过 7%，我国开始步入老龄化阶段。同比来看，2014 年后，增长比例已超过 4%。老年抚养比也呈现逐年增长的趋势。在性别结构方面，来自世界银行与国家统计局的数据都表明男性人口占总人口的比例自 2011 年后有下降趋势，男女比例失调问题逐渐改善。结合前文分析，生育水平仍处于下行阶段、老龄化速度加快、出生性别比失调表明我国人口结构性问题日益突出。

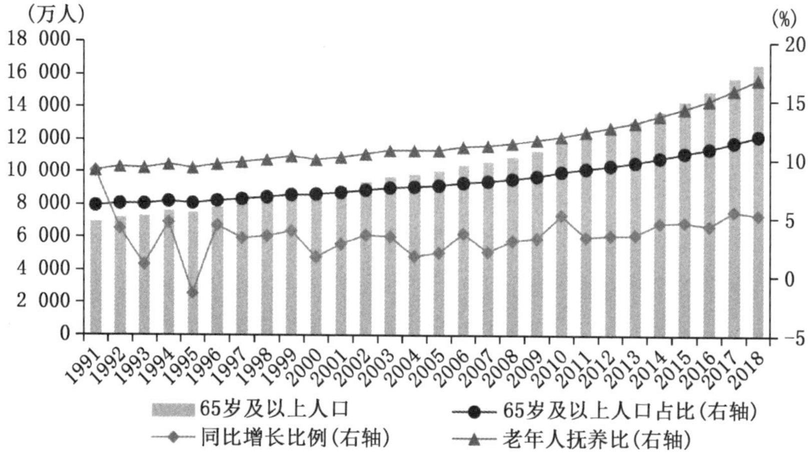

数据来源:国家统计局。

图 74　1991～2018 年 65 岁及以上人口

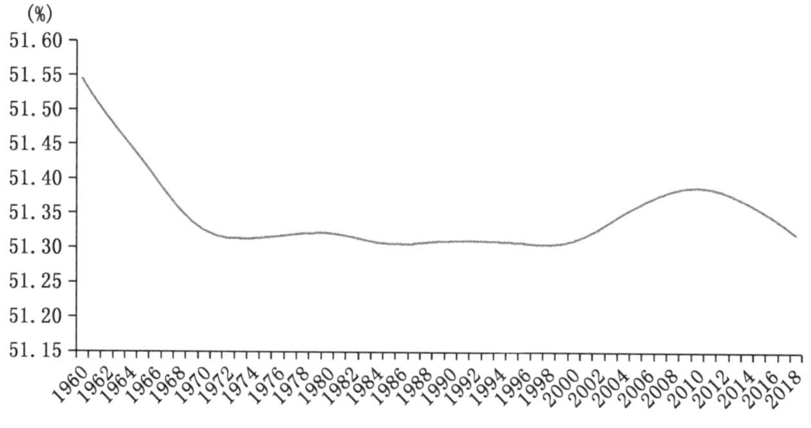

数据来源:世界银行。

图 75　1960～2018 年男性人口占比

2019 年以来,劳动力市场受内部结构性改革影响有所收紧,相比 2018 年失业率上升,新增就业人数下降,求人倍率下降,公共就业市场供需两端都出现收缩。制造业和非制造业的用工规模持续缩小,企业员工工作时间增加。农村外出务工人员同比增速相比上年有所回升,中部地区是农村外出务工人员主要来源,经济相对发达的东部地区所占比率持

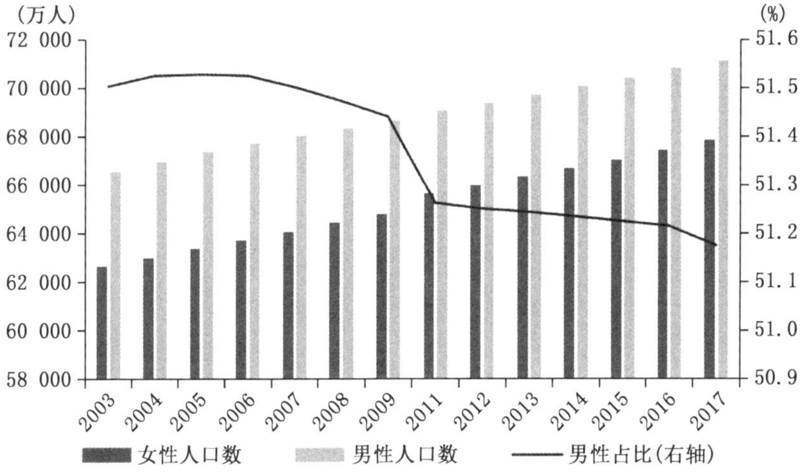

数据来源：国家统计局。

图 76　2003～2017 年性别人数及男性占比

续下降。在目的地选择上，农村外出务工人员出现了回流，东部地区作为农村外出务工人员的比例下降。农村外出务工人员性别比例较稳定，在年龄结构上出现了老化，但受教育程度提高。从行业看，农村外出务工人员由第二产业向第三产业转移，符合产业结构变化的趋势。从收入看，农村外出务工人员收入受经济外部环境影响出现下降，其中东部地区相对收入较高。居民收入增速相比 2018 年稳中有降，城乡居民之间的差距逐步缩小。老龄化及低生育率凸显，全面二胎政策恐无长期效应，从长期来看，增加基础教育投入以及推进教育资源公平可能是解决低生育率的有效途径。

(五)CPI 与 PPI 剪刀差持续扩大

正如课题组在 2018～2019 年度报告以及 2019 年中报告所预计的，2019 年前 11 个月核心 CPI 同比增速(累计增速为 1.7%)较 2018 年年均 1.9%的增速有所下降，但受以猪肉为代表的食品价格上升影响，CPI 同比增速(累计增速为 2.8%)较 2018 年年均 2.1%的增速有所上升；PPI 同比增速经上半年短暂上升后，在 2019 年 4 月达到局部波峰，随后快速下降，并于 7 月出现近三年来的首次转负，与 CPI 的剪刀差不断扩大。课题组根据国家统计局公布的 GDP 名义值以及实际同比增长率构造计算得到的 GDP 平减指数非累计同比增长率在 2019 年第一、二、三季度分别为 1.3%、2.0%、1.5%，前三季度累计同比增速约为 1.60%，如图 77 所示。GDP 平减指数自 2017 年第一季度达到高峰后呈现波动下降趋势，2019 年第一季度达到近两年以来的低谷 1.3%后短暂反弹，第三季度又重新转为下降。因此，2019 年 CPI 与 PPI 剪刀差不断加大，价格变化总体比较平稳，处于合理区间。

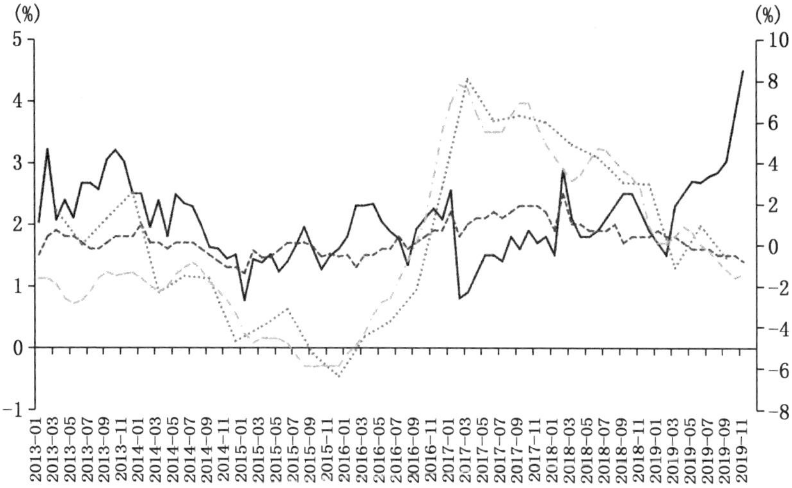

数据来源：国家统计局、上海财经大学高等研究院。①

图 77　价格指数同比增速

GDP 平减指数涉及全部商品和服务，反映一般物价水平走向，是对价格水平比较宏观的测量。相比较而言，CPI 侧重于居民消费方面的价格变化情况，PPI 侧重于工业生产方面的价格变化情况；CPI 受食品和服务价格影响较大，PPI 受国际大宗商品价格影响较大。

根据国家统计局的调整②以及课题组的数学模型和计量分析③发现，

---

① 课题组根据国家统计局公布的 GDP 名义值以及实际同比增长率构造计算得到的 GDP 平减指数非累计同比增长率。

② 2001 年以来按照统计制度要求，我国 CPI 每五年进行一次基期轮换，2016 年 1 月开始使用 2015 年作为新一轮的对比基期，前三轮基期分别为 2000 年、2005 年和 2010 年。与上轮基期相比，新基期调查目录和规格品与国际标准更为接近，一些新产品新服务纳入其中，能进一步反映居民消费和经济结构的变化；同时，CPI 权数构成也相应地按照居民收支调查最新数据进行了适当调整。

③ 课题组用不同的方法(如解方程和回归分析)，结果是稳健的。

食品对CPI的影响约为20%，服务业对CPI的影响约为35%。国家统计局2019年12月最新发布的数据显示，2019年前11个月CPI同比上涨2.8%，较2018年同期2.1%的增速上升0.7个百分点。进一步从分项分析影响CPI的原因。从食品来看，2019年前11个月食品价格平均上涨8.5%，导致CPI上升约1.70个百分点，而2018年同期食品价格增速为1.7%，拉动CPI上升仅约0.34个百分点。从非食品来看，2019年前11个月非食品价格平均上涨1.4%，导致CPI上涨约1.12个百分点，而2018年同期增速为2.2%，拉动CPI上升约1.76个百分点。从服务业来看，2019年前11个月服务价格平均同比上升1.8%，导致CPI上升仅约0.63个百分点，而2018年同期增速为2.5%，拉动CPI上升约0.88个百分点。由此可见，2019年CPI同比增速的上升主要是由食品价格同比增速的上升所导致。

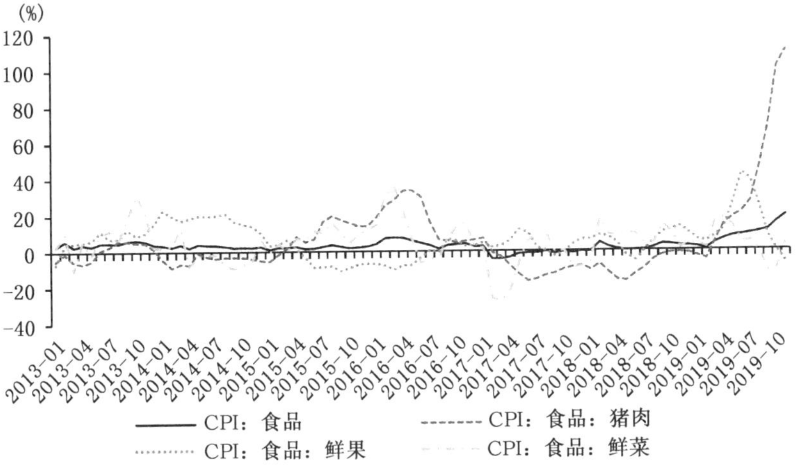

数据来源：国家统计局。

图78 猪肉、鲜菜、鲜果价格同比增速

进一步的分析显示，在食品中影响较大的是猪肉、鲜菜和鲜果价格，其变化如图78所示。首先分析猪肉价格。2019年前11个月猪肉价格累计同比上涨37.3%，导致CPI同比增速上升约1.07个百分点，而2018年同期同比下降8.7%，导致CPI同比增速下降约0.25个百分点。这一方面是因为2018年同期处于下降周期的末端和上升周期的初端，2018年猪肉价格总体偏低，进而也导致基数相对较低；另一方面是因为2019

年处于上升周期的加速上升期，并叠加非洲猪瘟的影响，导致猪肉供给紧张，进而使得猪肉价格急剧升高。从图 79 所示的日高频猪肉批发价格可以看出，自 2018 年 5 月下旬开始，随着一些养猪散户逐渐退出市场，猪肉价格从下降周期转为上升周期，而从 2018 年下半年开始全国各地出现的非洲猪瘟疫情加快了猪肉价格的上升周期，使得猪肉价格从 2019 年第二季度起快速上升，并于第三季度打破并大幅度超过历史最高价。受各种政策措施以及进口和库存猪肉加大投放等因素的影响，11 月初猪肉价格达到最高点后开始回落，但由于非洲猪瘟没有完全消失以及生猪生长有一定的周期，课题组预计短期内猪肉生产难以恢复，未来一段时间猪肉价格仍将处于高位，受春节错峰影响，2020 年 1 月猪肉价格同比增速将达到高峰。

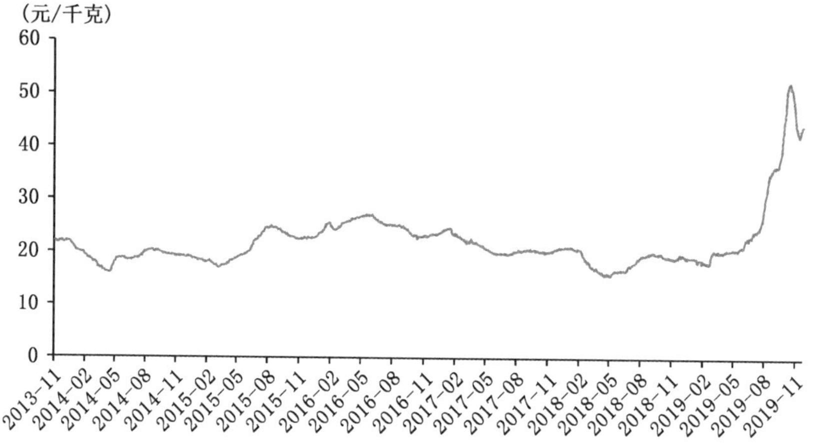

数据来源：农业部。

图 79　猪肉平均批发价格

其次分析鲜菜价格。2019 年前 11 个月鲜菜价格累计同比上升 3.5%，导致 CPI 同比增速上升约 0.09 个百分点，而 2018 年同期同比上升 7.4%，导致 CPI 同比增速上升约 0.2 个百分点。2019 年上半年阴雨天气导致鲜菜价格处于高位，但下半年天气好转和供应增加使得鲜菜价格回落，加上 2018 年下半年鲜菜价格受洪灾等自然灾害影响基数较高，从而使得 2019 年鲜菜价格对 CPI 的贡献将较 2018 年同期有所下降。

最后分析鲜果价格。2019 年前 11 个月鲜果价格累计同比上涨 14.3%，导致 CPI 同比增速上升约 0.25 个百分点，而 2018 年同期同比上涨 5.2%，导致 CPI 上升约 0.1 个百分点。2019 年上半年鲜果价格飞速上涨，主要原因是 2018 年下半年苹果和梨等水果减产，导致 2019 年上半年库存不足，加之南方阴雨天气较多，时令鲜果市场供应减少，但下半年水果供给由于天气较好已明显增加，因此下半年鲜果价格同比增速显著回落。

2019 年前 11 个月，猪肉、鲜菜和鲜果加在一起共拉高 CPI 约 1.41 个百分点，而 2018 年同期这三项共拉高 CPI 仅约 0.05 个百分点，因此 2019 年前 11 个月猪肉、鲜菜和鲜果价格合计对 CPI 的贡献较 2018 年同期上升约 1.36 个百分点。除上面三项外，受猪肉供给减少以及相应价格快速上升的影响，由于替代效应，相关的牛羊肉和禽肉的需求增加，从而其价格也有明显上升，这些因素共同作用导致 2019 年食品价格较 2018 年出现显著上升。

如前面所说，2019 年前 11 个月非食品价格累计同比增速较 2018 年同期增速有所下降。从分类来看，非食品中价格下降最明显的是医疗保健类以及交通和通信类。正如课题组在 2018～2019 年度报告中所预计的，医改效应随着时间推移逐渐减弱，2019 年前 11 个月医疗保健类价格累计同比增速为 2.4%，而 2018 年同期同比增速为 4.5%。医疗保健类价格同比增速在 2017 年 9 月到达高位 7.6%后开始回落，并从 2018 年 9 月到 2019 年 11 月一直稳定在 2.5%附近，医改效应已逐渐消失。2019 年前 11 个月交通和通信类价格累计同比下降 1.8%，而 2018 年同期同比上升 1.9%。交通和通信类价格同比增速自 2018 年第四季度起受国际油价快速下滑的影响呈现明显下降，2019 年同比增速为负。但受基数影响，2020 年石油价格的同比增速将有所上升，课题组预计，2020 年非食品价格同比增速将略有上升。

总体来看，2019 年核心 CPI 同比增速稳中有降，处于合理区间，与预期相吻合，但猪肉价格上升幅度超过预期，导致 2019 年 11 月 CPI 同比增速达到近 8 年来的新高。考虑到猪肉生产的恢复还需要一段时间以及原油等因素的影响，课题组预计，2020 年 CPI 同比增速将在第一季度达到高峰，之后将呈现下降趋势，年均增速将较 2019 年略有上升。

下面分析 PPI 的走势。2019 年 7 月，PPI 同比增速历经 34 个月后首次由正转负，随后跌幅不断扩大，11 月跌幅有所收窄（见图 77）。2019 年

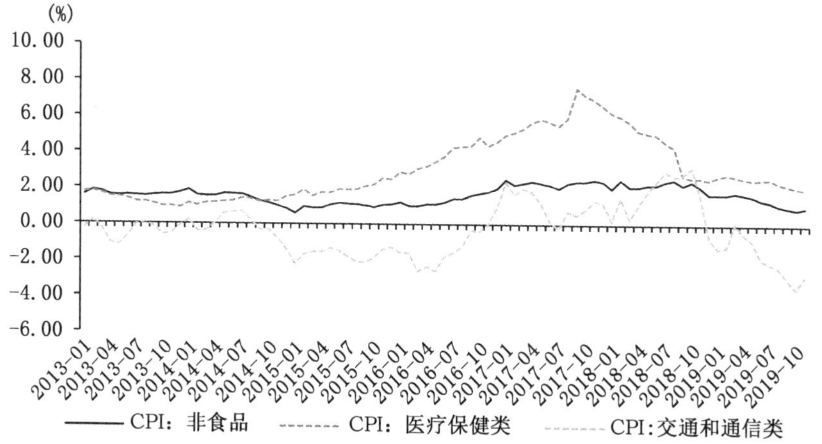

数据来源：国家统计局。

图 80　非食品、医疗保健类、交通和通信类价格同比增速

前 11 个月 PPI 累计同比增速为－0.3％，其中，生产资料同比增速为－0.7％，生活资料同比增速为 0.9％。根据课题组的分析，生产资料出厂价格对 PPI 的影响(即生产资料的权重)约占 74％，生活资料出厂价格对 PPI 的影响(即生活资料的权重)约占 26％，这与之前一段时间生产资料与生活资料产出分别占整个工业产出的比例基本一致。由于生产资料占比较大，且其本身价格波动较大，因此 PPI 同比增速的变化与生产资料价格同比增速变化几乎完全一致。

进一步的分析显示，2019 年前 11 个月 PPI 同比增速大幅回落(相较于 2018 年同期 3.8％的增速)主要有两个原因：一是基数效应，如图 81 所示，2018 年的 PPI 定基价格指数较 2017 年有明显上升，并且 PPI 定基价格指数在 2018 年 10 月达到了 2011 年以来的历史新高。二是国际原油价格和国内需求不足等因素的影响。2018 年至今美国制裁伊朗等复杂的国际政治环境影响了国际原油供给，同时于 2016 年 11 月 30 日石油输出国组织(OPEC)达成的此前 8 年来的首份减产协议，后续多次延长减产，因此自 2017 年年中以来，国际原油价格呈现总体上升趋势，并在 2018 年 10 月到达近年来的价格高位。2018 年 11 月，美国对伊朗石油的暂时性制裁豁免以及沙特原油产量触及纪录新高导致国际原油价格迅速下跌，但 2018 年 12 月 OPEC＋新达成的减产协议又导致 2019 年前 4 个月的原油价格迅速回升，5、6 月份小幅下跌后大致保持稳定，如图 82 所示。因此，受 2018 年较高的基数影响，2019 年前 11 个月 WTI 和 Brent 原油价格平均同比增速分别为 －14.16％、－10.88％，如图 83 所示。除石油等化石能源之外，2019 年前 11 个月其他大部分行业价格同比增速也较 2018 年同期下降，仅有黑色金属矿采选业大幅上升，反映出国内需求不足的影响。因此，综合考虑到基数效应、国际政治和大宗商品价格的不确定性以及国内需求等因素，课题组预计，2020 年 PPI 同比增速总体将在 0 附近震荡，总体呈现上升趋势。

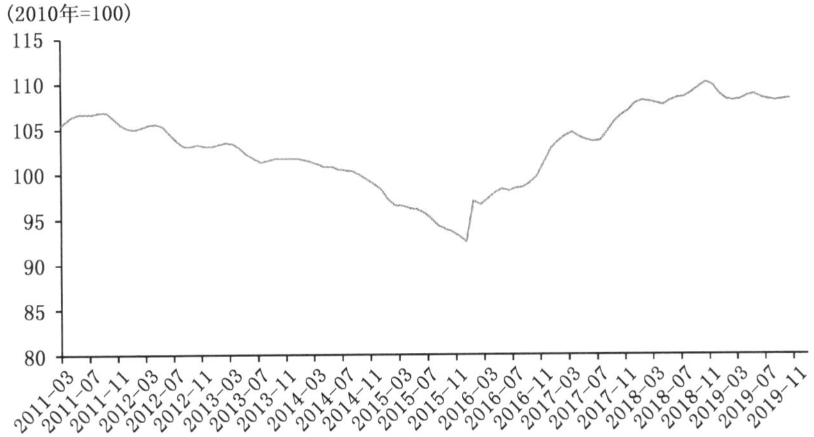

数据来源：国家统计局。

图 81　PPI 定基指数

数据来源：EIA。

图 82　国际原油价格

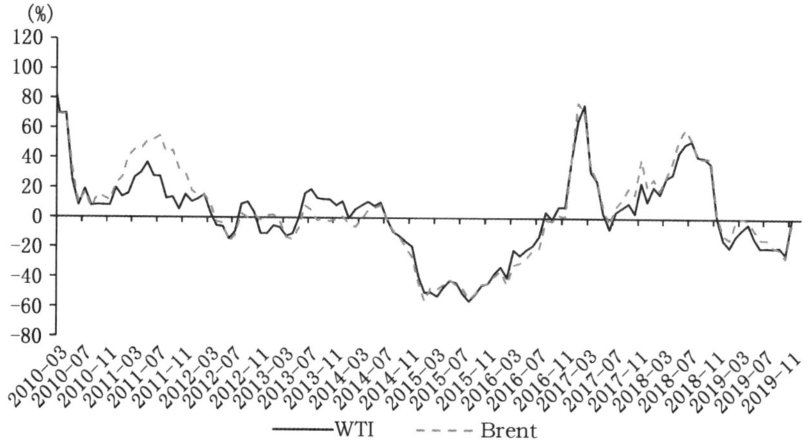

数据来源：上海财经大学高等研究院。①

图 83　国际原油价格同比增速

因此，2019 年 GDP 平减指数同比增速总体平稳，位于合理区间，但受以猪肉为代表的食品价格影响，CPI 与 PPI 的剪刀差持续扩大。考虑到 2020 年猪肉、鲜菜等食品价格的变化趋势、国际大宗商品价格的不确定性以及国内需求等因素，课题组预计，2020 年 CPI 同比增速在第一季度后总体呈现下降趋势，重新回到合理区间，年均增速将略高于 2019 年；PPI 同比增速将在 0 附近震荡；CPI 与 PPI 剪刀差将不断减少；GDP 平减指数同比增速将依然在合理区间。

(六)金融市场运行平稳，但企业融资深层问题或被掩盖

货币供应方面，截至 2019 年 11 月，M2 余额 196.14 万亿元，同比增长 8.2%，较 10 月下降 0.2 个百分点，比上年同期上升 0.22 个百分点；M1 余额 56.25 万亿元，同比增长 3.5%，较 10 月上升 0.2 个百分点，比上年同期上升 2.02 个百分点；M0 余额 7.4 万亿元，同比增长 4.8%。长期来看，M2 增速连续两年维持在 8.3%左右波动，基本保持平稳；M1 增速从 2016 年第三季度进入下行通道，2019 年 1 月下降至 10 年来最低值，尔后明显反弹并保持平稳。短期来看，11 月货币增速平稳，M1 增速环比

① 课题组根据图 82 EIA 的国际原油价格数据简单计算得到。

增加 0.2 个百分点，反映经济活力略有回升。M2 增速小幅回落至 8.2%，略低于第三季度名义 GDP 增速（第三季度末实际 GDP 增速 6.0%与 11 月 CPI 4.5%之和）。但考虑到推动 2019 年 CPI 处于高位的主要动力是食品因素，尤其是猪肉价格的大幅上升，因此从剔除食品和能源的核心 CPI 1.4%来看，M2 增速与经济运行基本相适应。

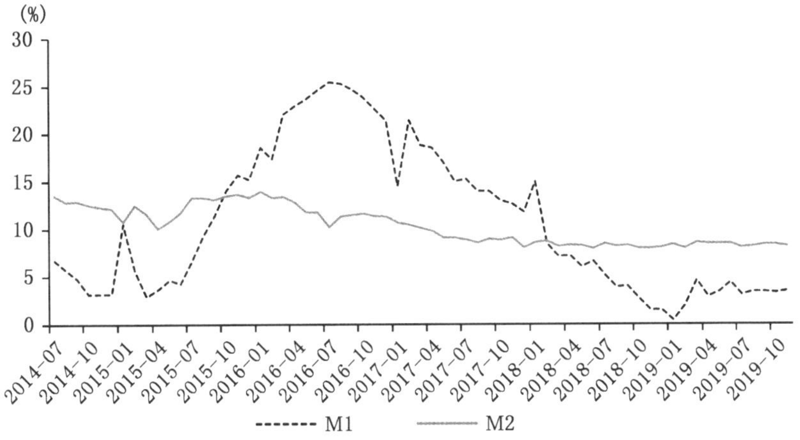

数据来源：中国人民银行。

图 84　货币供应各项增速

从 M2 的各来源结构看，如图 85 所示，截至 2019 年 11 月，存款性公司对其他金融部门的债权同比减少 6.2%，这反映了金融系统稳杠杆工作持续有序推进；而对非金融部门的债权同比增加 12.4%，金融系统在保持自身杠杆率水平稳定的情况下对实体经济的支持力度不减。从 M2 的分布来看，1～11 月，人民币存款累计新增 14.8 万亿元，同比多增 1.5 万亿元；外币存款累计新增 223 亿美元，同比多增 818 亿美元。其中，居民户存款累计新增 8.2 万亿元，同比多增 2.1 万亿元；非金融企业存款累计新增 1.7 万亿元，同比多增 9 507 亿元；财政存款累计新增 1.1 万亿元，同比多增 1 311 亿元。

社会融资方面，稳健的货币政策和积极的财政政策持续发力。从社会融资规模存量的增速来看，截至 2019 年 11 月，社会融资规模存量为 221.3 万亿元，同比增加 10.75%，与 10 月基本持平，比上年同期上升 0.79 个百分点，较 M2 增速高 2.5 个百分点。社融的平稳增速与 M2 小

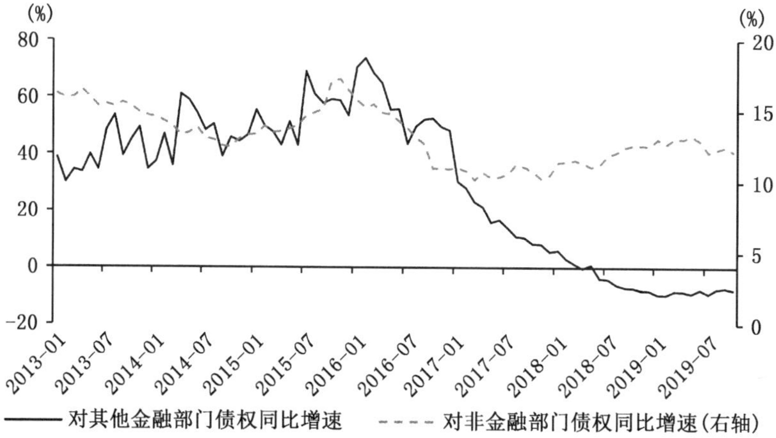

数据来源:中国人民银行。

图 85　存款性公司概况(部分)

幅回落的反差一部分源于 11 月财政存款同比少减,一部分可能源于债务置换。社融增长的主要动力是人民币贷款、企业债券净融资和地方政府专项债券,同比增速分别为 12.5%、13.6%和 30.1%,均高于社融增速。虽然地方政府专项债券融资第四季度略有减少,但由于前三季度的高速发行,仍是 2019 年社融增长的最主要动力。表外融资降速也有所放缓,对社融增速的拖累进一步减小。

从社会融资规模的增量来看,2019 年 1～11 月,社会融资累计新增 21.2 万亿元,同比多增 3.4 万亿元。1～11 月人民币贷款累计增加 15.8 万亿元,同比多增 1.1 万亿元,同比增速 7.2%,约占社会融资年内新增的 74.4%,虽然较上年同期水平下降 8.4%,但信贷仍然在社会融资中起主导作用。中长期贷款累计同比多增 4 053 亿元,短期贷款以及票据融资累计同比多增 7 615 亿元。虽然中长期贷款占比仍然较高,但增量信贷主要投入短期贷款以及票据融资。

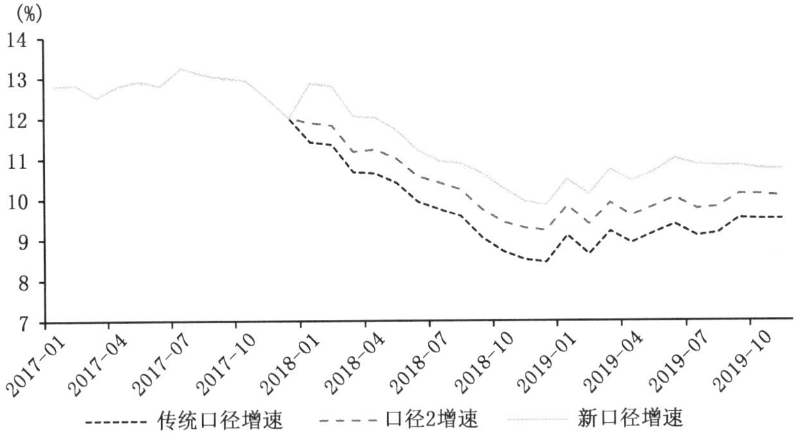

数据来源：中国人民银行。①

图 86　社会融资规模存量同比增速

非金融企业贷款方面，2019 年 1～11 月，非金融企业及机关团体的贷款累计新增 9 万亿元，同比多增 1.2 万亿元。其中，非金融企业的中长期贷款累计同比多增 798 亿元，非金融企业的短期贷款累计同比多增 9 393 亿元，非金融企业的票据融资累计同比多增 2 633 亿元，中长期信贷增速较慢。鉴于这一现象，12 月的中央经济工作会议已明确要求在 2020 年要增加制造业企业的中长期融资。而短期信贷和票据融资增长较快的主要原因则在于，一方面票据利率大幅下降，且票据融资对于中小企业来说成本和门槛较低，需求上升较快；另一方面，2019 年政策加强引导金融机构支持民营企业和中小微企业融资，加大了供给。由此来看，企业短期流动性虽然有所改善，但未来流动性压力会有所加大。

居民贷款方面，2019 年 1～11 月，居民户的贷款累计新增 6.8 万亿元，同比少增 1 206 亿元。其中，居民户的中长期贷款累计同比多增 3 255 亿元，居民户的短期贷款累计同比少增 4 411 亿元，居民户贷款整

① 自 2018 年 7 月起，人民银行完善社会融资规模统计方法，将“存款类金融机构资产支持证券”和“贷款核销”纳入社会融资规模统计，在“其他融资”项下反映。2018 年 8 月以来，地方政府专项债券发行进度加快，对银行贷款、企业债券等有明显的接替效应。为将该接替效应返还到社会融资规模中，自 2018 年 9 月起，人民银行将“地方政府专项债券”纳入社会融资规模统计，地方政府专项债券按照债权债务在托管机构登记日统计。传统口径：2018 年 7 月调整之前的口径；口径 2：在传统口径基础上增加了“存款类金融机构资产支持证券”和“贷款核销”；新口径：在口径 2 基础上增加了“地方政府专项债券”。

体较为稳定。其中,短期贷款少增一方面可能源于监管严禁消费贷款用于购房,一部分需求转向中长期贷款;另一方面由于 2019 年国内经济增速进一步放缓,居民消费增速持续下行,贷款需求也有所减少。

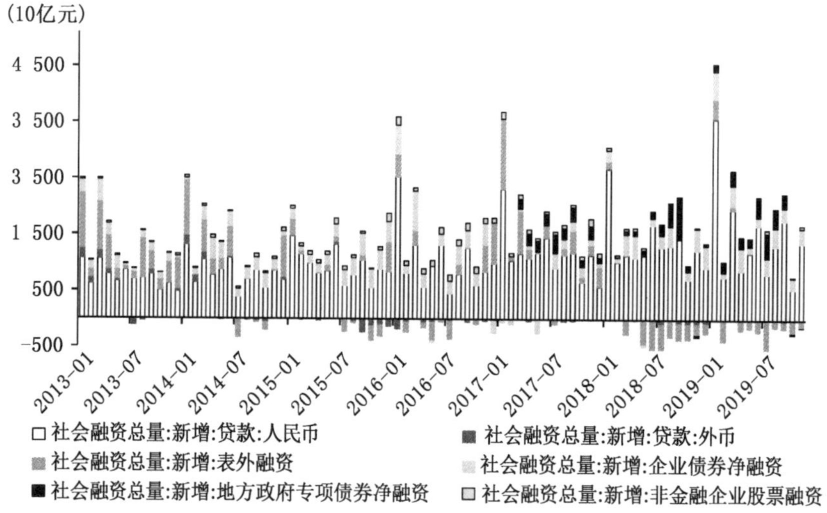

数据来源:中国人民银行。

图 87 社会融资结构

其他间接融资方面,截至 2019 年 11 月,对实体经济发放的外币贷款折合人民币累计减少 1 070 亿元,同比少减 2 430 亿元。而表外融资方面,信托融资、委托贷款延续下降趋势,未贴现银行承兑汇票规模转降为升。2019 年前 11 个月表外融资累计减少 1.6 万亿元,同比少减 1.1 万亿元。分项来看,截至 2019 年 11 月,未贴现的银行承兑汇票累计减少 5 707 亿元,同比少减 1 659 亿元;委托贷款累计减少 8 080 亿元,同比少减 5 776 亿元;信托贷款累计减少 2 375 亿元,同比少减 4 018 亿元。表外融资虽然仍收缩明显,但降幅与上一年相比已大幅收窄。

直接融资方面,2019 年前 11 个月企业债券净融资累计增加 2.9 万亿元,同比多增 6 987 亿元,约占社会融资年内新增的 13.9%。地方政府专项债券净融资累计增加 2.1 万亿元,同比多增 3 967 亿元,约占社会融资年内新增的 10.1%。股票融资方面,前 11 个月非金融企业股票融资累计增加 3 046 亿元,同比少增 429 亿元,约占社会融资年内新增的 1.4%。

综上所述，2019 年前 11 个月，M2 增速保持平稳，融资需求稳定，社会融资总额存量增速稳中略降。在流动性投放方面，继 1 月降低存款准备金率 1 个百分点后，中国人民银行于 9 月全面下调存款准备金率 0.5 个百分点，于 10 月和 11 月分两次定向下调存款准备金率 0.5 个百分点，预计约释放长期流动性 9 000 亿元。降准增加了金融机构支持实体经济运行的资金来源，定向下调的落实也加大了对民营企业和小微企业的支持力度。11 月，央行 3 年来首次下调 MLF 和 OMO 利率各 5 个基点。1～11 月，SLF 余额同比增加 433.5 亿元，MLF 余额同比减少 1.37 万亿元，公开市场操作净回笼 8 400 亿元。金融部门和实体部门的融资成本都有所下降，截至 2019 年 11 月末，DR007 的加权平均值为 2.58%，较 10 月末下降 0.12 个百分点，同比下降 0.1 个百分点。10 月 LPR 报价较 9 月保持不变，但 11 月一年期利率和五年期利率较 10 月均下降了 5 个基点。总体而言，这些举措体现了央行加强逆周期调节和提升货币政策传导效率的政策要求，使得市场整体流动性保持合理充裕，支持了社融和信贷规模的平稳增长，金融机构对实体经济的支持力度有所加大。

从贷款的利率水平来看，如图 88 所示，贷款利率整体略有下降，但主要贡献来自票据利率的大幅下降，更能代表实体部门融资需求的一般贷款利率下降的速度仍然较慢。截至 2019 年 9 月，各类贷款的加权平均利率为 5.62%，同比下降 0.3 个百分点，环比下降 0.04 个百分点。其中，一般贷款的加权平均利率为 5.96%，同比下降 0.23 个百分点，环比上升 0.02 个百分点；票据融资的加权平均利率为 3.33%，同比下降 0.89 个百分点，环比下降 0.31 个百分点；个人住房贷款的加权平均利率为 5.55%，同比下降 0.17 个百分点，环比上升 0.02 个百分点。

值得注意的是，从贷款利率来看，实体经济的融资成本总体呈现稳中微降的趋势，融资贵的问题似乎呈现有所缓解的态势。但是，如图 89 所示，从非金融企业的信用债发行来看，2019 年推迟或取消发行以及发行失败的债券不论是数量还是涉及资金规模都大幅度上升。尤其是虽然推迟或取消发行债券数量的占比有所下降，但是其涉及融资规模的占比却大幅度上升，这说明当前融资成本的稳中微降很可能是融资不仅没有变得容易反而变得更难的一个均衡的结果。因为在经济下行压力进一步加大的背景下，一方面，企业整体的风险水平处于高位，金融机构风险偏好

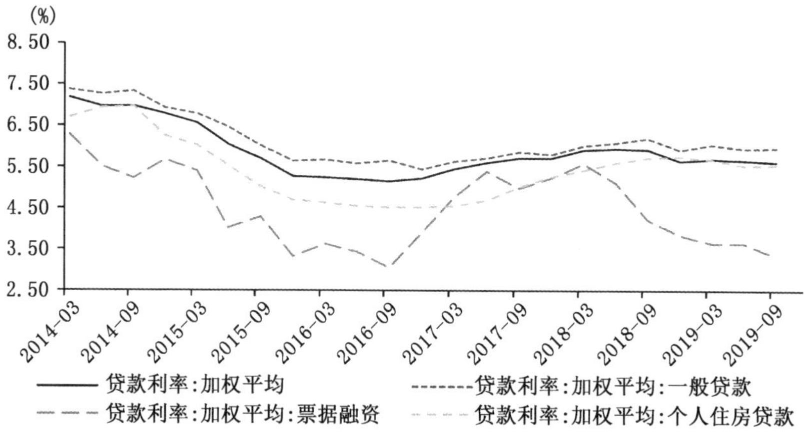

数据来源:中国人民银行。

图 88　贷款加权平均利率

下降,只有少数的优质的企业才能融到资,企业融资难度不降反升;另一方面,企业外迁意愿增强或投资意愿降低,在国内的融资需求下降,信贷或债券市场上优质资产的供给就会减少。那么,只有那些有融资意愿且能融资成功的优质企业的融资成本真正下降了,而其他有融资意愿的企业其融资困难的加大则无法从利率数据上得到体现。

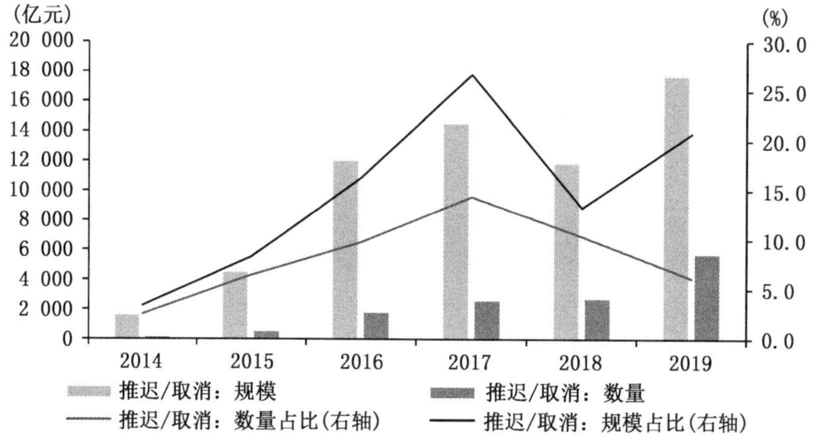

数据来源:上海财经大学高等研究院、Wind。

图 89　推迟或取消发行以及发行失败的债券

（七）楼市整体低位趋稳，各地房价走势分化

在“房住不炒”的调控总基调下，2019年我国房地产市场整体低位调整、平缓趋稳。从销售情况看，前三个季度的全国商品房销售面积持续处于下行通道，但自下半年以来降幅有所收窄，进入第四季度后重新转正。1～11月，全国商品房销售面积14.89亿平方米，同比增长0.2%，增速比1～10月加快0.1个百分点；商品房销售额13.90万亿元，增长7.3%，较上年同期下降4.8个百分点。

分地区的商品房销售增速变化情况与全国相仿。2019年1～11月，东部地区销售面积5.84亿平方米，同比下降1.3%，降幅较1～10月收窄0.8个百分点；销售额7.33万亿元，增长7.1%。中部地区商品房销售面积4.24亿平方米，同比下降0.3%，同比增速自2019年5月以来持续在零值附近小幅波动；销售额3.03万亿元，增长5.6%，增速较1～10月回落1.2个百分点。西部地区商品房销售面积4.12亿平方米，同比增长3.8%，增速与1～10月持平；销售额2.99万亿元，增长10.6%，增速较1～10月提高0.5个百分点。东北地区商品房销售面积0.68亿平方米，同比下降4.5%，降幅较1～10月收窄0.5个百分点；销售额0.54万亿元，增长3.4%，增速加快0.1个百分点。

与销售表现相呼应，房价上涨幅度也有所放缓。2019年11月，70个大中城市新建商品住宅价格同比上涨7.3%，较上年同期下降3个百分点，较10月下降0.7个百分点，年内同比增幅已连续7个月收窄；11月，新建商品住宅价格环比增长0.3%，较上个月收窄0.2个百分点，环比增幅已连续6个月收窄，新房价格年内累计增长了6.38%，较上年同期的累计增幅下降了3.1个百分点。二手住宅走势与新房相似，但增速下行更为明显。11月，70个大中城市二手住宅价格同比增长3.8%，较上年同期下降3.8个百分点，较10月下降0.4个百分点，增幅连续7个月收窄；11月，二手住宅价格环比上涨0.1%，与上个月持平，二手房价年内累计增长3.45%，较上年同期下降3.77个百分点。

尽管房价上涨整体呈现放缓态势，但房价在城市之间呈现分化现象。从70城新建住宅价格指数看，一线城市11月同比增长4.9%，较上月扩大0.2个百分点，环比上涨0.6%，较上月上涨0.5个百分点，短期中加速

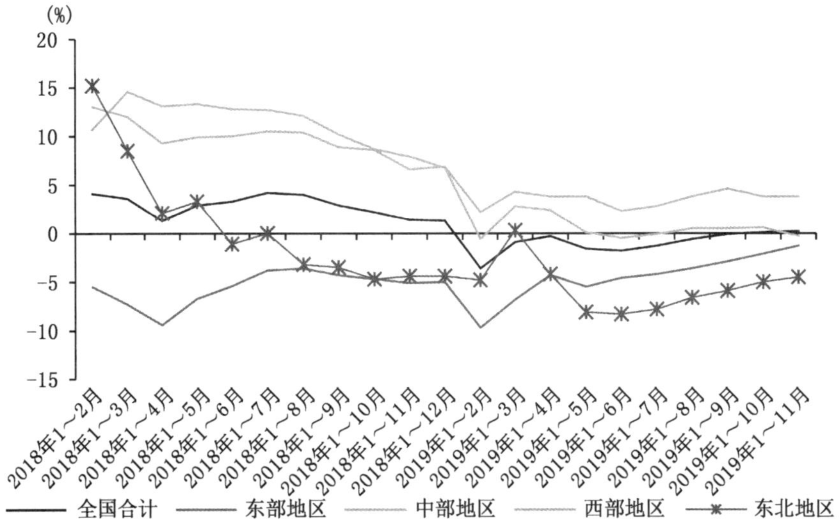

数据来源:上海财经大学高等研究院、国家统计局。

图 90　全国和分地区商品房销售面积累计同比增长率

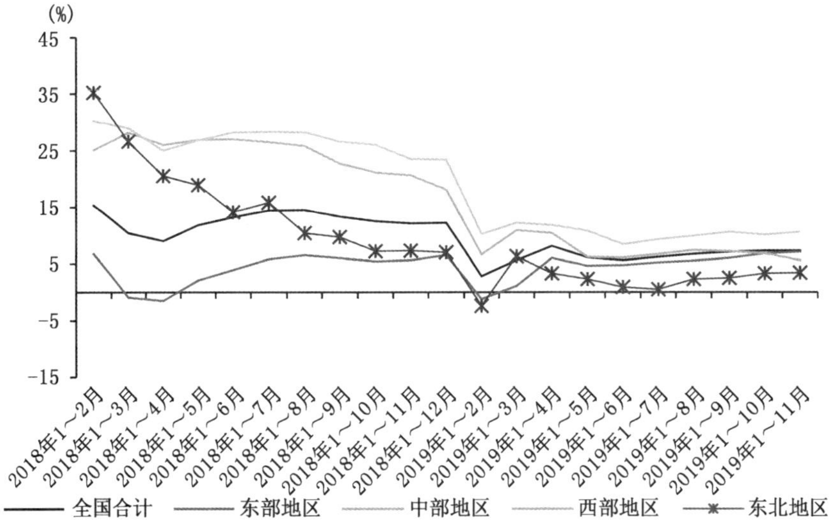

数据来源:上海财经大学高等研究院、国家统计局。

图 91　全国和分地区商品房销售额累计同比增长率

上行,二手住宅 11 月同比上涨 1%,增幅较上月扩大 0.5 个百分点,环比上涨 0.2%,增幅较上月扩大 0.1 个百分点,同样呈现加速上行的态势。

相对而言，二、三线城市的价格增幅则在不断收窄。11 月，二、三线城市新建商品住宅价格同比增速分别为 7.9%和 7%，增幅较上月分别收窄 0.8 和 0.7 个百分点，环比增速分别为 0.2%和 0.5 %，增幅较上月分别下降 0.3 和 0.1 个百分点。二、三线城市的二手住宅价格同期的同比增速分别为 3.9%和 4.1%，增幅较上月均收窄 0.5 个百分点；环比增速分别为 0.1%和 0.3%，分别较上月持平和收窄 0.2 个百分点。

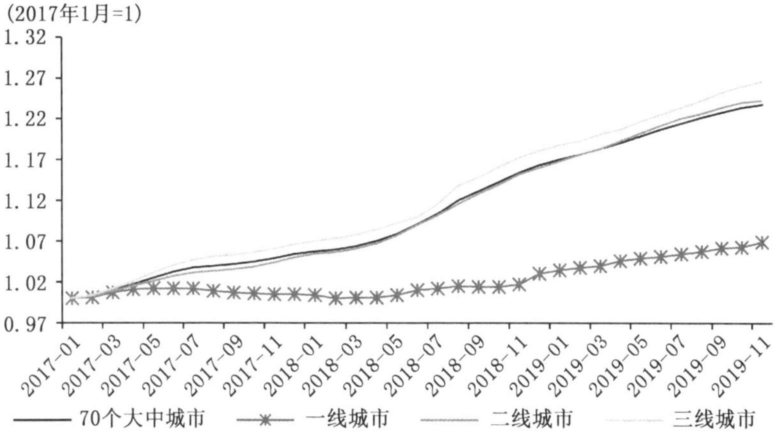

数据来源：上海财经大学高等研究院、国家统计局。

图 92　70 城新建商品住宅价格累计指数

在不同级别的城市内部，同样出现了房价的分化。对于一线城市，课题组基于公开的二手房交易数据，在控制了包括朝向、楼层、装修情况和所处地段等住房特征属性后，构造了二手房价格指数，对 4 个一线城市自 2017 年以来的房价走势进行进一步的研判，结果如图 94 所示。[①] 结果显示，尽管一线城市整体房价加速上行，但其实内部也涨跌互现。与 2019 年年初相比，北京、广州房价持续下行，上海房价大致持平，宽幅波动，而深圳房价则表现出加速上行的态势。

类似地，二、三线城市整体增速放缓的背后，同样是各个城市涨跌互

① 由于限价政策造成了新房价格的扭曲，因此新建商品住宅价格并不一定能反映真实房价；另一方面，官方公布的 70 城房价指数从构造上看主要是通过算术加权平均得到的，未考虑住宅区位和房屋属性等特征，因此在很大程度上忽略了观测样本的异质性，由此引起的“被平均”问题可能导致房价数据的失真。

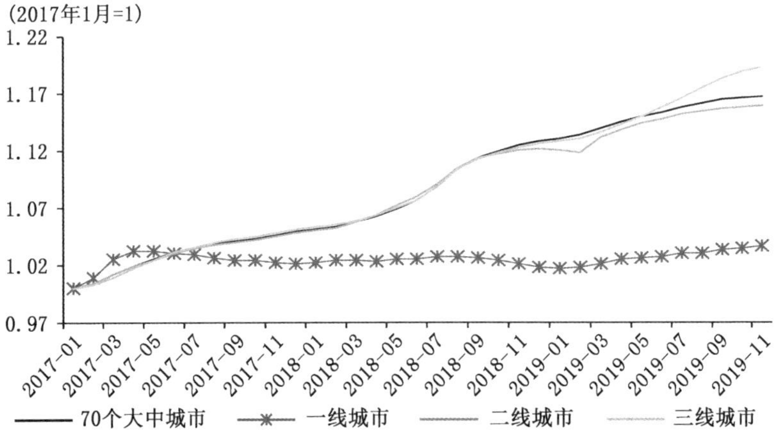

数据来源：上海财经大学高等研究院、国家统计局。

图 93　70 城二手住宅价格累计指数

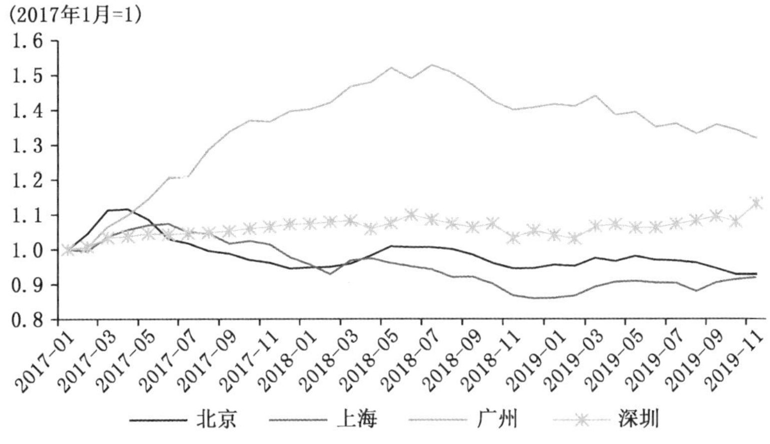

数据来源：上海财经大学高等研究院、中介成交公开数据。

图 94　一线城市房价指数①

现的结果。图 95 分别显示了年内各月二线城市和三线城市二手住宅价格的环比涨跌数量变化。② 从数据中可以看出，自 6 月开始，二线城市内部的下跌城市数量便在持续增加，并且自 9 月起超过了房价上涨或持平

① 11 月为 11 月 1～10 日数据。

② 选择二手住宅是因为受限价政策影响较小，更接近市场真实情况。

的城市数量之和。另一方面，截至 2019 年 11 月，房价较上月下跌的二线城市数量为 12 个，占全部样本二线城市的 57.14%，与 10 月持平，同时房价上涨的城市数量也较 10 月增加了 1 个。类似地，三线城市内部的下跌城市占比也自年中开始趋势性地上升，但在 11 月出现了缓和迹象。不同级别的城市之间以及同一级别城市内部的房价涨跌分化，是引起整体房价增速放缓的直接原因。

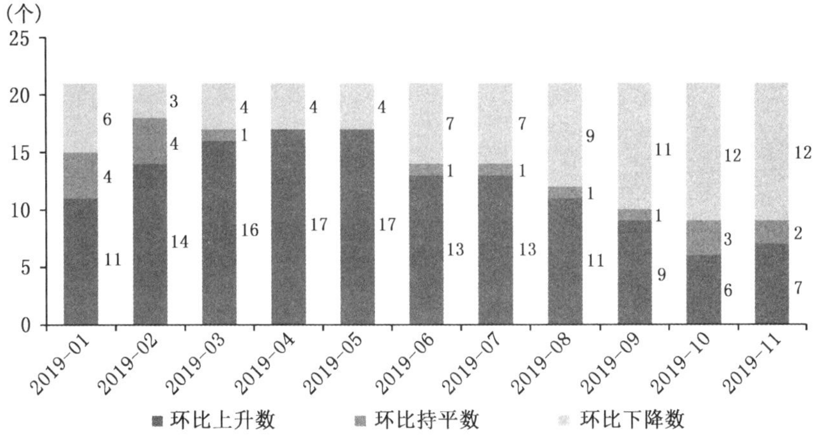

数据来源：国家统计局、上海财经大学高等研究院。

图 95　二线城市二手住宅价格环比涨跌数量

房价下跌城市数量的增加，反映出在棚改等政策利好逐步退出、同时房地产调控力度不减的影响下，越来越多的地区，特别是三、四线及以下的小城市，已经切实感受到了房价的下行压力，而这又进一步使得本就受到信贷政策严厉约束的房地产开发商雪上加霜。大量深耕于小城市、抗风险能力较低的中小房企面临资金链断裂的风险。在政策和市场的交互作用下，整个房地产行业面临洗牌，未来的房地产市场将继续朝那些规模较大、抗风险能力较强的房地产企业集中。

在中央坚持“房住不炒”的房地产调控基调下，2019 年我国房地产市场低位调整、趋于平稳。在整体平稳的背后，是各地房价的涨跌分化。与 2018 年底的中央经济工作会议相比，2019 年 12 月的中央经济工作会议在继续强调“房住不炒”的定位的基础上，进一步提出了要全面落实因城施策，稳地价、稳房价、稳预期的长效管理调控机制。这一方面给予地方

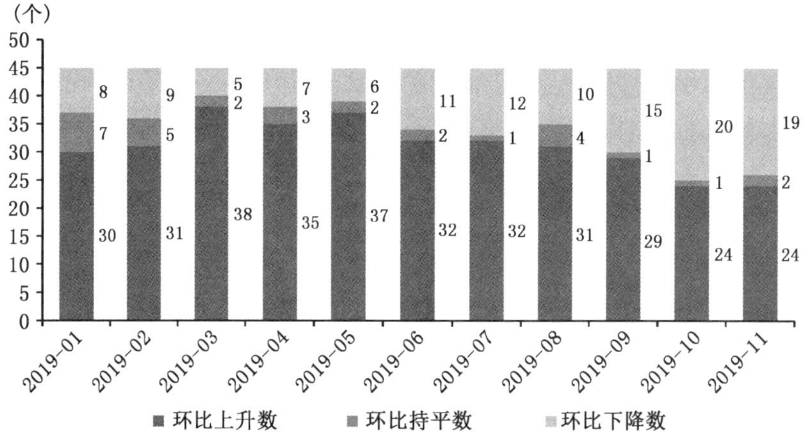

数据来源:国家统计局、上海财经大学高等研究院。

图 96　三线城市二手住宅价格环比涨跌数量

政府在房地产调控方面更多的自主权,另一方面也将“三稳”的思路明确纳入了长效管理调控机制。此外,会议还将加大城市困难群众住房保障工作、加强城市更新和存量住房改造提升、做好城镇老旧小区改造、大力发展租赁住房等实现房地产长效机制的具体任务作为2020年的工作重点。在此背景下,尽管最近两个月的信贷政策以及房地产调控政策有所淡化,可能导致房地产市场短期出现反弹,但预计2020年房地产市场整体上仍将继续保持平稳,不会出现过大起伏。

(八)外储稳定,人民币汇率双向波动增强

2019年以来,外汇储备规模从年初的3.08万亿美元逐步攀升至6月的3.12万亿美元,下半年在3.10万亿美元左右波动。中美贸易摩擦形势的变化成为影响人民币汇率走势的关键因素。2018年12月初G20峰会中美就双边经贸问题达成重要共识以来,2019年前4个月双方加紧磋商,在“谈判”的主旋律下,人民币兑美元汇率从6.85回升到6.74,升值幅度约为1.6%,其间更一度升值突破6.7。但5月初美方宣布,将进口自中国的2 000亿美元清单商品加征的关税税率由10%提高至25%,在岸人民币汇率两周之内就从5月7日的6.76贬至6.91,贬值幅度约2.2%;离岸人民币汇率更一度接近6.95的位置。随后中国人民银行副

行长、国家外汇管理局局长潘功胜发表演讲，指出我国外汇市场风险缓释能力增强，有信心稳定人民币汇率在合理均衡水平上，同时推动金融市场双向开放，防范跨境资本流动风险。之后，市场情绪有所稳定，人民币汇率6月维持在6.9左右的水平。6月底，中美双方首脑在大阪G20峰会会晤，同意重启经贸磋商，美方表示不再新加关税，人民币小幅升值，随后在6.85周围波动。然而，8月初特朗普发文称9月1日起对3 000亿美元中国输美商品加征10%关税后，人民币一周内大幅贬值近2.3%，并于8月5日，在岸和离岸人民币十年来首次双双“破7”，人民币汇率中间价也于8月8日突破7，美国随即将中国列为汇率操纵国。8月24日，美方再次施压，特朗普宣布将之前对2 500亿美元中国商品加征关税税率从25%提高到30%，对另外3 000亿美元商品由10%提高到15%，人民币又一次贬值，在岸人民币和离岸人民币于9月初分别贬至7.18和7.19。为缓解短期贬值压力，稳定预期和市场情绪，我国加强逆周期因子调节力度，采取取消境外机构合格投资者投资额度限制、放宽外资金融机构准入条件等措施以扩大金融对外开放；同时加紧磋商步伐，9月5日中国国务院副总理与美国贸易代表、财政部长通话，9月19日和20日在华盛顿举行副部级磋商。第四季度中美贸易谈判逐渐和缓，在10月10日和11日举行的第十三轮经贸磋商中，双方在农业、知识产权保护、技术转让等方面取得实质性进展，即将达成第一阶段协议。11月1日和16日，国务院副总理刘鹤同美国贸易代表莱姆希特两次通话，进一步讨论第一阶段协议核心关切问题和下一步经贸磋商安排。人民币汇率于11月初重回“7”关口，随后围绕“7”双向波动。中美12月13日就第一阶段经贸协议文本达成一致，人民币汇率回升至6.983 9，随后围绕7窄幅震荡。此次人民币“破7”并未引发跨境资本的剧烈波动，体现了人民币汇率弹性不断增强、人民币汇率市场形成机制改革不断完善。

中国人民银行行长易纲撰文，“人民币汇率由市场供求决定，不将汇率工具化，也绝不搞‘以邻为壑’的竞争性贬值。下一阶段，中国人民银行将继续推进人民币汇率市场形成机制改革，保持汇率弹性，并在市场出现顺周期苗头时实施必要的宏观审慎管理，保持人民币汇率在合理均衡水平上的基本稳定”。可见，货币管理当局希望人民币兑美元汇率保持弹性，对于人民币汇率波动在合理区间的管理能力会有明显提升。从外部环境看，短期内中美贸易摩擦有望缓解并达成实质性共识，英国脱欧或有所进展。从内部环境看，我国保持稳健的货币政策，实施必要的宏观审慎管理，推动金融供给侧改革，促进更高水平的对外开放，这都将在短期对人民币的稳定或小幅升值形成支撑。但从中长期来看，美国单边主义和贸易保护主义的政策导向未发生实质性改变，叠加国内经济增速承压、美国总统选举等不确定性因素，人民币的长期贬值压力仍不容忽视。因此课题组预估，2020 年 CNY/USD 双向波动幅度将加大，但仍在合理区间。

2019 年，人民币兑美元汇率随中美贸易摩擦的跌宕起伏大致经历了“升值—贬值—再度贬值—升值”的过程。回顾 2015 年 8 月 11 日汇改以来，汇率八次比较大的变动都是趁着全球大事件发生的外部环境之下快速释放贬值压力，减低炒作卖空的风险(见图 97)。第一次是因为中间价改变因而于 2015 年 8 月 11 日至 27 日两周间中间价下跌 4.7%；第二次是岁末年初央行发布一篮子货币的关注以及对美联储加息预测造成 2015 年 11 月 5 日至 2016 年 1 月 7 日中间价大幅度贬值 3.9%；第三次源于 2016 年 6 月底英国宣布退欧与美联储升息预期叠加效应，一周内收盘价跌了 1 个百分点，两周内收盘价贬了将近 2 个百分点；第四次是从特朗普当选以来，2017 年 11 月 8 日至 24 日收盘价贬值约 2%(或是下调 1 304 个基点)；第五次是 2017 年底美国税改法案通过，人民币兑美元汇率中间价从 11 月 28 日的 6.587 4 一路下调到 12 月 8 日的 6.621 8 点，跌去了 344 点。2018 年的 6 月 14 日的美联储议息会议之后，在将近两周的时间里，人民币兑美元汇率中间价从 2018 年 6 月 14 日的 6.396 2 跌至 6 月 29 日的 6.616 6，跌了 2 204 点。2019 年人民币又经历了两次较大幅度的贬值，一次是 5 月 6 日美国突然发文表示自 5 月 10 日起将进口自中国的 2 000 亿美元商品加征关税税率由 10%提高至 25%，导致中美经贸磋商严重受挫。中美贸易摩擦加上后续的科技战，短期内看不到和解的希望。在岸人民币兑美元汇率从 5 月 7 日的 6.760 7 两周之内就贬到 6.916 6，贬值幅度约为 2.2%；离岸人民币汇率更一度接近 6.95 的位置。另一次是 8 月 1 日，美国总统特朗普发推特(Twitter)称，拟将于 9 月 1 日起对 3 000 亿美元中国输美商品加征 10%关税，此举超出市场预期，人民币一周内大幅度贬值近 2.3%，8 月 5 日，在岸和离岸人民币十年来首次双双“破 7”，人民币汇率中间价也于 8 月 8 日“破 7”。考虑到错综复杂的国际金融形势和我国面临的一些严峻挑战与不确定性，课题组预估，CNY/USD 2020 年上半年或将在“7”附近双向波动，若中美贸易谈判一直向好，CNY/USD 在 2020 年有可能回到“7”以上。若发生重大黑天鹅事件，例如中美贸易摩擦突然严重升级，预计 2020 年 CNY/USD 或将达到 7.3 左右。

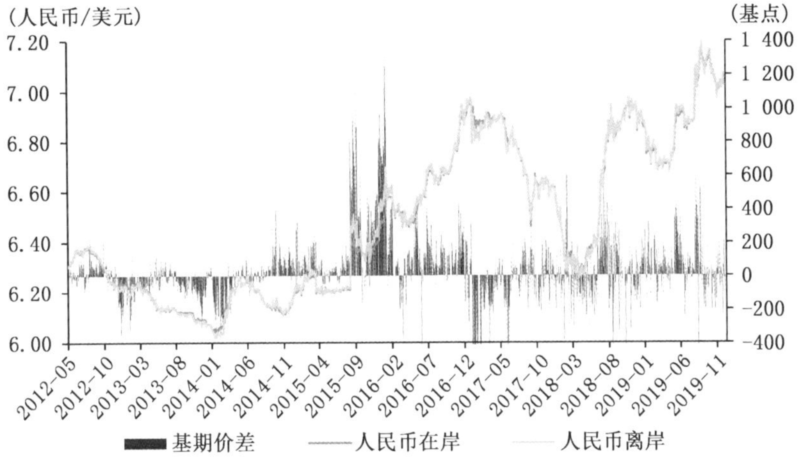

数据来源：Wind。

图 97　人民币在岸(USD-CNY)与离岸(USD-CNH)走势

课题组使用标准化的外汇储备变动幅度除以标准化的汇率变动幅度建构的外汇干预指数(见图 98)，指标越接近 1，表明外汇干预力度越大。从上海财经大学高等研究院构建的指数可以看出，2019 年前 4 个月央行直接干预汇市的痕迹不多，但随着 5 月中美贸易摩擦形势的突然恶化，外汇干预指数明显上升，于 8 月和 9 月达到最大值 1，但 11 月又回落至 0.5 以下。这显示出在人民币面临贬值压力时，央行及时采取必要的措施进行逆周期调节，稳定市场情绪和预期，使人民币汇率在合理区间内波动。同时，也显示出当前市场恐慌情绪不大，传达了近期资本控管对于抑制游资带动的资本外逃的有效性。美元指数相较于年初有所上涨，但考虑到中美贸易摩擦以及美国经济基本面呈现走弱态势等因素，美元指数或将回落。此外，由于贸易争端和国际政治经济形势面临较大的不确定性，仍不排除其走强的可能。另一方面，中国经济仍面临一定的下行压力。课题组认为，人民币短期内双向波动或将加大，但鉴于我国充足的外汇储备和目前一定的有效的资本管制,此次人民币中间价的贬值不会产生贬值恐慌和资本大量外流的风险。

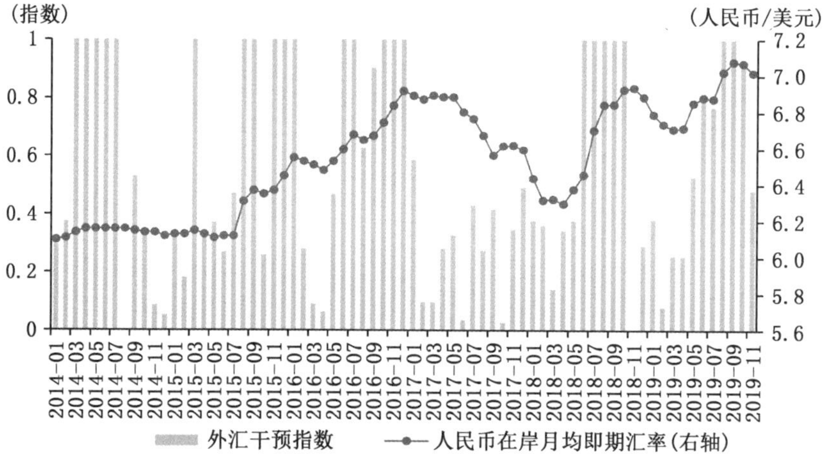

数据来源:Wind、上海财经大学高等研究院构建。

图 98　外汇干预指数

未来人民币走势仍一定程度地受美联储货币政策的路径选择影响,此外,还会受到诸如金融开放、贸易摩擦等不确定性的影响。美联储2015年底启动加息之后,以稳健的步伐逐渐将货币政策正常化。在此基础上,美联储自2017年10月起已经启动缩减资产负债表,预计未来4～5年,美联储或将资产规模缩减近半至1.9万～2.7万亿美元左右。经济前景方面,美国经济会在特朗普税改等一系列刺激性财政政策下向好,加强了美国经济持续复苏的预期。但进入2019年,形势似乎有所变化。美联储于8月1日正式宣布降息25个基点,为金融危机以来首次降息,并决定于当日起结束缩表。之后出于防范全球经济增长疲软和贸易政策带来的潜在风险,美联储又先后于9月中旬和10月末将利率均下调25个基点,联邦利率经过三次降息下调至1.5%～1.75%的区间。此外,为向货币市场注入流动性,美联储于10月15日起每月购买600亿美元的短期国债,并至少持续到2020年第二季度,同时将日常性隔夜回购操作的截止日期由11月4日延长至2020年1月。另一方面,美国11月CPI环比上涨0.3%,同比上涨2.1%;核心CPI环比上涨0.2%,同比上涨2.3%。美国劳工部最新公布的数据显示,2019年11月美国非农就业人口新增 26.6 万人，大大超出预期值 18.3 万人，虽受到通用汽车公司罢工事件这一因素的干扰，但仍明显好于预期，是自 2019 年 1 月以来最大增幅；失业率下降至 3.5%，为 50 年来低点，劳动参与率达 63%。虽然美国劳动力市场强劲，但美国 PMI 指数持续呈现下行趋势，11 月 ISM 制造业 PMI 回落至 48.1，已经连续 4 个月持续收缩，美国经济基本面呈现走弱态势。美联储在 2019 年最后一次利率决议上，同意不改变利率，政策声明中称，当前的政策立场是"合适"的，点阵图显示 2020 年全年不会采取利率行动，2021 年和 2022 年各加息一次。

从长期来看，考虑中美两国可能的未来的经济基本面，人民币汇率不存在持续下行、大幅偏离均衡水平的基础，人民币甚至有升值趋势。一方面，中国保持稳健的货币政策，实施必要的宏观审慎管理，推动金融供给侧改革，中国经济增长前景将作为最终支持人民币汇率的因素；此外，随着我国金融开放程度的加深，国际资金聚焦中国市场，境外机构不断增持中国债券。另一方面，考虑到特朗普政府贸易政策的不确定性，以及全球经济增长乏力的情况，美国经济基本面呈现走弱态势。正如课题组在 2018 年的报告中指出，根据美国国会预算办公室(Congressional Budget Office, CBO)的预测，从长期来看，美国采取的一系列财政刺激美元走高或难继续，2019 年为 2.4%，2020～2026 年平均 1.7%，2026～2028 年平均 1.8%，美元上升动力有限。

2019 年人民币汇率有以下几个特征：第一，人民币在岸与离岸的汇差（离岸减去在岸）从 2016 年 1 月的 1 400 点大幅缩小，显示人民币做空压力得到缓解。2019 年的两次汇差大幅上升分别发生在 5 月初和 8 月初中美贸易摩擦恶化时。2019 年前三个季度，美元指数整体仍保持上升趋势，于 10 月初达到 99 的高值。但第四个季度以来，英国脱欧和贸易冲突出现阶段性和缓，美联储政策转向鸽派，叠加美国经济基本面走弱，美元指数连续下滑至 95 以下。但鉴于美元一直是全球最重要的避险货币，每当全球经济波动性加剧或者全球金融市场动荡加剧之时，美元通常会受到投资者的青睐，2020 年美元指数很可能围绕 95 左右的中枢水平呈现宽幅震荡。

第二，外储稳定。2019 年 5 月，外储重新站在 3.1 万亿美元，随后在此水平窄幅波动。自 2014 年 6 月底外汇储备见顶回落以来，到 2017 年 1

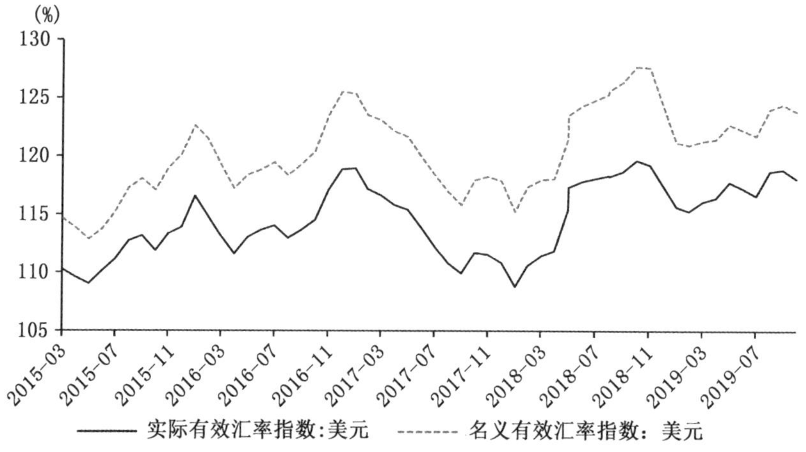

数据来源:Wind。

图 99 美元指数近期走势

月,中国外汇储备累计减少了 9 950 亿美元(见图 100),其中约有 65%是 2015 年“8.11”汇改以后发生的。之后,外汇储备连续 12 个月回升。截至 2019 年 5 月,外汇储备重新站上 3.1 万亿美元,显示资本控管近期内十分有效。而外汇储备/M2 比例 2019 年第一季度由 11.24%下降至 11.00%,随后三个季度波动上升,10 月达到 11.28%。外汇储备/M2 是国际货币基金组织的新标准,用来衡量外汇储备够不够用。到 2018 年 5 月底,中国的外汇储备与 M2 之比降至 11.44%,较 2014 年 6 月底下降了 9.13 个百分点(见图 101)。这引起了市场对于央行汇率维稳能力的担忧。实际上,早在 2006 年底,中央经济工作会议就指出,中国国际收支的主要矛盾已从外汇短缺转为贸易顺差过大、外汇储备增长过快,提出必须把促进国际收支平衡作为保持宏观经济稳定的重要任务。也就是说,早在 10 多年前,中国政府就已明确不追求外汇储备越多越好。从这个意义上讲,第一个季度外汇储备/M2 一定程度的回落也是政府乐见其成的结果。

第三,贬值预期若使用人民币无本金交割远期外汇交易(NDF)衡量(见图 102),2019 年前 4 个月与 2018 年第四季度相比,贬值压力大幅趋缓(一年期 NDF:2018/10,1.2%;2018/12,0.7%;2019/03,0.5%。两年期 NDF:2018/10,2.3%;2018/12,1.3%;2019/03:0.98%)。三年期

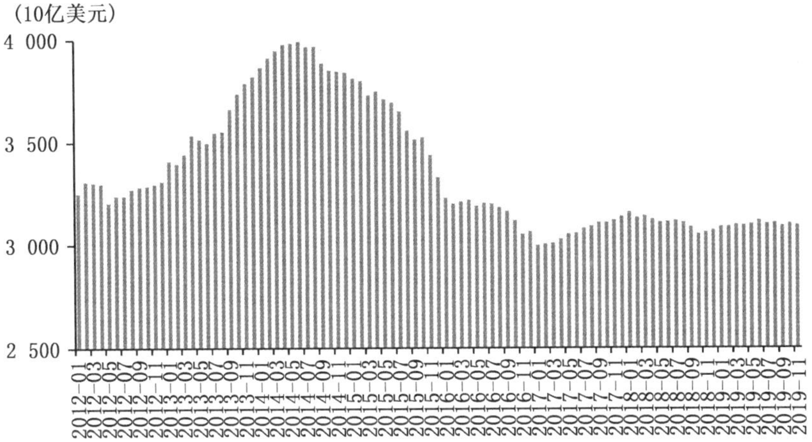

数据来源：Wind。

图 100　外汇储备近期走势

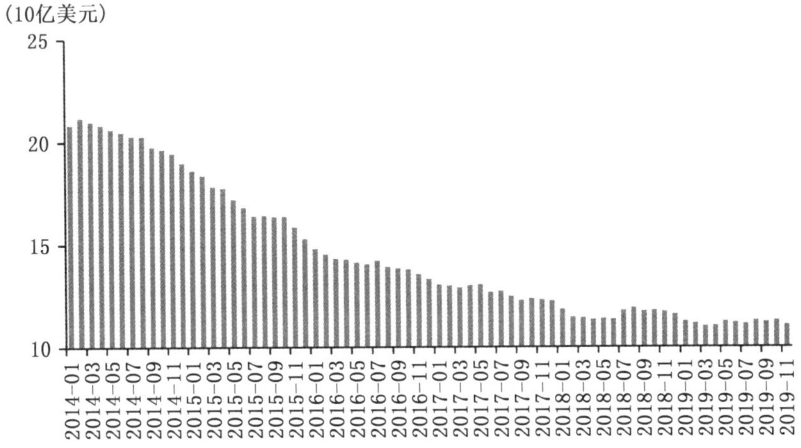

数据来源：Wind、上海财经大学高等研究院构建。

图 101　外汇储备/M2 比例

NDF 价格指向约 1.63％的贬值幅度，长期贬值预期仍不可忽视，但与 2018 年相比，贬值压力已大幅释放。从 5 月到第三个季度末，随着中美贸易摩擦的加剧，一年期、两年期与三年期 NDF 价格均显示出较高的人民币贬值预期，且三者分化加大(一年期 NDF：2019/03，0.5％；2019/06，0.9％；2019/09，0.86％。两年期 NDF：2019/03，0.98％；2019/06，

1.67%；2019/09，1.92%。三年期 NDF：2019/03，1.6%；2019/06，2.9%；2019/09，3.5%）。第四个季度随着中美贸易摩擦阶段性和缓，一年期 NDF、两年期 NDF 变动幅度放缓（一年期 NDF：2019/10，0.96%；2019/11，0.99%。两年期 NDF：2019/10，2.2%；2019/11，2.1%）。三年期 NDF 价格有小幅回升，但仍指向约 3.2%的贬值幅度，其预期的贬值幅度要高于一年期 NDF 和两年期 NDF 的预期，长期贬值压力仍不可忽视。

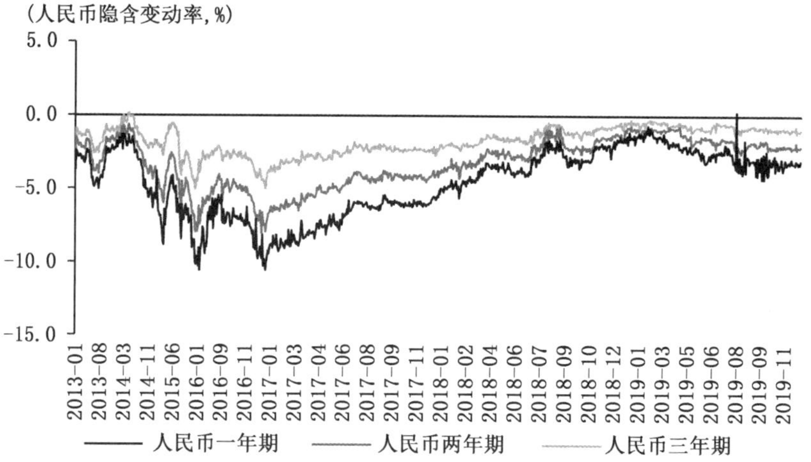

数据来源：Wind、上海财经大学高等研究院。

图 102　人民币无本金交割远期外汇交易

在国际收支平衡表中，非储备性质的金融账户包括直接投资、证券投资、金融衍生工具和其他投资。非储备性质的金融账户集中反映了民间部门的跨境资本流动。这个项目的变化，除了反映民众在外汇需求的某些实际情况之外，更加反映了一些预期的变化。从中国非储备性质的金融账户来看（见图 103），非储备性质的金融账户在 2017 年扭转了自 2015 年“8.11”汇改以来的大量资本流出的局势，变为资本流入，这与人民币兑美元汇率在 2017 年的较大幅度升值是相对应的，同时也显示了自“8.11”汇改之后资本管控政策已见成效。从另一层面，也能反映出我国金融市场双向开放的稳步推进，国际资金聚焦中国市场。我国不断扩大金融对外开放力度，2019 年 9 月 10 日，外汇管理局取消合格境外机构投资者(QFII)和人民币合格境外机构投资者(RQFII)投资额度限制，同时取消

RQFII试点国家和地区的限制，提升了境外投资者入市投资的便利性。证监会确定2020年逐步允许境外投资者100%持股期货公司、公募基金、证券公司。2019年10月15日，放宽外资银行和保险公司准入条件，取消外资金融机构的股比限制。自2018年以来，境外机构已连续12个月增持中国债券。2019年2月28日，MSCI将A股纳入因子从5%上调到20%；富时罗素GEIS指数集合将在2019年6月(纳入因子5%)、9月(纳入因子15%)和2020年3月(纳入因子25%)分三步纳入A股；彭博从4月开始分20个月将中国债券纳入彭博巴克莱全球综合指数，这将鼓励更多的国际资金流入中国资本市场。

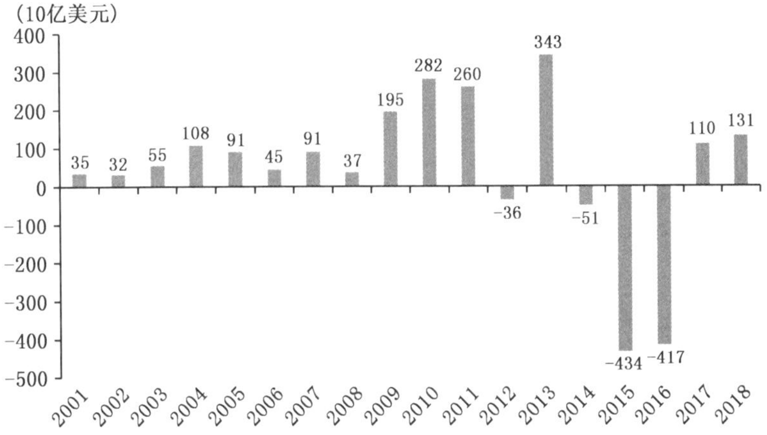

数据来源：Wind。

图103　中国非储备性质的金融账户

然而，影响我国跨境资本流动的不稳定不确定因素依然存在。中美两国的货币政策、中美贸易摩擦、国际政治地缘风险、国内经济金融领域风险等因素，可能对国际金融市场和国际资本流动造成一定影响，加大跨境资本波动。从净误差与遗漏项来看，短期内不容乐观。自2015年"8.11"汇改以来，尽管我国实行了严格的资本管制，净误差与遗漏项所隐含的资本流出已经接连三年呈现2 000多亿美元的规模。这显示跨境资本出现净流出压力，反映出在人民币贬值预期下，市场的避险情绪持续强烈。尽管2018年有所减缓，但仍呈现1 600多亿美元的规模。从这个意义上讲，央行有必要实施一定程度的资本管制。在"三元悖论"的理论中，如果一个国家想保持货币政策的独立性和汇率制度的市场化,实施资本管制是必须和必要的手段。悲观来看,若继续每年以 6 000 亿美元(资本账户以及净误差与遗漏项)的规模资本流出,3 万亿美元的外汇储备将在五年内耗尽。此外,偏低的外汇储备/M2 比例也隐含了另外一层风险。我国居民每年有 5 万美元的汇兑额度,保守估计只需要 14 亿人口的 5%拥有汇兑 5 万美元的财富能力,就极有可能将外汇储备快速耗尽。保守估计,我国居民财富的前 5%绝对有能力汇兑这 5 万美元的额度。

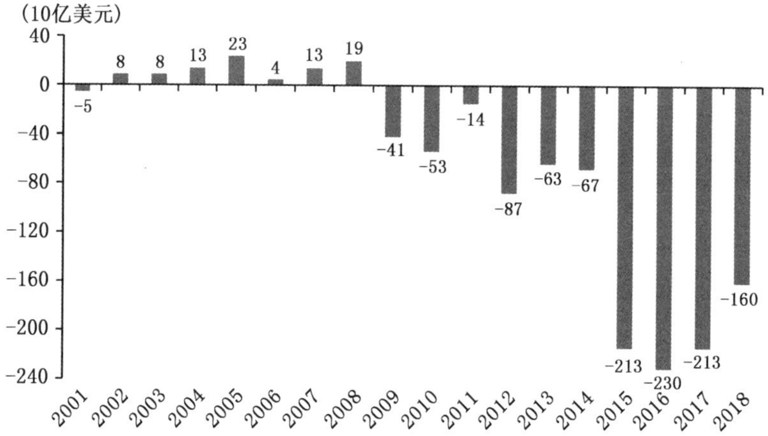

数据来源:Wind。

图 104　中国净误差与遗漏项

综上所述,从人民币汇率的短期波动看,美元走势、中美贸易摩擦以及中国经济形势都会对汇率走势产生直接影响。第一,美元指数的强弱表现是人民币汇率调整的外部压力来源。第二,美国经济放缓的趋势使得美联储有重回降息通道的理由,而中国面对国内经济的下行压力,中国人民银行提出要保持流动性合理充裕。中美利差或将重新走阔,重新提振人民币资产的吸引力。第三,随着我国金融开放程度的加深,国际资金将更加积极地参与中国金融市场。第四,短期看国内经济下行风险犹存,基本面弱化对人民币汇率产生压力。第五,中美贸易摩擦仍有很大的不确定性。如果未来贸易摩擦升级,我国贸易顺差或将进一步收窄甚至出现逆差,进一步影响到外汇储备甚至人民币汇率的预期,这有可能使央行目前“预期管理—人民币汇率—外汇储备”的管理模式失效。然而,我们也应理性看待中美贸易摩擦。此外，在人民币汇率的浮动更趋向于市场化的形势下，我国的货币政策会更加具有自主性，会对调节我国的内部平衡起到更有效的作用。因此，课题组认为，货币当局有充足的外汇储备、积累的丰富的经验和足够的政策工具，为人民币汇率提供实时性支撑，2020年外汇储备会在波动中保持稳定，人民币汇率和外汇储备将稳定在一个合理区间。

二、中国宏观经济下一步发展面临的主要不确定性

(一)家庭债务持续累积，收入差距进一步扩大

家庭债务余额累积增速放缓。在经历了2016年的急速攀升之后，家庭部门中长期贷款余额同比增速一直呈放缓趋势，已经由2017年2月32%的峰值下降至2019年10月的16.7%。但伴随着房地产市场的升温，这一放缓趋势有所减弱，相比于2019年年初的增速，10月的增速仅下降了1个百分点，而2018年同期增速比2018年年初下降了5个百分点，在2017年的这一数字甚至达到7个百分点。短期贷款余额累积过程要滞后一些，在2017年，伴随着中长期贷款增速的放缓，短期贷款的累积开始加速，一年内增速上升近15个百分点，由2017年年初的7%上升至2018年年初的21%。但随着监管的收紧，家庭部门短期贷款增速也呈现下降趋势，截至2019年10月，增速已跌至12%。家庭部门短期贷款的收紧遏制了短期债务进入房地产的现象，在一定程度上解决了家庭债务期限错配的问题。伴随着家庭债务的持续累积，短期贷款余额与中长期贷款余额之比基本稳定在40%左右。

中长期贷款增速的放缓更多是基数效应所致，举例而言，即使同样增加5个单位，基数为10则增速为50%，基数为20则增速下降至25%。而家庭债务的新增额确实没有明显的下降趋势。如图106所示，截至2019年11月，居民中长期贷款累计新增额达到4.97万亿元，虽低于2016年同期5.26万亿元的峰值，但仅低于2017年同期212亿元，甚至超过了2018年同期的累计新增额。居民新增中长期贷款占全部新增贷款的比重也没有出现明显的下降趋势，2019年前11个月居民新增中长期

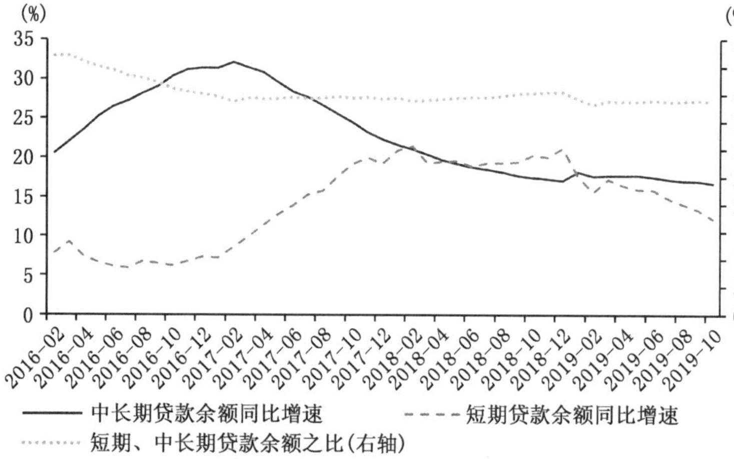

数据来源:上海财经大学高等研究院、Wind。

图 105　家庭债务余额同比增速

贷款占全部贷款的比重达到32%,虽低于2016年与2017年房地产最火爆的时期值,但仍要高于2018年同期的31%。伴随着许多城市房地产政策的放松,未来家庭债务新增额仍然面临继续增加的风险。

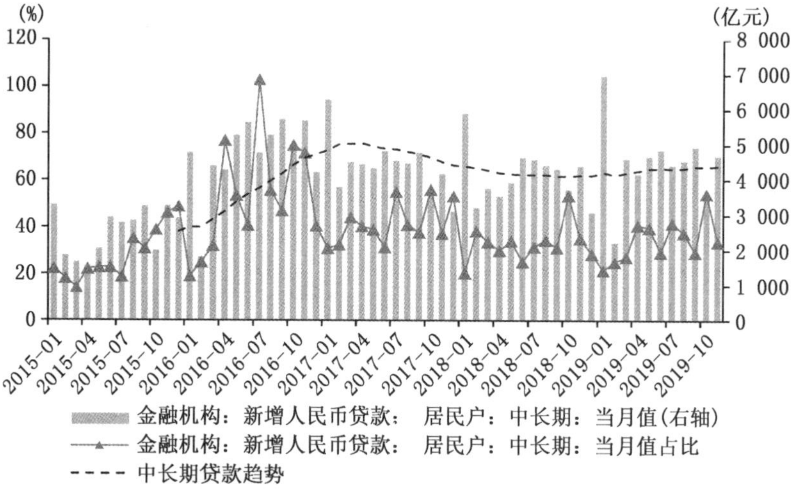

数据来源:上海财经大学高等研究院、Wind。

图 106　新增人民币家庭中长期贷款增速

与中长期贷款新增额的平稳增长不同，居民短期贷款新增额较 2018 年有大幅度下降，如图 107 所示，截至 2019 年 11 月，居民新增短期贷款累计达到 1.82 万亿元，比 2018 年同期的 2.26 万亿元下降了近 20%。并且家庭短期贷款新增额在全部贷款新增额中的比重也呈现下降趋势，2019 年前 11 个月短期贷款新增额占全部贷款新增额的 12%，为 2017 年以来的新低。这一方面反映出监管的加强，另一方面也是由于家庭收入增速放缓、家庭债务累积导致的流动性下降以及收入差距扩大都在挤压家庭消费，家庭部门本身对短期贷款的需求也在下降。

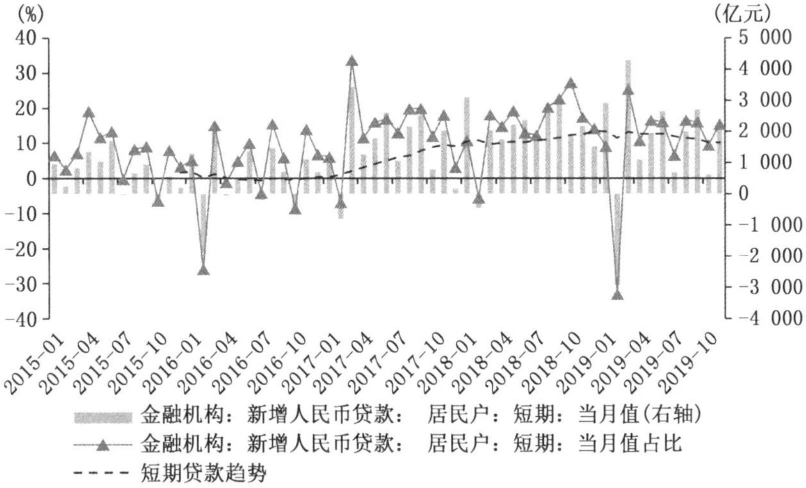

数据来源：上海财经大学高等研究院、Wind。

图 107　新增人民币家庭短期贷款增速

家庭部门吸收了近一半的新增贷款。图 108 描述了家庭部门新增贷款占全部新增贷款的比例，可以看出，2013～2015 年间，家庭部门新增贷款占比虽有波动，但整体稳定在 37%左右。但从 2016 年以后，这一比例开始迅速攀升，在 2016 年 7 月甚至达到最高值 99%。随后虽然受到严厉的房地产调控政策的影响，家庭部门新增债务占比开始下降，但一直在 53%左右波动。以 2016 年为界，我国家庭债务的累积明显分成前后两个阶段，相较于 2016 年之前，2016 年之后的占比提高了近 15 个百分点。除年初有较大波动外，2019 年家庭债务新增额的占比也稳定在 53%左右的平均值附近，并没有表现出突变的趋势。在实体经济不振、内外部风险加大的情况下,家庭部门仍然是金融部门最看重的优质客户。

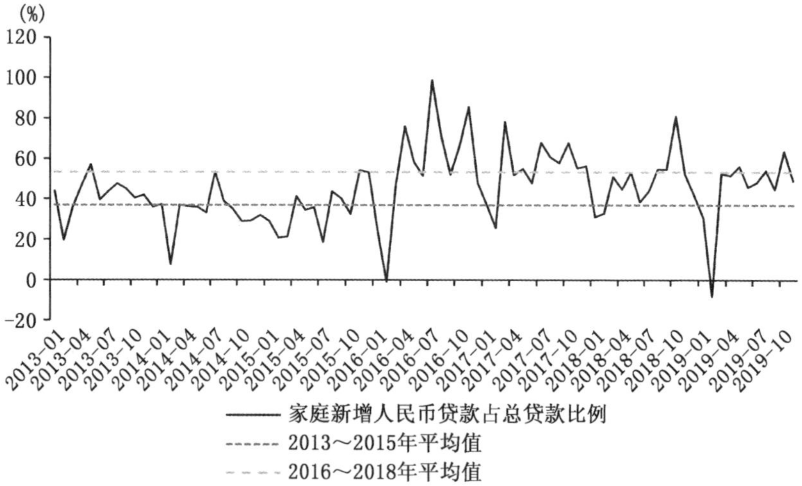

数据来源:上海财经大学高等研究院、Wind。

图 108　家庭部门新增人民币贷款占比

家庭债务的区域异质性有增无减,如图 109 所示,截至 2019 年 10 月,区域家庭杠杆率(以家庭总贷款与家庭总存款之比指代)已经有 12 个省份超过全国 67.2%的平均值。虽然由于各种投资类型产品的分流,此处住户存款有被低估的倾向,但由于我国家庭在银行贷款外,也有许多亲朋好友之间的借贷,因此,该指标还是可以在一定程度上反映区域杠杆率的异质性,并且,课题组利用家庭总贷款与可支配收入之比也得到了相同的结论。在所有数据可得的省份中,有 19 个省份超过 50%,福建省更是接近 120%,浙江省、广东省也逼近 100%。同年初相比,仅有北京、上海、辽宁、甘肃四个省份的杠杆率有所降低,其余省份的杠杆率均呈增长态势。由此可见,只要房地产调控政策略有放松,家庭部门就会疯狂加杠杆。

对房地产市场的过度依赖不仅使得家庭债务急剧累积,而且买房还掏空了家庭的储蓄,使得储蓄率开始逐年下降。利用统计局公布的资金流量表数据可以看出,如图 110 所示,家庭部门的储蓄率已经由 2010 年 42%的峰值下降至 2016 年的 36%。中国家庭从来都是高储蓄,在经济学界甚至有“中国储蓄之谜”的研究问题,但房地产市场却使得中国家庭

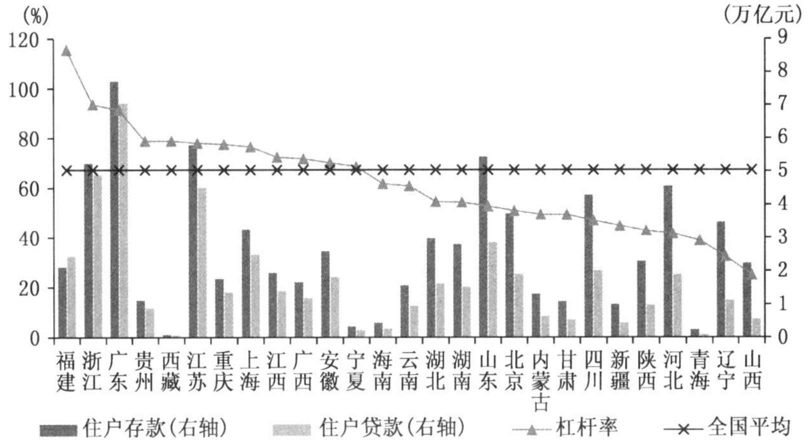

数据来源:中国人民银行、国家统计局、上海财经大学高等研究院。

图 109　分省家庭杠杆率

的储蓄率开始降低。虽然 2019 年以来家庭存款急剧上涨,每一季度的新增额都创自 2015 年以来的新高,但由于家庭存款仅仅是家庭储蓄的一部分,并且该增长可能是由预防性储蓄动机加强叠加强监管使得家庭其他金融投资回流到无风险的银行存款导致,因此家庭部门整体储蓄率在近期是否回升不得而知。但从图中也可以看到,受"4 万亿"及其后的刺激政策影响,政府储蓄率降低得更多,由 2007 年的 40%下降至 2016 年的 20%,下降了 20 个百分点。地方政府有足够的动力通过维持高房价来维持土地财政的稳定,因此,房地产对家庭资产负债表的侵蚀还远远没有到达终点。

高涨的房价不但使得很多家庭成为"房奴",破坏了家庭资产负债表,更是阻碍了很多家庭拥有自己的住房,"居者有其屋"日益困难。由于中国特有的城乡二元经济以及流动人口特别多的现实,很多流动人口在其家乡可能有一套房子,但在大城市打工时仅能租房,因此,相比于房屋拥有率(即家庭是否拥有住房),住房自有率(即家庭是否拥有现住房)更能反映中国家庭的住房情况。利用 2019 年最新发布的中国家庭追踪调查(China Family Panel Studies,CFPS)数据,课题组描述了城市家庭现住房的产权情况,如图 111 所示。可以看出,2012~2018 年间,家庭现住房是自有产权的比例由 86%下降至 74%,下降了 12 个百分点;与此同时,家

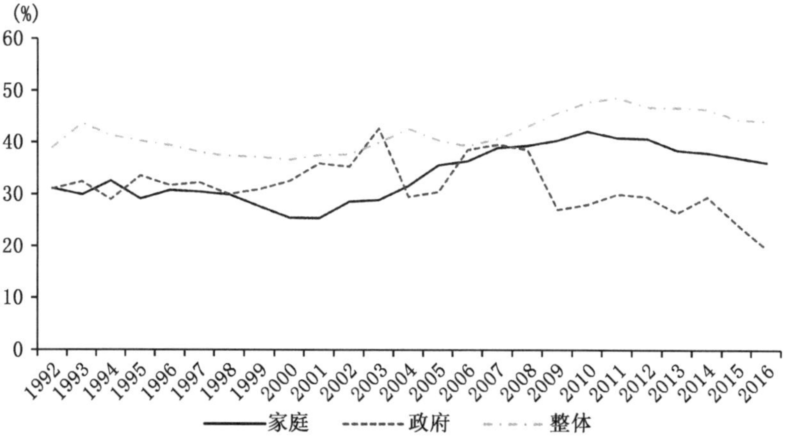

数据来源:国家统计局、上海财经大学高等研究院。

图 110　资金流量表中分部门储蓄率

庭现住房是市场租房的比例由 2012 年的 5%上升至 2018 年的 13%,上升了 8 个百分点,占自有产权下降额的四分之三。这说明,房价过高使得很多家庭只能租房,买房变得越来越难,这也是社会上“丧”文化流行的一个原因,这一现象也引起国家相关部门的高度重视,习近平总书记在十九大报告中就曾提出,“房子是用来住的,不是用来炒的”。同时也可以看出,随着房价和房租的上升,单位提供房子,即公房的比例也在上升,而这无形中也会增加企业的成本,使得实体经济更为困难。

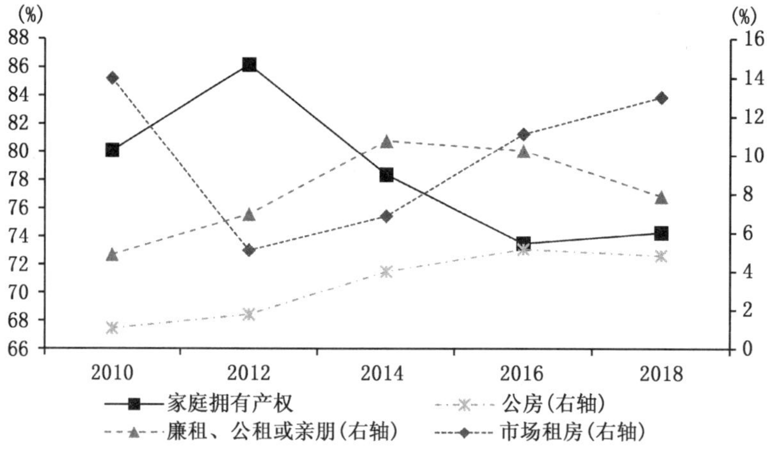

数据来源:CFPS、上海财经大学高等研究院。

图 111　城市家庭现住房的产权情况

家庭资产负债表已经受到损害，房贷负担使许多家庭面临流动性约束。为了较为直观地描述房贷与家庭流动性之间的关系，课题组借助家庭居住地信息，利用 CFPS 数据构造了省级层面家庭房贷可支配收入之比和受到流动性约束的家庭比例指标，利用散点图来考察二者之间的联系。从图 112 中可以看出，家庭杠杆率与流动性约束在区域上呈现明显的正相关关系，即家庭杠杆率越高的省份，受到流动性约束的家庭比例就越高。课题组早在 2017 年和 2018 年的年中报告中就指出，家庭面临流动性约束不但会降低消费、引起总需求不足，而且这一影响还会传导到企业部门，引起企业销售的下滑，使得企业被动加杠杆。

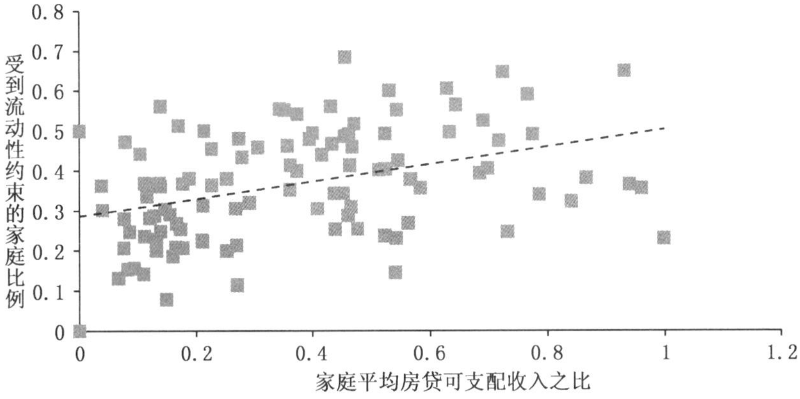

数据来源：CFPS、上海财经大学高等研究院。

图 112　家庭房贷与流动性约束

不但家庭债务在不断挤压家庭消费，在 2017 年的年终报告中，课题组就指出，收入差距的恶化也会挤出家庭消费，而近些年来，收入差距呈现持续恶化的态势，高收入阶层与中低收入阶层之间的差距越来越大。利用 CFPS 数据，课题组发现，在 2018 年，基尼系数虽然略有下降，由 2016 年的 0.56 下降至 2018 年的 0.51，但对数收入方差却呈现持续上涨的趋势，如图 113 所示。由于基尼系数在计算时会放大高收入群体的影响，而对数收入方差在计算时会放大低收入群体的影响。因此，从二者之间的比较可以看出，高收入群体可能与中低收入群体呈现不同的演化趋势，进而导致基尼系数和对数收入方差的分离。

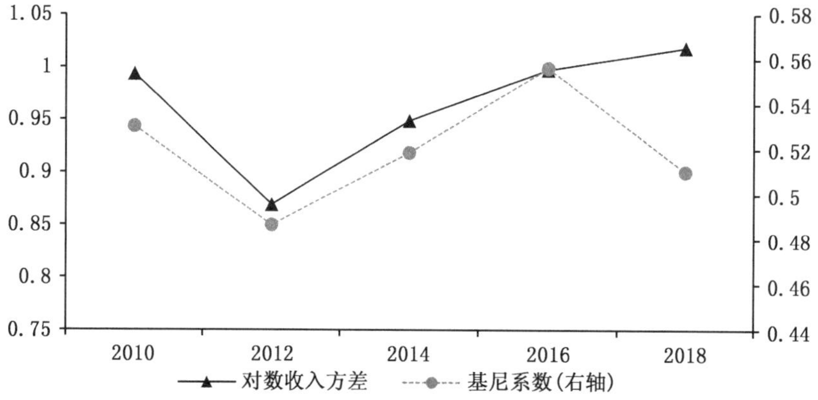

数据来源:上海财经大学高等研究院、CFPS。

图 113 基尼系数与对数收入方差

为了进一步分析不同收入阶层间的收入差距情况,课题组报告了家庭收入不同分位数之比的变动趋势。从图 114 中可以看出,高收入阶层与中低收入阶层之间的差距越来越大。家庭收入的 90 分位数值与 50 分位数值之比(P90/P50),以及 90 分位数值与 10 分位数值之比(P90/P10)一直呈上升趋势,而 50 分位数值与 10 分位数值之比(P50/P10)则较为平稳,甚至略有下降。产生这一现象的原因课题组认为主要有两个:一是伴随着利率的持续走低,以房价为代表的资本回报率远远超过劳动回报率;二是伴随着产业升级,社会分工越来越精细,高技能劳动者的劳动回报率也远远超过普通劳动者的劳动回报率。由于高收入的家庭一般都是技能比较高、资本拥有较多的家庭,这就导致高收入群体的收入越来越多,与中低收入之间的差距越来越大。

为了进一步验证以上发现,课题组还分别描述了农村和城市不同收入阶层的收入增速情况,图 115 描述了城市的情况,图 116 描述了农村的情况。对城市家庭而言,2018 年,除中等偏上户与高收入户收入增速进一步扩大外,其余各收入阶层的家庭收入增速均呈现下降趋势,高收入户的收入增速是中等收入户的近 2.5 倍。特别是中等偏下户,收入增速在 2018 年降至 1.25%,考虑到通胀因素则收入不增反降。同时,伴随着我国社会保险体系的进一步完善,城市低收入户的收入增速虽然也呈现下降趋势,但下降趋势逐渐放缓,2018 年已超过中等收入户与中等偏下户。

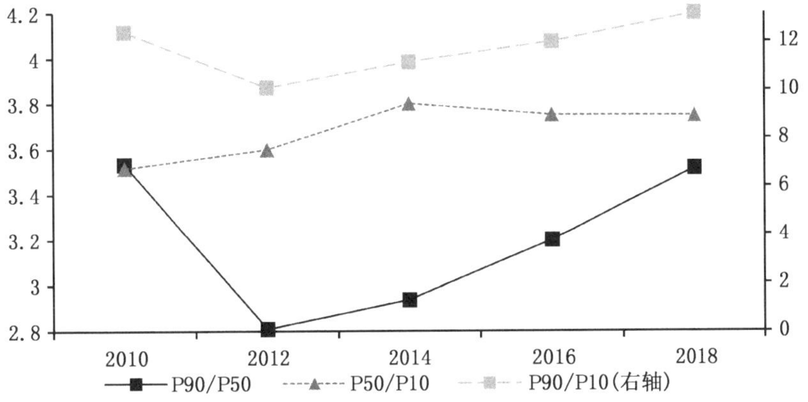

数据来源：上海财经大学高等研究院、CFPS。

图 114　家庭收入不同分位数之比的变动趋势

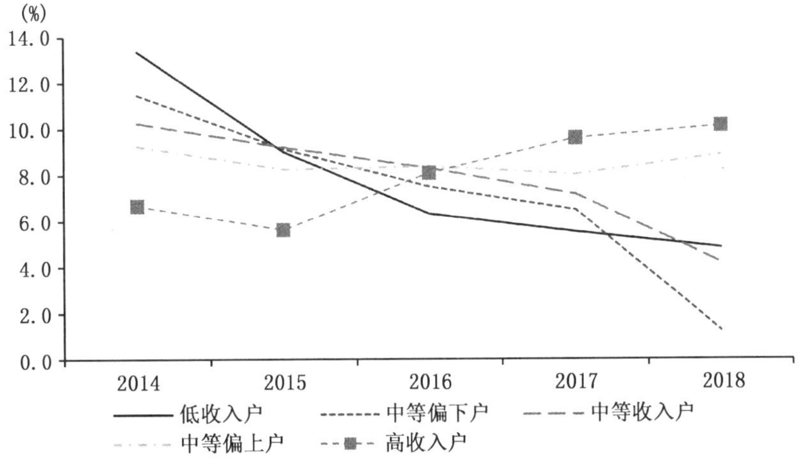

数据来源：上海财经大学高等研究院、国家统计局。

图 115　城市地区不同收入等级家庭人均可支配收入增速

对于农村家庭而言，除了由于“精准扶贫”等的财政转移政策导致低收入户的收入增速在 2018 年有一个较高的增速外，其余各收入阶层的收入增速均呈现下降趋势。特别是中等偏下户，收入增速在 2018 年降至 1.9％，仅略高于城市同等收入阶层者。从以上分析可以看出，中等收入户以下的家庭的收入均呈现增速下滑的趋势，使得本已被房地产掏空“六个钱包”的家庭流动性日益趋紧。

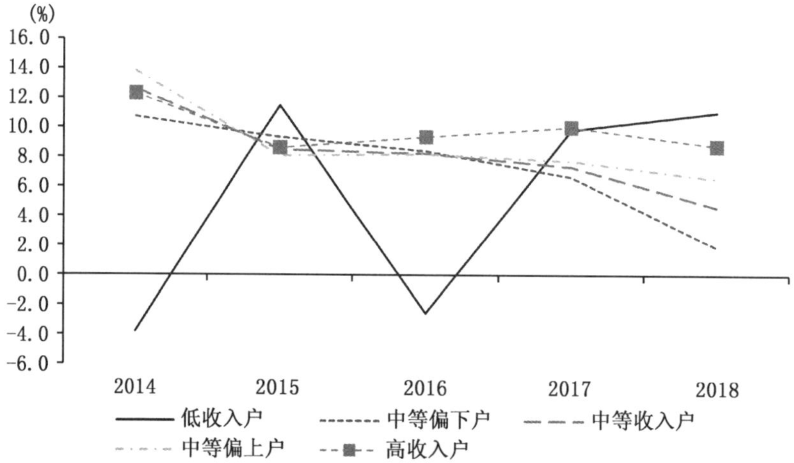

数据来源:上海财经大学高等研究院、国家统计局。

图 116　农村地区不同收入等级家庭人均可支配收入增速

收入差距的扩大会直接影响家庭总消费。由于高收入群体的边际消费倾向[①]较低、低收入群体的边际消费倾向较高,因此,当社会中高收入群体的收入增速较快时,高收入家庭并不会将增加的收入用于消费,但当低收入群体的收入增速放缓时,低收入家庭的消费却会被拖累导致增速放缓,从而导致整体消费增速放缓。课题组早在 2017 年就警示过收入差距扩大对家庭总消费的挤出作用,在本次报告中,利用最新的 2018 年的微观数据,课题组构造了省级收入差距指标以及消费增速指标,继续检验了收入差距扩大对消费的影响。图 117 描述了用分省基尼系数增加与消费增速之间的关系。从图中可以看出,一省基尼系数增加得越多,则该省消费增速降低得越多。通过其他收入差距指标也可以得到相同的结论,这也就说明,收入差距还在继续挤出家庭消费。伴随着低利率以及劳动边际回报率的下降,我国未来收入差距面临继续上升的风险。

收入差距的扩大不但降低消费增速,而且还会引起消费不平等的上升。从图 118 中可以看出收入不平等和消费不平等的关系,由于中低收入家庭对收入风险的自我保险能力的下降,收入冲击传导到消费中,也引

① 边际消费倾向(Marginal Propensity to Consume, MPC)是指家庭收入每增加一单位,消费增加的幅度。

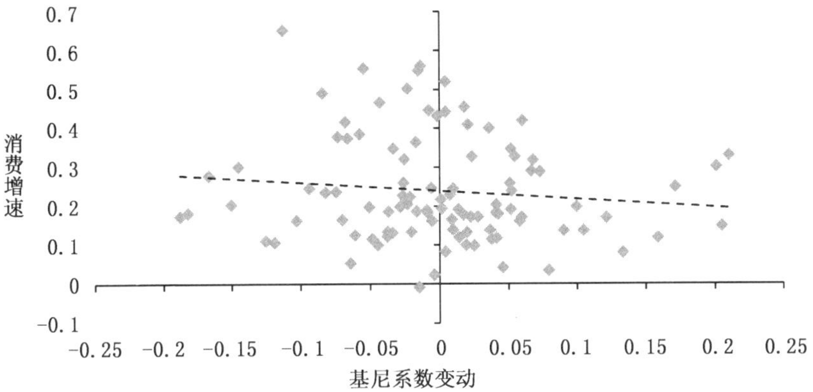

数据来源：上海财经大学高等研究院、CFPS。

图 117　基尼系数变动与消费增速

起了消费不平等的上升。无论是采用对数方差还是 P90/P50、P90/P10 等指标，均显示同样的结果。消费不平等直接影响社会稳定，当消费不平等过高时，容易引发“仇富”等社会不稳定因素。因此，在经济增速不断放缓的情况下，政府应该加大逆周期调节力度，熨平家庭受到的收入冲击，通过转移支付等提高家庭对风险的自我保险能力，降低收入冲击向消费的传导，维持社会的稳定。

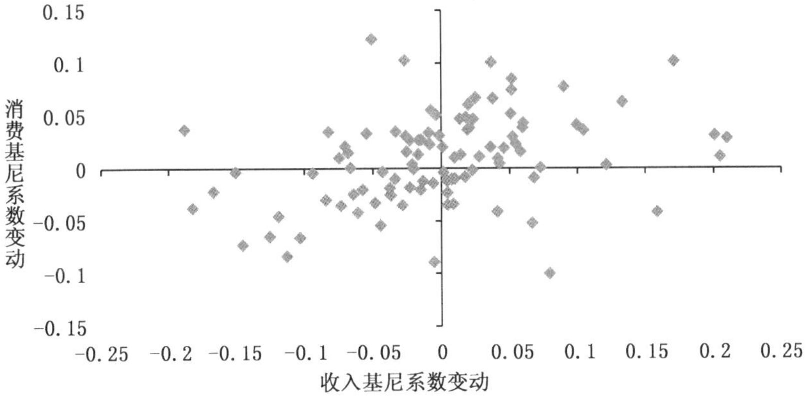

数据来源：上海财经大学高等研究院、CFPS。

图 118　收入差距变动与消费差距变动

从以上的分析中可以看出，不论是家庭债务累积还是收入差距扩大，都会挤出家庭消费、降低总需求。而课题组早在 2018 年就通过家庭债务与企业债务之前的联动指出总需求不足的危害，而当前的经济环境中，企业利润的下滑，宏观杠杆率的高企等都可以看到总需求不足的影子。因此，课题组呼吁，对家庭部门，要继续降低个税税率，提高个税起征点，增加社会保障力度，切实提高家庭的流动性，通过提高总需求带领中国经济顺利完成转型升级。

(二)地方政府作用有限，实现高质量发展最终要靠坚决出清僵尸企业

近些年来，企业经营困难越来越多，2019 年以来企业利润增速更是陷入负增长，企业经营举步维艰。为此，地方政府对当地企业进行了多种补贴，以帮助企业维持经营，而在此过程中形成了大量僵尸企业。其中，僵尸企业对企业部门的影响已得到广泛研究，但僵尸企业的影响是否会外溢到其他部门，尤其是家庭部门，关于这一问题的研究一直鲜见。但无论是从就业还是从消费增速来看，家庭部门确实面临很大压力。衡量企业用工需求的 PMI 从业人员指数自 2010 年开始一直呈现持续下降的趋势[①]，而社会消费品零售总额增速更是从金融危机后就一直呈现下降趋势。而且在 2019 年年中报告中，从省级的僵尸企业占据资源的比例与失业率之间的关系来看，我们也的确发现僵尸企业占据资源的比例与失业率呈正相关。值得注意的是，在以往关于僵尸企业影响的研究中，都是将来自企业自身的冲击和地方政府的干预统一归结为资源错配问题，未对二者的不同影响进行区分，从而可能高估了地方政府的负面作用，未对地方政府的影响做出准确合理的评价。因此，如何区分来自企业内部冲击和来自地方政府干预的不同影响，特别是如何评价地方政府为了维护家庭部门稳定而向僵尸企业"输血"的政策效果，是亟须解决的问题。

为了将企业层面和地方宏观层面对家庭部门的影响区分开来，我们参考 Greenstone 等(2014)，利用 Shift-share Approach 的方法对企业自身因素和地方政府的干预进行了分离，然后以企业的总债务水平、长期借

---

① 企业需求端的 PMI 从业人员指数从 2010 年开始持续降低，截至 2019 年 11 月，已经降低至 47.3%，连续低于 50%的荣枯线长达 32 个月。

款和短期借款等指标为权重构造了省级的僵尸企业对信贷市场影响的指标。其中，利用地方政府的因素所构造的指标衡量了地方宏观层面的资源错配程度（见图 119），而利用企业自身因素所构造的指标则捕捉了企业层面因素导致的僵尸企业对其所在省份的信贷冲击（见图 120）。

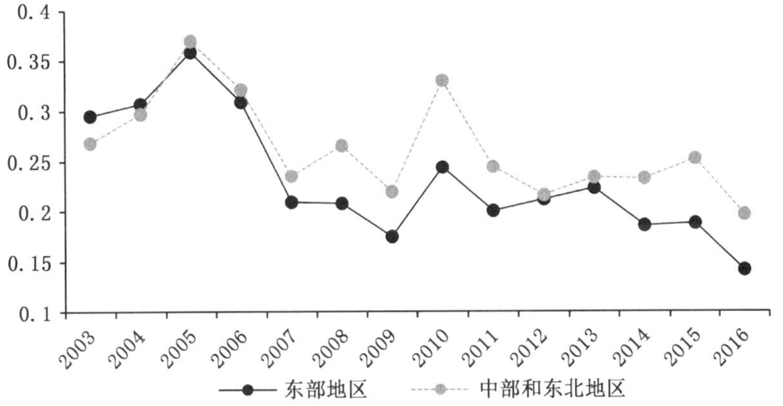

数据来源：上海财经大学高等研究院。

图 119　2003～2016 年由地方政府等宏观因素导致的僵尸企业造成的资源错配

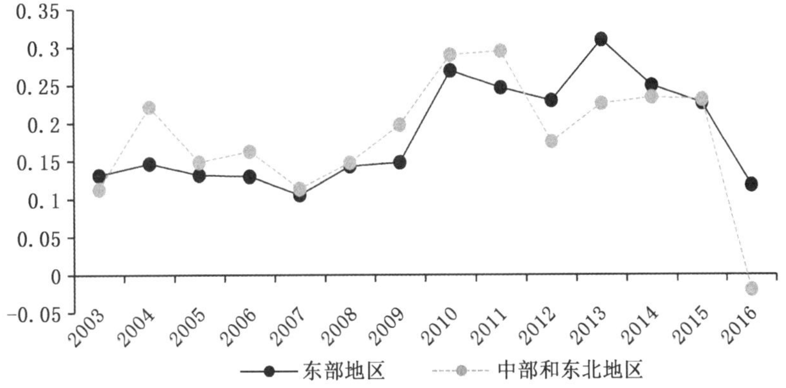

数据来源：上海财经大学高等研究院。

图 120　2003～2016 年由企业自身因素导致的“僵尸化”造成的信贷冲击

从图 119 可以看出，中部和东北地区由地方政府等地区宏观因素所致的企业“僵尸化”所造成的资源错配程度一直以来都高于东部地区，虽然近年来不论在哪个区域，地区宏观因素所致的资源错配程度均有所下降,但区域间的差距却在扩大,即中部和东北地区由地区宏观因素所致的资源错配程度下降速度明显慢于东部地区。而从图 120 可以看出,由企业自身因素所致的"僵尸化"对信贷市场的冲击,除了 2012 年和 2013 年,其他年份则没有明显的区域间差异,且没有明显的变化趋势,但在 2010～2014 年间更是处于近年来的高位。结合图 119 和图 120 可以看出,我国僵尸企业造成的资源错配在区域间的差异主要由地方政府等地区宏观因素所致,但是企业层面因素导致的冲击对信贷市场的影响越来越大,这二者不论是对企业内部还是对劳动力市场的影响均可能呈现不同的特点。

为了分析由僵尸企业所致的资源错配对家庭部门造成的影响,我们首先将各年家庭层面的数据按家庭居住省份与其所在省份的僵尸企业占据的资源相匹配来进行分析。由于被解释变量是户主的就业状态,为二值虚拟变量,我们可以采用线性概率模型(Linear Probability Model, LPM)、Probit 模型或 Logit 模型进行分析。但为了利用面板结构控制个体固定效应以及区域×年份固定效应,我们将使用线性概率模型来检验僵尸企业造成的资源错配对家庭部门的影响。构造如下回归方程:

$$y_{ijt}=\delta_i+\alpha_1 pzombie^s_{jt}+X'_{ijt}\beta+Z'_{jt}\gamma+year_t\times region_k$$
$$+\varepsilon_{ijt}, s=l, f, T$$

其中,y_{ijt} 表示第 j 个省、第 t 年、第 i 个个体的状态,包括失业情况、消费水平以及劳动参与情况。δ_i 表示个体固定效应;$pzombie^s_{jt}$ 为第 t 年僵尸企业占据的信贷资源,状态为 l 时为地方政府因素导致的僵尸企业占据信贷资源的比例,状态为 f 时为企业自身因素导致的僵尸企业占据信贷资源的比例,状态为 T 时为两种因素共同导致的僵尸企业占据信贷资源的比例;$year_t\times region_k$ 表示年度×区域固定效应,X_{ijt} 表示个体和家庭层面的其他特征,Z_{jt} 表示省级层面的其他特征。由于我们去掉了样本期间居住地发生变化的样本,因此模型估计所用到的样本其居住地都不会随时间发生改变,因此在本文中省级固定效应无法估计,我们利用省级层面的控制变量来控制省际的除了僵尸企业影响以外的其他差异。

表 4 分别报告了地方宏观因素和企业自身因素造成的僵尸企业对劳动力市场的影响的基准回归结果。其中,(1)和(2)列报告了地方宏观因素影响的结果;(3)和(4)列报告了企业层面因素影响的结果;(5)和(6)列

则报告了两种因素共同导致的僵尸企业所造成的资源错配对劳动力市场产生影响的基准回归结果。(1)和(2)列的结果显示，不论是仅控制个体固定效应以及区域×年份固定效应，还是在此基础之上进一步控制了个体、家庭以及省级层面因素，$pzombie^{l}$ 的系数虽然不显著，但是均为负的，这表明地方宏观因素导致的僵尸企业对劳动力市场的确可能起到维持劳动力市场稳定的效果，也印证了地方政府出于维持劳动力市场稳定而维持僵尸企业的动机。(3)和(4)列的结果显示，不论是仅控制个体固定效应以及区域×年份固定效应，还是在此基础之上进一步控制了个体、家庭以及省级层面因素，$pzombie^{f}$ 的系数均显著为正，这表明企业层面因素导致的僵尸企业造成的资源错配的确会对劳动力市场产生显著的挤出效应，增加个体失业的概率，对劳动力市场产生负面影响。(5)和(6)列则显示无论是仅控制个体固定效应以及区域×年份固定效应，还是在此基础之上进一步控制个体、家庭以及省份的特征，僵尸企业所占资源都会对其失业情况有一个显著的正的影响，即僵尸企业占据资源会导致个体失业概率显著上升。总体而言，当一省内僵尸企业占据的资源每升高 1 个百分点，则该省内个体的失业概率就会上升 0.037 个百分点。也就是说，企业层面因素导致的僵尸企业对劳动市场产生的挤出效应显著大于地方政府维持僵尸企业所起到的稳定作用，地方政府通过维持僵尸企业的办法来维护劳动力市场的稳定这一目的不但难以实现，最终反倒得不偿失。

表 4　　　　僵尸企业对个体失业情况的影响：基准模型结果

被解释变量	失业情况					
	(1)	(2)	(3)	(4)	(5)	(6)
$pzombie^{l}$	−0.117	−0.056				
	(0.088)	(0.099)				
$pzombie^{f}$			0.119***	0.156***		
			(0.027)	(0.030)		
$pzombie^{T}$					0.048***	0.037**
					(0.015)	(0.016)
其他控制变量		√		√		√
个体固定效应	√	√	√	√	√	√
区域×年份固定效应	√	√	√	√	√	√

续表

被解释变量	失业情况					
	(1)	(2)	(3)	(4)	(5)	(6)
观测值	14 696	14 696	14 696	14 696	15 843	15 843
R^2 值	0.240	0.249	0.239	0.242	0.235	0.239
个体组数	5 346	5 346	5 346	5 346	5 614	5 614

注：括号内为采用个体层面的聚类稳健标准误(Clustered Standard Errors)；*、**、*** 分别指在 10%、5%和 1%的显著性水平上显著(以下各表同)。

前文的分析结果显示，企业的“僵尸化”对劳动力市场总体而言呈现显著的挤出效应，将增加个体失业的概率。那么，当个体的失业概率提高时，最终是否会影响家庭消费呢？为此，我们进一步分析了地方政府维持僵尸企业造成的资源错配、企业自身因素导致的“僵尸化”以及两种因素共同作用下的僵尸企业对家庭消费的影响。表 5 中，(2)列显示企业自身因素导致的“僵尸化”显著降低家庭消费的水平；(1)列显示地方政府维持僵尸企业造成的资源错配虽然不会降低家庭消费，但也不会起到显著的提升作用；总的来看，(3)列显示，“僵尸化”企业对家庭消费虽然是正的，但受到来自企业自身因素的负面影响，对家庭消费的正面影响已大大降低，而且依然不显著。可见，虽然地方政府通过维持僵尸企业对家庭消费起到一定的稳定作用，但是在企业自身因素所导致的显著的负面影响下，其对家庭消费的稳定或提振作用被大大削弱，难以起到实质性的正面影响。

表 5　“僵尸化”企业对家庭消费的影响

被解释变量	家庭消费						
	(1)	(2)	(3)	(4)	(5)	(6)	(7)
		总债务		长期借款		短期借款	
$pzombie^l$	0.189						
	(0.175)						
$pzombie^f$		−0.143**		0.031		−0.122**	
		(0.062)		(0.037)		(0.051)	
$pzombie^T$			0.064		0.102***		0.009
			(0.043)		(0.030)		(0.044)
其他控制变量	√	√	√	√	√	√	√
个体固定效应	√	√	√	√	√	√	√
区域×年份固定效应	√	√	√	√	√	√	√

续表

被解释变量	家庭消费						
	(1)	(2)	(3)	(4)	(5)	(6)	(7)
	总债务			长期借款		短期借款	
观测值	16 789	16 789	18 219	16 789	18 219	16 789	18 219
R^2 值	0.215	0.216	0.206	0.215	0.206	0.216	0.206
个体组数	6 089	6 089	6 436	6 089	6 436	6 089	6 436

注：同表 4。

前文我们分析了僵尸企业对失业和家庭消费情况的影响，在本部分，通过对个体劳动参与情况的分析，我们进一步讨论了僵尸企业占据信贷资源的中长期影响。从表 6 所示的回归结果中，我们发现，虽然从地方宏观因素出发对僵尸企业的维持可以显著提高个体劳动参与的概率，但是由企业层面因素导致的僵尸企业过度占据资源将显著降低个体的劳动参与概率，而且这一挤出效应还占据了主导，僵尸企业过度占据资源总体而言会使得个体的劳动参与概率下降，虽然这一影响并不显著。这意味着，僵尸企业对劳动力市场的中长期影响虽然还没有显著体现，但是其负面影响可能已经开始显现。这是因为当前来看，僵尸企业占据信贷资源，尤其是企业层面因素导致的僵尸企业过度占据资源，更像是一个信贷冲击，虽然会导致个体失业概率上升，但由于没有持续导致大规模的经济下滑，所以个体退出劳动力市场的现象还没有大范围出现，影响还不是特别显著。

表 6　僵尸企业对个体劳动参与情况的影响

被解释变量	劳动参与情况						
	(1)	(2)	(3)	(4)	(5)	(6)	(7)
	总债务			长期借款		短期借款	
$pzombie^l$	0.218**						
	(0.107)						
$pzombie^f$		−0.091***		−0.048**		−0.037	
		(0.034)		(0.022)		(0.030)	
$pzombie^T$			−0.003		−0.020		0.009
			(0.021)		(0.017)		(0.023)
其他控制变量	√	√	√	√	√	√	√
个体固定效应	√	√	√	√	√	√	√
区域×年份固定效应	√	√	√	√	√	√	√

续表

被解释变量	劳动参与情况						
	(1)	(2)	(3)	(4)	(5)	(6)	(7)
	总债务			长期借款		短期借款	
观测值	18 459	18 459	19 894	18 459	19 894	18 459	19 894
R^2 值	0.066	0.067	0.064	0.066	0.064	0.066	0.064
个体组数	6 542	6 542	6 852	6 542	6 852	6 542	6 852

注:同表 4。

通过匹配家庭调查数据与上市企业数据,我们发现,维持僵尸企业不仅对促进就业、提振消费以及提高劳动参与率等关键指标没有积极作用,反而会对这些指标起到负面影响。这主要是因为虽然地方政府出于稳定家庭部门的目的,对僵尸企业的维持能起到一些其期待的正面作用,但是由僵尸企业自身因素对其他企业带来的负面冲击,对家庭部门关键变量的影响占据了主导。所以从最终结果来看,地方政府的政策意图难以实现。因此,课题组认为,对比地方政府维持僵尸企业所付出的成本和最终收益,还是需要坚持课题组在 2019 年年中报告中提到的"因企施策、因地制宜"地出清僵尸企业,出清僵尸企业才能真正促进我国经济迈向高质量发展。

(三)地方政府债务存在局部违约风险隐忧

截至 2019 年 12 月中旬,全国地方政府债券余额 21.1 万亿元,非债券形式债务余额 2 250 亿元,中央财政国债余额 16.28 万亿元。根据前三季度 GDP 总量和增速估算,我国 2019 年政府负债率约为 38.3%,比 2018 年上升 1.3 个百分点。如果把城投债余额 7.8 万亿元也计入地方债务,则地方显性债务余额为 28.9 万亿元,政府负债率达 46.3%。2019 年以来,由于债务置换基本完成,地方政府主要发行新增债券和置换债券。截至 11 月底,累计发行债券 1 086 只,合计发行总额 4.32 万亿元,总发行规模比 2018 年同期的 4.1 万亿元增长 5.4%。其中,新增债券 3.04 万亿元(含一般债券 0.91 万亿元、专项债券 2.13 万亿元),再融资债券 1.15 万亿元。此外,随着发行期限相关政策放开,地方债务发行期限明显上升,按金额加权的发行期限从 2019 年 1 月的 7.9 年持续上升至 11 月的 16.3 年,其中 10 月份加权发行期限达到 19.3 年。长期和超长期债券比例持续扩大。

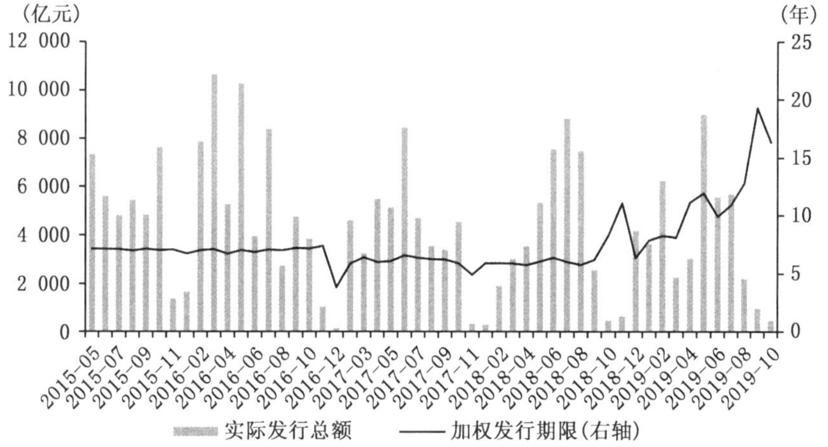

数据来源：Wind。

图 121　地方政府债券发行规模与加权发行期限

据课题组测算，地方债务规模较大的省份主要是江苏、浙江、山东、广东等东部经济大省，中西部省份中，四川、湖南和贵州紧随广东，分列第五到第七。如果计入地方政府承担实质偿还责任的城投债，则显性债务余额超过 1 万亿元的分别有江苏、浙江、山东、广东、四川、湖南、湖北、贵州、安徽和云南十个省份。按课题组估算的负债率①，贵州、青海和云南三个西部省份以及天津市均超过了 50%，其中贵州和青海更是超过 75%。另外，福建、河南、上海、山东、广东和西藏的负债率都在 25%以内。各省债债券余额增速较快的有贵州、青海、甘肃和山西等省份，增幅均超过 20%。各省份间债务结构和规模均存在巨大差异，总体上看，财政收支缺口②越大的省份，债务相对财政收入的比率也通常较高，相关系数为 0.23，但负债率与 GDP 增速的相关系数仅为 0.01，并且统计上不显著。

展望 2020 年，课题组认为，考虑到全年经济增长目标，预计 2020 年发行总额将有较大幅度的增长，其中专项债将作为短期经济提振政策的重要组成部分。原因有以下三点：一是经济增速下降压力。课题组在本

① 估算负债率为显性债务余额与上年 GDP 的比率。

② 财政收支缺口定义为地方公共财政收入与财政支出之差占财政支出的比例，数字越大表明财政收不抵支的缺口越大。

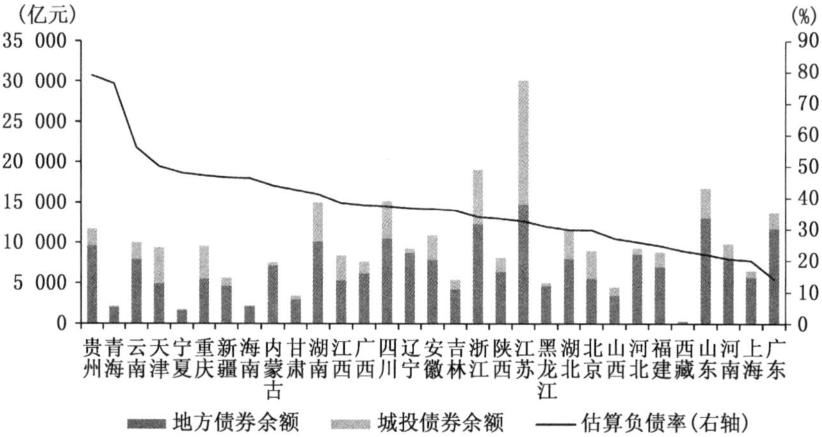

数据来源:上海财经大学高等研究院。

图 122　各省地方债务情况、GDP 增速与估算负债率

报告中从不同侧面分析了经济面临的内外不利环境及可能的政策选项，认为财政政策仍将是逆周期调节和保持经济平稳增长的主要手段。但 2019 年减税政策力度较大，进一步减税的空间有限，积极财政的着力点将主要集中于基础设施建设，财政部已于 11 月底提前下达 2020 年 1 万亿元用于基础设施重大项目的专项债新增额度。预计 2020 年还将继续大力发行新增专项债。二是债务到期压力。根据存量债务数据，2020 年开始地方存量债券陆续进入到期高峰，其中 2020 年将有 2.07 万亿元地方政府债券到期。如果考虑即将到期的 1.73 万亿元城投债，则全年地方政府将有至少 3.8 万亿元到期债务，相当于 2015 年全年发行的债券总量。2021～2024 年，全国地方债券到期余额还将继续上升。对部分财力薄弱的地方政府而言，未来逐渐累积的债务还本付息压力将会掣肘地方财政政策，很大部分债务只能通过再融资债券发行来周转。三是地方财政规范化。12 月中旬的中央经济工作会议继续明确了“房住不炒”的基本方针，随着棚改工作收尾，2020 年土地专项债也暂停发行，靠土地财政拉动经济的老路不通。同时，自 2019 年 7 月《政府投资条例》生效以来，国务院加大了对隐性债务的清理和监管力度，地方政府融资将更加规范，只能从表外走向表内。

地方政府债务期限结构以及地方政府债务规模都是决定地方政府债

务风险的关键因素，而除了大量的显性存量债务和可预见的债务增长之外，地方政府事实上还承担着难以准确估算和有效管控的隐形债务，其规模甚至可能远超显性债务，这意味着地方政府债务存在较大的局部违约风险。据英国《金融时报》报道，2019 年前 10 个月，中国法院已将 831 个地方政府列入失信被执行人名单。此外，地方政府累积拖欠款项从 2018 年的 41 亿元骤增到 2019 年的 69 亿元，地方政府潜在的违约风险不容忽视。因此，课题组结合地方政府债务期限结构和规模特征，根据中国经济运行的典型事实构建多部门 DSGE 模型，分析了地方政府债务违约对宏观经济运行的影响。

课题组发现，由于地方政府发行的债券绝大多数被银行持有，使得地方政府与银行部门之间的联系异常紧密，导致地方政府债务违约风险会在地方政府、银行部门以及实体经济部门之间相互传染，最终可能会使地方政府债务违约风险转化为更为严重的金融资金空转问题。

1. 地方政府债务期限结构对宏观经济运行的影响

课题组将地方政府债务期限结构引入 DSGE 模型之中，详尽地考察了地方政府债务期限结构对宏观经济的影响。研究发现，即使在不考虑地方政府债务违约的情况下，地方政府债务期限增加也会放大经济体所受到的负向冲击，如图 123 所示。当经济体遭受负向冲击时，相较于一年期地方政府债券，十年期地方政府债券价格下降幅度更大。从银行的角度来看，作为地方政府债券的主要持有者，银行面临的资本损失更为严重，导致其能够为实体经济提供的贷款规模下降更多，进一步加剧了实体经济运行困境。对地方政府而言，地方政府资产收入下降幅度更大，使得其为实体经济提供的公共资本数量严重下滑，造成实体经济的资本回报率下降。上述两方面原因叠加会诱使银行将更多资金用于银行间拆借，继而推高银行间同业拆借利率，进一步抬高实体经济贷款利率，造成实体经济融资困境加剧恶化。可见，地方政府债务期限增加会放大经济体所受到的负向冲击，致使经济遭受的负向影响更加深远。

2. 地方政府债务违约与金融体系资金空转

课题组进一步将地方政府债务违约纳入分析框架，考察地方政府债务违约与金融资金空转的内在联系。课题组通过对比地方政府债务不违约和违约两种情形发现：如图 124 所示，当地方政府债务发生违约时，银

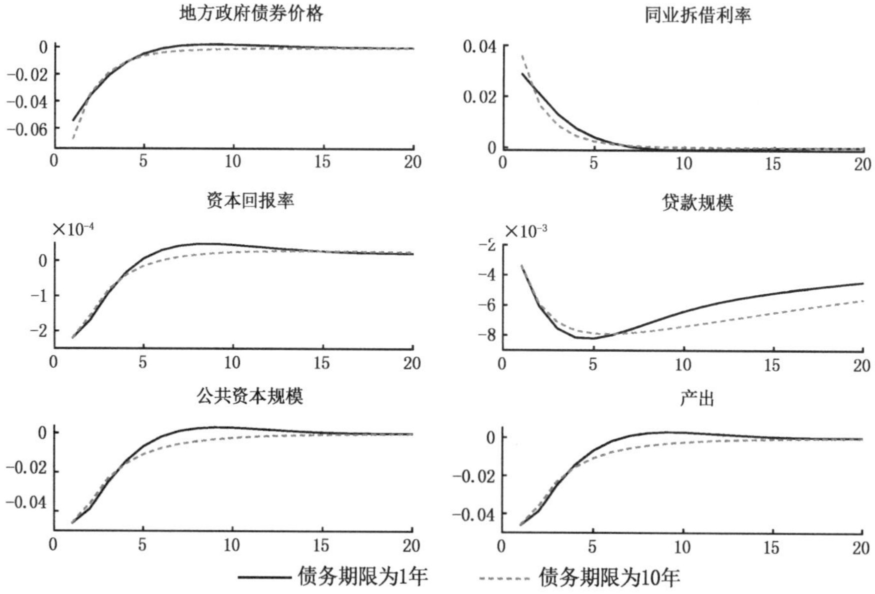

数据来源:上海财经大学高等研究院。

图 123　地方政府债务期限结构对经济体的影响

行持有地方政府债券的意愿下降,造成地方政府债券价格下降,使得地方政府财政融资规模下降,为保证财政收支平衡,地方政府会增加税收而减少生产性公共资本投资,导致实体经济经营环境恶化、投资回报率下降。对银行而言,地方政府债券价格下降,反过来会造成银行资产缩水,银行资本状况恶化,从而推高银行抵押贷款的融资成本,即银行吸收存款的利率和同业拆借的利率水平升高。在此情形下,追求利润最大化的商业银行,不愿意为实体经济提供贷款,而将资金用于内部自我循环,即资金空转的临界值增加得更多。资金在金融体系内部空转,即便最后资金流向实体经济,但由于过多的融资链条,也会抬高实体经济的融资成本,进一步加剧实体经济融资难、融资贵的困境。与此同时,银行通过同业业务进行资金空转,一旦一家银行发生资金断裂或风险问题,极易传染到其他银行,造成潜在的系统性风险。

综上所述,课题组发现,地方政府债务一旦违约,会以"蝴蝶效应"的方式,迅速蔓延到金融和实体经济领域,对整个经济运行造成巨大的负面影响。虽然从显性负债和省级数据上看,地方债务风险尚属可控范围,但

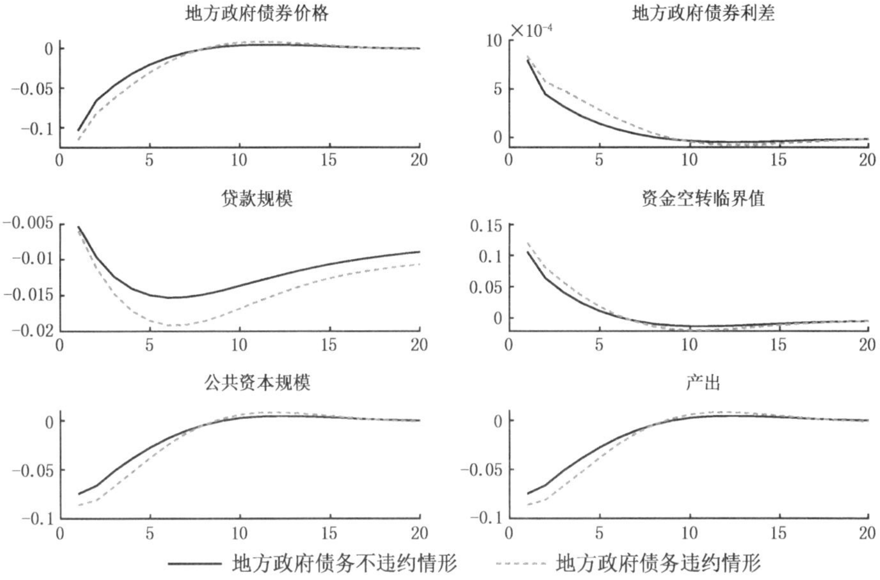

数据来源：上海财经大学高等研究院。

图 124　地方政府债务违约的影响

是仍然需要关注地方债务风险在部分财政实力薄弱地区爆发的潜在风险，在科学决策的基础上规范地方政府举债融资权限，加强债务发行管理和风险监控，确保地方政府的举债规模与财政承受能力相适应。同时，对中西部少数风险较为集中的高负债省份和城市，应提前准备应对预案，重点监管高负债地区过度建设开支、“三公”经费以及其他一般性支出，着力提高财政可持续性，并在必要时给予适度的政策倾斜和财政支持，避免局部债务违约风险爆发影响经济发展的大局。

（四）银行系统稳定性有所改善，五大国有行系统重要性再次上升

2019 年以来，国际政治经济环境发生深刻变化，国内经济下行压力加大，包商银行等事件在 2019 年对我国金融系统的稳定性造成一定冲击。2019 年 12 月召开的中央政治局会议明确指出，确保不发生系统性金融风险是 2020 年要坚决打好打赢的三大攻坚战之一。可见，金融风险的防控在我国未来经济工作中的重要性，而要防控金融风险首先需要精准识别风险点，才能进行有效的处置。长期以来，银行在我国金融系统中

占据主导地位,并且在未来较长时间内仍将维持这一格局,因此,识别金融系统的风险点关键在于识别银行中的潜在风险。

评估和分析各银行间以及金融系统的风险主要有两类模型:一类是简约模型,如在险价值模型(CoVaR)模型。这类模型主要利用较高频的(如日数据、周数据等)市场数据,通过分析这些数据的联动性来识别系统重要性银行。其主要优势在于可以利用高频数据及时发现系统或某些银行的异常情况;最大缺点在于假设前提非常强,例如 CoVaR 模型的隐含假设为市场是“半有效”或“强有效”的,如果市场是“弱有效”的,这方法则几乎无效。另一类是结构化模型,如网络模型。这类模型主要是基于金融机构间的关联网络[①]来识别系统重要性金融机构,并分析危机传染路径和范围并测算损失程度。其主要优势在于不要求市场是“半有效”或“强有效”,只要能够较全面和准确地构建出金融机构间网络就可以进行分析和测算其缺点也是明显的,即受制于金融机构财务数据公布频率,无法高频率地观测金融机构间网络的变化,从而及时更新危机传染路径和范围并测算损失程度。由于两类模型各自的优缺点都非常明显,为了准确地评估我国金融系统的稳定性并识别系统重要性金融机构,课题组分别用两种模型做了定量分析。

1. 基于 CoVaR 模型的分析

课题组从 Wind 股票数据库中选取了 2016 年 1 月 1 日至 2019 年 12 月 16 日在沪深两市上市至少两年的商业银行,共计 33 家商业银行[②]的日度数据作为样本数据。截至 2019 年第三季度,这 33 家银行的资产总额

① 金融机构间的关联网络主要是指各家金融机构两两之间的资产负债表的相互关系,具体定义以及构建方法将会在后文介绍。

② 按照证监会行业分类,目前我国上市银行共 37 家。其中包括 6 家大型国有商业银行:工商银行、农业银行、中国银行、建设银行、交通银行和邮储银行。8 家股份制银行:兴业银行、招商银行、浦发银行、中信银行、民生银行、光大银行、华夏银行和平安银行。23 家城市或农村商业银行:宁波银行、南京银行、北京银行、江苏银行、贵阳银行、江阴银行、无锡银行、常熟银行、杭州银行、上海银行、苏农银行、张家港农商银行、成都银行、江苏租赁、郑州银行、长沙银行、紫金银行、青岛银行、西安银行、青岛农商银行、苏州银行、重庆农商行和浙商银行。但邮储银行、苏州银行、重庆农商行和浙商银行的上市时间均在 2019 年 6 月以后,观测值数量均为未超过 100,由于 CoVaR 模型的分析是基于分位数回归的,在进行置信水平 5%的分析时,2019 年第二季度以后上市的银行的观测值数量不到 10,样本数太少,因此未纳入考察范围。

占我国商业银行资产总额的比例达75.6%[①]，代表性良好。在估计银行系统以及各家银行的VaR和CoVaR系数时，课题组用33家上市银行后复权日收盘价计算的各家银行的日收益率表示各银行的运行情况，用中证沪深300商业银行全收益指数日收盘指数计算的日收益率表示银行系统的运行情况。表7列出了样本区间内，中证沪深300商业银行全收益指数日收益率以及各家商业银行后复权日收益率的统计描述。

表7　　银行业全收益指数收益率和33家上市银行收益率统计描述

股票代码	中文简称	观测数	均值(%)	标准差(%)	最小值(%)	最大值(%)
	银行业指数	964	0.03	1.08	−4.64	6.41
000001.SZ	平安银行	964	0.06	1.79	−8.03	8.39
002142.SZ	宁波银行	964	0.10	1.82	−7.50	7.39
002807.SZ	江阴银行	799	−0.02	2.81	−10.55	9.59
002839.SZ	张家港行	705	−0.01	3.20	−10.56	9.58
002936.SZ	郑州银行	300	−0.11	2.29	−10.49	9.57
002948.SZ	青岛银行	223	−0.04	2.59	−10.52	9.56
002958.SZ	青农商行	179	0.04	3.26	−7.75	9.59
600000.SH	浦发银行	964	0.00	1.26	−8.36	9.57
600015.SH	华夏银行	964	−0.02	1.21	−7.02	6.55
600016.SH	民生银行	964	−0.01	1.09	−6.54	6.99
600036.SH	招商银行	964	0.09	1.60	−6.66	6.64
600901.SH	江苏租赁	439	−0.08	2.51	−10.56	9.54
600908.SH	无锡银行	786	−0.01	2.69	−10.54	9.57
600919.SH	江苏银行	822	−0.02	1.47	−6.00	9.51
600926.SH	杭州银行	767	−0.01	1.66	−7.92	9.54
600928.SH	西安银行	196	0.03	3.24	−9.62	9.59
601009.SH	南京银行	964	0.03	1.57	−7.02	6.63

① 截至2019年第三季度，33家样本银行资产总和约为172.2万亿元，我国商业银行资产总和约为227.8万亿元。

续表

股票代码	中文简称	观测数	均值(%)	标准差(%)	最小值(%)	最大值(%)
601128.SH	常熟银行	781	0.05	2.55	－10.50	9.59
601166.SH	兴业银行	964	0.03	1.23	－5.05	7.75
601169.SH	北京银行	964	－0.01	1.08	－5.62	6.37
601229.SH	上海银行	753	－0.01	1.43	－10.52	9.53
601288.SH	农业银行	964	0.03	1.07	－5.45	6.84
601328.SH	交通银行	964	0.00	1.07	－5.92	5.43
601398.SH	工商银行	964	0.04	1.17	－5.99	6.12
601577.SH	长沙银行	296	－0.08	2.24	－10.17	9.57
601818.SH	光大银行	964	0.02	1.27	－5.26	6.90
601838.SH	成都银行	455	－0.02	2.37	－10.15	9.59
601860.SH	紫金银行	232	0.08	3.74	－10.54	9.60
601939.SH	建设银行	964	0.04	1.35	－6.14	7.95
601988.SH	中国银行	964	0.01	1.03	－5.99	6.17
601997.SH	贵阳银行	812	0.02	1.80	－7.61	9.56
601998.SH	中信银行	964	0.00	1.46	－6.81	9.26
603323.SH	苏农银行	744	－0.04	2.64	－10.54	9.57

数据来源:上海财经大学高等研究院、Wind。

首先,当单家银行受到使其产生最大损失的外部冲击时,课题组估算了每家银行自身将受到的损失,即在险价值(Value at Risk,VaR),但是VaR并没有考虑单家银行风险溢出的影响,即单家银行遭受冲击并发生损失时引起的系统中其他银行产生的损失。为了考察每家银行在遭受冲击时的风险溢出效应,课题组还估算了每家银行的条件在险价值(Conditional Value at Risk,CoVaR)。每家银行风险溢出的影响用CoVaR和VaR之差表示,即ΔCoVaR＝CoVaR－VaR。课题组还计算了ΔCoVaR/VaR来衡量每家银行自身遭受将产生最大损失的外部冲击时,其引发的系统中其他银行的损失与其造成的总损失的比例。

表 8　33 家上市银行在险价值和条件在险价值——单家银行自身遭受外部冲击时①

股票代码	中文简称	VaR(%)	CoVaR(%)	ΔCoVaR(%)	ΔCoVaR/VaR
000001.SZ	平安银行	−2.29	−2.50	−0.22	0.09
002142.SZ	宁波银行	−2.43	−2.84	−0.41	0.17
002807.SZ	江阴银行	−2.51	−2.50	0.01	0.00
002839.SZ	张家港行	−2.47	−2.46	0.01	0.00
002936.SZ	郑州银行	−2.53	−2.51	0.01	−0.01
002948.SZ	青岛银行	−2.36	−2.37	−0.01	0.01
002958.SZ	青农商行	−2.02	−1.99	0.03	−0.01
600000.SH	浦发银行	−2.23	−2.73	−0.50	0.22
600015.SH	华夏银行	−2.26	−2.74	−0.48	0.21
600016.SH	民生银行	−2.46	−3.29	−0.84	0.34
600036.SH	招商银行	−2.29	−2.85	−0.57	0.25
600901.SH	江苏租赁	−2.67	−2.67	0.00	0.00
600908.SH	无锡银行	−2.55	−2.61	−0.06	0.02
600919.SH	江苏银行	−2.57	−2.73	−0.16	0.06
600926.SH	杭州银行	−2.58	−2.72	−0.15	0.06
600928.SH	西安银行	−2.18	−2.31	−0.13	0.06
601009.SH	南京银行	−2.35	−2.74	−0.40	0.17
601128.SH	常熟银行	−2.54	−2.57	−0.03	0.01
601166.SH	兴业银行	−2.17	−2.84	−0.67	0.31
601169.SH	北京银行	−2.46	−3.14	−0.68	0.27
601229.SH	上海银行	−2.54	−2.84	−0.30	0.12
601288.SH	农业银行	−2.32	−3.07	−0.74	0.32
601328.SH	交通银行	−2.25	−3.04	−0.79	0.35
601398.SH	工商银行	−2.35	−3.20	−0.85	0.36
601577.SH	长沙银行	−2.46	−2.46	0.00	0.00
601818.SH	光大银行	−2.31	−2.95	−0.64	0.28

① 作为稳健性检验，课题组还进行了置信水平为 10%时单家银行遭受冲击时的风险分解分析，结论与置信水平为 5%时基本一致。

续表

股票代码	中文简称	VaR(%)	CoVaR(%)	ΔCoVaR(%)	ΔCoVaR/VaR
601838.SH	成都银行	－2.73	－2.79	－0.06	0.02
601860.SH	紫金银行	－2.07	－2.18	－0.11	0.05
601939.SH	建设银行	－2.34	－2.96	－0.62	0.27
601988.SH	中国银行	－2.27	－3.05	－0.78	0.34
601997.SH	贵阳银行	－2.57	－2.78	－0.21	0.08
601998.SH	中信银行	－2.45	－3.01	－0.56	0.23
603323.SH	苏农银行	－2.60	－2.61	－0.01	0.00

数据来源:上海财经大学高等研究院。

表8列出了在5%的置信水平下每家样本银行自身受到使其产生最大损失的外部冲击时,其自身受到的损失和对整个银行系统的影响。从表中可以看出,我国上市银行中每家银行受到将使其产生最大损失的外部冲击时,如果不考虑风险溢出效应,已没有日均VaR超过3.0%的银行,而2018年年末和2019年第二季度末这一数字分别为13家和3家,2019年以来银行个体风险下降的趋势得以延续。按银行类型来看,五大国有商业银行和其他银行的日均VaR的平均水平分别为2.3%和2.4%,其他银行的日均VaR较五大国有商业银行高0.11个百分点,较2019年第二季度末的0.23个百分点明显下降。这说明非国有五大行的个体风险水平虽依然高于国有五大行,但二者之间的差距在持续缩小。从ΔCoVaR/VaR来看,五大国有商业银行和其他银行的风险平均溢出比例分别为32.8%和10.8%,国有五大行风险溢出的损失占其造成的总损失的比例较其他银行风险溢出的损失比例高出22%,较2019年第二季度末的18.4%显著上升。可见,虽然整体而言我国商业银行的个体风险有所下降,但五大国有商业银行的个体风险对整个银行系统的影响再次上升,在持续关注中小银行风险隐患的同时,国有五大商业银行系统重要性的上升值得特别关注。

其次,课题组还考虑了当整个银行系统遭受将使其产生最大损失的外部冲击时,在不考虑各银行会产生反馈式风险溢出的情况下系统性冲击对每家银行造成的损失(即在险价值,VaR),以及在考虑各银行会产生反馈式风险溢出的情况下系统性冲击对各家银行造成的损失(即条件在险价值，CoVaR)，并计算了反馈式风险溢出程度(即条件在险价值与在险价值之差，ΔCoVaR＝CoVaR－VaR)和风险溢出率(ΔCoVaR/VaR)。表9列出了在5％的置信水平下每家样本银行遭受系统性冲击时，其自身受到的损失和对整个银行系统的影响。

表9　33家上市银行在险价值和条件在险价值——银行系统遭受外部冲击时[①]

股票代码	中文简称	VaR(％)	CoVaR(％)	ΔCoVaR(％)	ΔCoVaR/VaR
000001.SZ	平安银行	－3.33	－3.91	－0.57	0.17
002142.SZ	宁波银行	－3.84	－4.49	－0.65	0.17
002807.SZ	江阴银行	－3.37	－2.93	0.44	－0.13
002839.SZ	张家港行	－4.41	－4.14	0.27	－0.06
002936.SZ	郑州银行	－3.61	－3.62	－0.01	0.00
002948.SZ	青岛银行	－3.20	－2.79	0.41	－0.13
002958.SZ	青农商行	－3.26	－3.04	0.22	－0.07
600000.SH	浦发银行	－3.21	－3.69	－0.48	0.15
600015.SH	华夏银行	－2.56	－3.00	－0.44	0.17
600016.SH	民生银行	－3.00	－3.69	－0.69	0.23
600036.SH	招商银行	－3.75	－4.49	－0.74	0.20
600901.SH	江苏租赁	－3.36	－3.13	0.23	－0.07
600908.SH	无锡银行	－4.80	－5.10	－0.30	0.06
600919.SH	江苏银行	－3.25	－3.56	－0.30	0.09
600926.SH	杭州银行	－3.70	－4.02	－0.31	0.08
600928.SH	西安银行	－2.80	－2.26	0.55	－0.19
601009.SH	南京银行	－3.38	－3.92	－0.54	0.16
601128.SH	常熟银行	－4.03	4.07	－0.04	0.01
601166.SH	兴业银行	－2.98	－3.47	－0.49	0.16
601169.SH	北京银行	－2.90	－3.48	－0.59	0.20
601229.SH	上海银行	－3.58	－4.06	－0.48	0.13
601288.SH	农业银行	－2.98	－3.52	－0.54	0.18

① 作为稳健性检验，课题组还进行了置信水平为10％时银行系统遭受冲击时的风险分解分析，结论与置信水平为5％时基本一致。

续表

股票代码	中文简称	VaR(%)	CoVaR(%)	ΔCoVaR(%)	ΔCoVaR/VaR
601328.SH	交通银行	－2.80	－3.27	－0.47	0.17
601398.SH	工商银行	－3.39	－4.08	－0.69	0.20
601577.SH	长沙银行	－3.54	－3.68	－0.14	0.04
601818.SH	光大银行	－3.05	－3.62	－0.57	0.19
601838.SH	成都银行	－4.13	－4.42	－0.29	0.07
601860.SH	紫金银行	－3.57	－2.95	0.62	－0.17
601939.SH	建设银行	－3.32	－3.97	－0.65	0.20
601988.SH	中国银行	－2.83	－3.33	－0.49	0.17
601997.SH	贵阳银行	－4.11	－4.80	－0.70	0.17
601998.SH	中信银行	－3.36	－4.02	－0.66	0.20
603323.SH	苏农银行	－3.87	－3.75	0.11	－0.03

数据来源:上海财经大学高等研究院。

从表9可以看出,当整个银行系统遭受将使其产生最大损失的外部冲击时,在不考虑风险溢出效应时,日均VaR超过4%的银行有5家,与2019年第二季度末数量持平,较2018年年末多出3家,而且五大国有商业银行的损失不仅不再是最大的,反而是较小的。平均而言,国有五大行的日均损失较其他股份制银行、城市商业银行和农村商业银行小0.44%,国有五大行抗击系统性风险的能力较其他银行依然更强。考虑各家银行风险的溢出效应时,风险溢出程度(即ΔCoVaR)最高的是招商银行、贵阳银行、民生银行和工商银行,而风险溢出程度最小的不再只是国有大型商业银行,也包括其他一些中小银行。从ΔCoVaR/VaR来看,除了五大国有银行外,其他银行的风险溢出率较2019年第二季度末均延续了下降的趋势,系统性风险点再次向五大国有银行集中。平均而言,当整个银行系统遭受巨大外部冲击时,国有五大行对系统溢出的风险占其总损失的比例较其他股份制银行、城商行和农商行高12%,较2019年第二季度末上升2个百分点。在出现系统性风险时国有五大行的风险溢出率明显高于其他银行,但其他股份制银行、城商行和农商行的风险溢出比例个体差异较大,有的个别银行的风险溢出比例甚至高于国有大型商业银行。在2019年年中报告中,课题组认为国有大行抗击系统性风险的能力虽然依然强于其他银行，但其他商业银行的个体风险上升速度较快，其系统重要性正持续上升。而基于最新的分析结果，课题组发现银行系统的系统风险发生了新的变化，即国有大行抗击系统性风险的能力虽然依然强于其他银行，但是系统性风险的风险点重新向五大国有商业银行集中，在持续关注中小银行的同时，需要注意到五大国有商业银行的稳定对银行系统稳定的重要性进一步上升。

2. 基于网络模型的分析

由于数据的限制，基于 CoVaR 模型的分析只能考察上市银行与银行系统的关系。那么，CoVaR 模型只能识别上市银行中的系统重要性银行，而不能对非上市银行进行考察，也不能识别风险传染的路径以及传染范围。因此，课题组在上市银行的基础上，将三家政策性银行[①]、更多的城市商业银行和农村商业银行纳入考察范围，构建了银行间的关系网络。基于该网络，在假定金融系统整体受到外部冲击并引发银行间双边头寸清算的情况下，课题组分析了危机传染路径和传染范围，并测算了损失程度，从而对整个银行系统的稳定性进行评估并对系统重要性金融机构进行识别。

我们在剔除了数据缺失的银行后，选取了 2009～2018 年银行相关数据作为样本，包括 3 家政策性银行、5 家大型国有商业银行、11 家股份制银行以及众多城市和农村商业银行的数据，分析了我国银行间同业市场网络的特点。传统文献中，同业资产的定义为存放在国内同业的款项和拆放给国内同业的款项之和 同业负债项的定义则为同业存放在本行的款项与同业拆放给本行的款项之和。但随着我国金融系统的快速发展，同业业务已经不再局限于同业拆放。因此，课题组在原有文献的基础上对同业资产和同业负债的定义进行了拓展。[②] 其中，拓展的同业资产为存放同业款项、拆出资金净额和买入返售金融资产净额之和；而拓展的同业负债为同业及其他金融机构存放款项、拆入资金和卖出回购金融资产

---

① 3 家政策性银行分别是国家开发银行、中国进出口银行和中国农业发展银行。

② 虽然课题组对同业资产和负债的定义进行了拓展，但是课题组仍然在原有定义下估计了金融机构间同业网络，并做了与正文中同样的分析，发现所得结果与正文中的结果类似。因此，课题组现将基于传统定义的同业网络所做分析作为稳健性检验，为现有分析提供参考。受篇幅所限，具体结果不再详细列举。

之和。[①] 如图 125 所示，自 2013 年以来，我国银行间同业资产和同业负债之比开始迅速大幅度下降，从 2013 年的 0.96 下降至 2018 年的 0.51。总体而言，呈现银行大量从同业市场融入资金投向非同业业务的特征。而分银行的性质来看，从图 126 中，可以看出在同业市场上，净融出资金的(即同业资产与同业负债之比大于 1 的)主要是农商行以及其他性质的商业银行，而政策性银行、五大国有商业银行、股份制银行以及城商行整体呈现资金净融入的状态，尤其是 2014 年以来股份制大行和城商行在同业市场上的行为发生了很大的转变，从总体均衡的状态变成了净融入资金的状态。这也与越来越多中小银行流动性日益趋紧的现象相印证，因为大中型银行在同业市场向净融入资金状态的转变，挤出了中小银行流动性的可获得性。

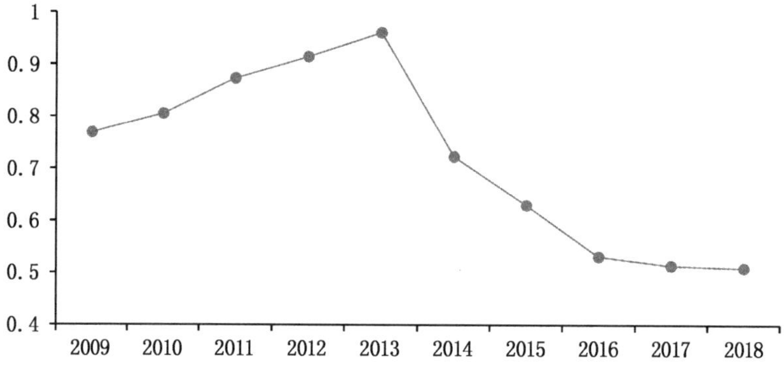

数据来源：上海财经大学高等研究院、ORBIS Bank Focus。

图 125　我国银行间同业资产与同业负债之比

进一步地，我们还分别从资产和负债两个方面分析了银行同业市场的市场结构特点。如图 127 所示，我们发现同业市场，不论从资金融出(同业资产)方还是从资金融入(同业负债)方来看，市场集中度自 2017 年以来不断升高。而且从资金融出和融入规模的变异系数来看，呈现更快上升的趋势，这说明风险又向大行集中。

---

① 在课题组 2017 年发布的《中国宏观经济形势分析与预测年度报告(2017－2018)》中，课题组将拓展的同业负债定义为同业及其他金融机构存放款项、拆入资金、卖出回购金融资产和应付债券之和，但由于 ORBIS Bank Focus 数据库中没有应付债券的数据，因此在本次报告中将应付债券略去。

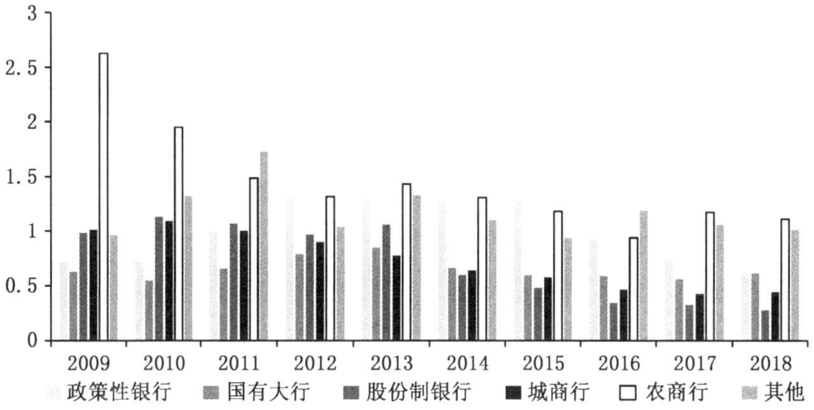

数据来源：上海财经大学高等研究院、ORBIS Bank Focus。

图 126　我国银行间同业资产与同业负债之比：按银行性质分

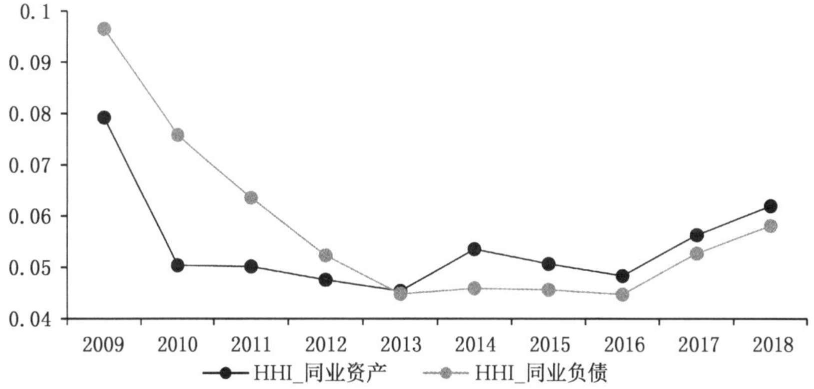

数据来源：上海财经大学高等研究院、ORBIS Bank Focus。

图 127　银行同业资产和同业负债分布的集中度

由于同业资产（负债）中的存放同业款项和拆出资金净额（同业及其他金融机构存放款项和拆入资金）主要是无质押的信用类业务，而买入返售金融资产和卖出回购金融资产主要是质押类业务，因此课题组还从资产和负债两个方面分析了信用类和质押类同业业务的市场集中情况。其中，信用类同业业务的市场集中程度如图 128 所示，其变化趋势与总的同业资产和负债分布集中程度的变化趋势类似，信用类同业资金的融入和融出都变得更加集中了。一方面，这与中小金融机构风险加大有关，大型商业银行的安全边际更高,大多数中小银行倾向于把钱存在大行,这就使得同业负债向大中型银行集中。反之,同业负债向大中型银行集中,也使得其流动性更充足,同业资产规模更大,即同业资产也向大中型银行集中。由此可见,虽然信用类同业业务的风险水平是最低的(即发生违约的概率最低),但银行间市场的信用类同业业务的风险点和风险来源都更集中。

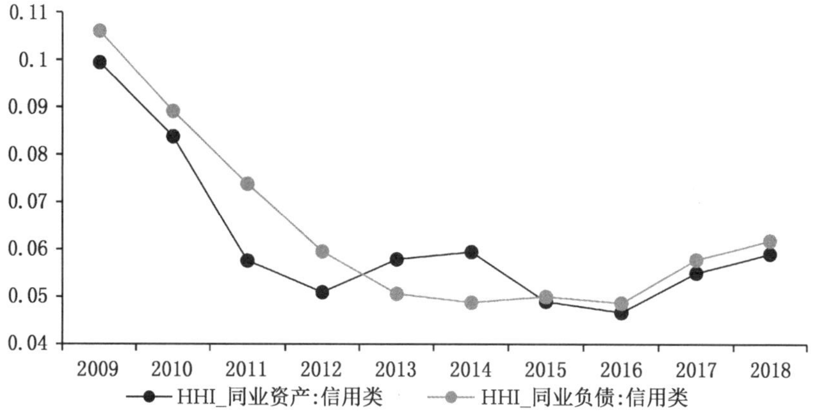

数据来源:上海财经大学高等研究院、ORBIS Bank Focus。

图 128　信用类银行同业资产和同业负债分布的集中度

质押类同业业务的市场集中程度如图 129 所示。进入 2018 年以来,从资产方来看,其变化趋势与总的同业资产或信用类同业资产是一致的,即市场集中度在持续上升,质押类同业业务的风险点越来越集中。但是,从负债方来看,进入 2018 年以来,其市场集中度不但没有继续上升,反而呈现较大幅度的下降,说明质押类同业负债的分布越来越分散,此类业务的风险来源也变得越来越分散。而且质押类同业负债的变异系数呈现下降趋势,说明集中在大型银行的风险爆发点其导火索变得更加分散了,而且分散在更多中小银行,这加大了维持市场稳定的难度,对课题组准确地识别风险点以及风险来源提出了更高的要求。

为了更精准地识别银行系统的风险点以及风险来源,课题组从 ORBIS Bank Focus 数据库中剔除了数据缺失的银行和其他金融机构后,选取了 2018 年年末共计 223 家银行的相关数据作为样本。其中,包括 3 家政策性银行、5 家大型国有商业银行、11 家股份制银行以及 204 家城市和

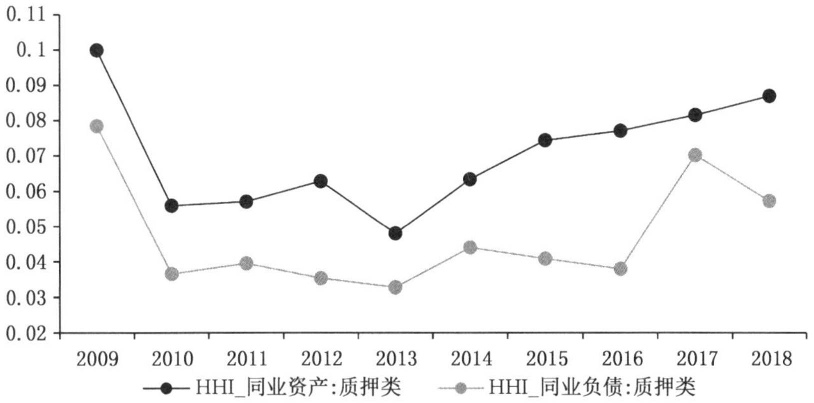

数据来源:上海财经大学高等研究院、ORBIS Bank Focus。

图 129 质押类银行同业资产和同业负债分布的集中度

农村商业银行。由于该样本已包括我国所有大中型银行、众多城市和农村商业银行,因此课题组假设该样本完全代表我国金融机构同业市场的参与者。根据相关文献①,银行间的关联网络是通过各家银行在同业市场的双边头寸建立起来的。理想状态是能够获取每家银行与系统中其他各家银行在同业市场的双边头寸,可是在实际操作中,我国的金融机构并不需要披露与其他金融机构在同业市场的双边头寸,而只需在财务报表中披露同业市场拆入和拆出的总头寸数据。因此,课题组利用最大熵方法估计出 2018 年样本金融机构在同业市场的双边头寸数据,并将其写成了借贷关系矩阵以便分析。

基于我们所估计的 2018 年样本金融机构在同业市场的借贷关系矩阵,课题组通过模拟由于每家金融机构破产导致对其他金融机构的负债无法偿还而致使其他金融机构破产的数目或整个金融系统的系统性损失(即所有者权益的损失)是否超过某个临界值来确定其是否为系统重要性金融机构。② 通过模拟,课题组发现,与 2018 年年末不同的是,工商银行

① 马君潞,范小云,曹元涛. 中国银行间市场双边传染的风险估测及其系统性特征分布[J]. 经济研究,2007(1),68－78＋142. 范小云,王道平,刘澜飚. 规模、关联性与中国系统重要性银行的衡量[J]. 金融研究,2012(11),16－30. Upper, Christian and Andreas Worms. Estimating Bilateral Exposures in the German Interbank Market: Is There a Danger of Contagion? [J]. European Economic Review,2004(48):827－849.

② 课题组以 1%为间隔,模拟了违约率(即对手银行损失率)从 1%到 100%的各种情况。

和中国银行不再会引发其他金融机构破产，只有国家开发银行仍可能引发6家其他金融机构破产，但不会引起“二次传染”。这与课题组2018年年终报告的情况出现了较大变化，随着金融去杠杆和稳杠杆的深入推进，可能引发其他金融机构破产的重要金融机构由3家减少为1家，而且发生危机时波及的范围也大大缩小了。

如果以引发系统性损失的大小来定义系统重要性金融机构，以下金融机构会造成1万亿元以上的系统损失：国家开发银行，中国银行，建设银行，工商银行，农业银行，交通银行，浦发银行，民生银行；以下金融机构会造成1.5万亿元以上的系统损失：国家开发银行，中国银行，工商银行；造成2万亿元以上的系统损失的则只有国家开发银行。以上数据与2018年年末的报告中所报告的结果相比，银行系统中会造成重大损失的银行数目以及可能造成的损失规模明显减少，例如会造成1万亿元以上损失的银行数目从12家减少至8家，以及单家银行可能造成的最大损失规模没有超过3万亿元的了，而在2018年年终报告中，我们发现可能造成的最大损失规模超过3万亿元的银行多达6家。总体而言，我国银行系统的安全边际有明显提高。但需要注意的是，虽然我国金融市场同业网络整体稳定性有一定的改善，但五大国有商业银行的稳定性再次值得特别关注。因为不论是利用高频数据的CoVaR模型还是低频数据网络模型都显示，当前我国银行系统的风险再次向五大国有商业银行集中。

(五)不确定性增加，金融服务实体经济质效下降

金融作为现代经济的血脉，为实体经济服务是其内在的天职和宗旨。近年来，我国金融体系服务实体经济的功能逐渐弱化已是不争的事实。一方面，实体经济多样化的金融需求仍未得到有效满足，“融资难、融资贵”问题异常严峻，拖累了经济高质量发展；另一方面，大量金融资源在金融体系内空转套利，“脱实向虚”问题突出，背离了金融服务实体经济的初衷。对此，中央政府高度重视。如党的十九大报告明确提出要求，要“深化金融体制改革，增强金融服务实体经济的能力”；2019年年底的中央经济工作会议更是明确要求，“金融要为经济高质量发展提供有力、精准支撑”。商业银行是现代金融体系的关键支撑，根据现代金融中介理论，银

行主要通过流动性创造职能服务实体经济（Berger and Bouwman，2009）。[①] 可以说，在我国以商业银行为主导的金融体系下，金融服务实体经济能力主要表现为银行流动性创造水平的高低。

进入 2018 年后，伴随而来的是经济政策不确定性指数不断攀升新高，致使经济主体难以对政策的出台时间、未来走向、执行力度以及执行效果等方面进行提前预知。作为商业银行难以规避的系统性风险，经济政策不确定性必然会影响银行信贷决策，进而影响其流动性创造行为。如图 130 所示，经济政策不确定性越高，银行贷款审批指数越低，意味着经济政策不确定性增加会使得银行收紧信贷审批条件，银行“惜贷”行为更加明显。那么，在我国经济政策不确定性不断攀升的背景下，经济政策不确定性是影响银行流动性创造的主要因素吗？经济政策不确定性又将如何影响银行表内和表外流动性创造？进一步地，随着时间的推移，经济政策不确定性对银行流动性创造的影响将如何变化？是增强，还是减弱？

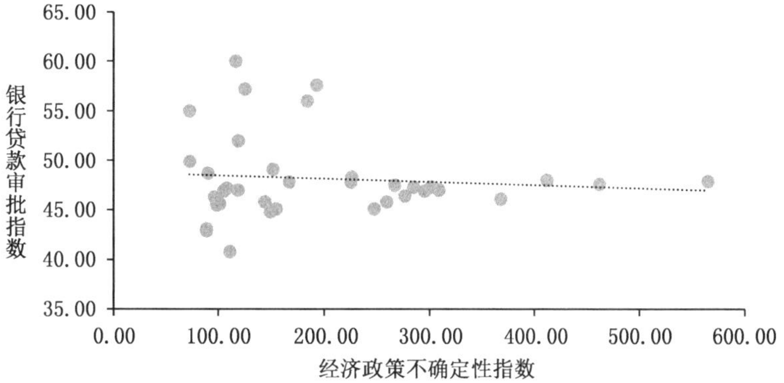

数据来源：http://www.policyuncertainty.com、中国人民银行、上海财经大学高等研究院。

图 130　经济政策不确定性与银行贷款审批指数

为探究这些问题，课题组接下来综合利用中国经济政策不确定性指数和 161 家商业银行非平衡面板数据，实证分析经济政策不确定性对银行流动性创造的影响。本部分其余内容安排如下：第一，介绍数据来源和

① Berger，A. N.，Bouwman，C. H. S. Bank Liquidity Creation[J]. The Review of Financial Studies，2009，22(9)：3779－3837.

变量定义;第二,分析经济政策不确定性对银行流动性创造的影响;第三,探究经济政策不确定性对银行流动性创造各组成部分的影响和经济政策不确定性对银行流动性创造影响的长期动态变化;第四,总结。

1. 数据来源和变量定义

课题组选取我国 161 家商业银行共 1 371 个年度观察值为研究样本,其中包括 5 家大型国有商业银行、12 家股份制商业银行、105 家城市商业银行和 39 家农村商业银行。样本基本涵盖了我国所有类型的商业银行,历年样本银行总资产占银行业总资产的比重一直维持在 78.79% 以上,基本能够反映我国银行业整体状况,具有较高的代表性。在数据来源方面,银行层面数据主要来源于中国研究数据服务平台(Chinese Research Data Services Platform,CNRDS),其中部分变量的缺失数据利用全球银行与金融机构分析库(ORBIS Bank Focus)、银行历年年报以及历年《中国金融年鉴》最大限度地手工将其补齐。宏观经济层面数据来源于 CEIC 数据库、历年《中国统计年鉴》和中国人民银行官方网站。

关于银行流动性创造的界定,考虑到中美银行经营业务模式和统计业务科目存在明显差异,课题组在 Berger 和 Bouwman(2009)方法基础上,立足于我国商业银行业具体经营实践状况,构造银行流动性创造指标。

具体地,主要分为以下三个步骤:第一步,课题组根据银行获得流动性资金满足客户需求的难易程度、交易成本和所需时间,将资产负债表和表外业务中的各科目分为流动性(liquid)、半流动性(semiliquid)和非流动性(illiquid)三类。第二步,对第一步中的各科目赋予不同权重,将非流动性资产和流动性负债赋予 0.5 的权重,将半流动性资产和半流动性负债赋予 0 的权重,将流动性资产和非流动性负债赋予－0.5 的权重。由于表外业务与资产业务类似,按照同样的逻辑,将非流动性、半流动性和流动性表外业务分别赋予 0.5、0 和－0.5 的权重。第三步,根据前两步的科目分类和权重值,加权求和获得银行流动性创造指标。具体计算公式为:

银行流动性创造＝0.5×(非流动性资产＋流动性负债＋非流动性表外业务)＋0×(半流动性资产＋半流动性负债＋半流动性表外业务)－0.5×(半流动性负债＋流动性资产＋流动性表外业务)

为确保流动性创造在不同银行之间具有可比性,同时剔除规模因素对银行流动性创造的影响，课题组采用银行流动性创造与总资产之比，即单位资产的流动性创造水平(LC)作为银行流动性创造的代理变量。类似地，课题组还构建了银行表内流动性创造(LC_BS)和表外流动性创造(LC_OF)指标。

关于经济政策不确定性变量(EPU)，课题组采用斯坦福大学和芝加哥大学联合发布的中国经济政策不确定性指数作为经济政策不确定性的代理指标。该指数以中国香港地区发行量最大的英文报纸《南华早报》(*South China Morning Post*)[①]作为新闻报道检索平台，通过识别并量化与经济政策不确定性相关的报道，并用与经济政策不确定性有关的文章数与当月刊发文章总数的比值衡量经济政策不确定性指数。由于经济政策不确定性指数为月度数据，为更好地与银行年度数据匹配，采取年度算术平均值的计算方法，将月度经济政策不确定性指数转化为年度数据。此外，为保持各变量的回归系数数量级一致，将所得年度经济政策不确定性指数进行除以 100 的技术处理。

课题组选取的控制变量包括银行层面控制变量和宏观经济层面控制变量。其中，反映银行层面的控制变量有：资产规模(Asset)，采用银行总资产的自然对数表示；盈利能力(ROA)，采用总资产回报率表示；资本充足率(CAR)，采用银行资本净额与风险加权资产的比值表示；不良贷款率(NPL)，采用不良贷款占总贷款余额比值表示；贷存比(LDR)，采用贷款总额与存款总额的比值表示；运营效率(CIR)，采用运营成本与总收入的比值表示；Lerner 指数(ALR)，采用经税前利润调整的 Lerner 指数作为银行市场势力的代理变量。反映宏观经济层面的控制变量包括：GDP 增速(GDPR)，采用 GDP 的年增长率表示。货币政策(MP)，随着我国利率市场化进程不断深化完善，上海同业拆借利率(Shibor)的基准利率属性日益增强，故课题组采用银行间 7 天同业拆借利率作为货币政策代理变量，并利用加权平均计算方法获取年度值。

表 10 报告了变量的描述性统计结果。可以看出，样本中银行流动性创造的均值为 0.460 5，表示银行 1 单位资产可以创造 0.460 5 单位的流

① 中国香港地区的《南华早报》创刊于 1903 年，是香港地区乃至亚洲最大、最具影响力的英文报纸，其对我国经济政策的跟踪报道非常及时准确，读者多为政界、商界的高层人士。将其作为新闻报道检索平台可以保证检索范围的全面性和准确性。

动性;银行流动性创造的最小值为－0.786,意味着有些银行不仅没有向市场提供流动性,反而在吸收市场的流动性。表内流动性创造(LC_BS)的均值为 0.452 3,而表外流动性创造的均值仅为 0.008 2,说明我国银行流动性创造主要以表内流动性创造为主。经济政策不确定性(EPU)的均值为 2.190 6,中位数为 1.790 4,标准差为 1.147 7,意味着样本期间内经济政策不确定性波动较大。

表 10　　各变量描述性统计

变量	变量含义与说明	观测值	均值	标准差	最小值	中位数	最大值
LC	单位资产的流动性创造	1 371	0.460 5	0.128 9	－0.078 6	0.470 5	0.771 4
LC_BS	单位资产的表内流动性创造	1 371	0.452 3	0.108 5	－0.078 5	0.468 3	0.623 1
LC_OF	单位资产的表外流动性创造	1 371	0.008 2	0.066 1	－0.181 8	0	0.220 4
EPU	经济政策不确定性指数/100	1 371	2.190 6	1.147 6	0.988 9	1.790 4	4.604 7
Asset	银行资产规模	1 371	0.564 0	1.838 4	0.005 6	0.057 8	11.167 8
ROA	资产收益率(%)	1 371	1.024 3	0.363 0	0.164 3	1.000 0	2.075 3
CAR	资本充足率(%)	1 371	13.331 9	2.748 9	8.580 0	12.790 0	26.380 0
NPL	不良贷款率(%)	1 371	1.389 1	0.900 7	0.050 0	1.210 0	5.620 0
LDR	贷存比(%)	1 371	63.551 6	11.035 2	30.088 5	65.384 6	89.847 7
CIR	成本收入比(%)	1 371	34.158 9	7.136 4	18.460 0	33.690 8	55.246 8
ALR	税前利润调整的 Lerner 指数	1 371	0.329 5	0.083 2	0.120 8	0.326 7	0.540 6
GDPR	各地区 GDP 增速(%)	1 371	9.776 5	2.825 8	－2.500	9.537 0	19.200
MP	银行间同业拆借利率(%)	1 371	3.158 2	0.822 4	1.275 0	3.2467	4.181 0

2. 经济政策不确定性对银行流动性创造的影响

表 11 报告了经济政策不确定性对银行流动性创造影响的回归结果。其中,(1)列为没有添加任何控制变量的回归结果,容易发现经济政策不确定性(EPU)的回归系数在 1%的水平上显著为负,表明经济政策不确定性上升会降低银行流动性创造。(2)、(3)列为依次加入银行层面控制变量和宏观经济层面控制变量的回归结果,结果显示,经济政策不确定性(EPU)的回归系数均在 1%的水平上显著为负,意味着经济政策不确定性上升对银行流动性创造具有抑制效应。从经济显著性上看,以(3)列纳入全部控制变量的回归模型为例,经济政策不确定性的(EPU)的回归系数为－0.017 0,意味着经济政策不确定性上升 1 个标准差,银行流动性创造降低约 4.236 5%。综上可知,无论是统计意义上还是经济意义上,

在经济政策平稳时期银行会创造更多流动性，而在经济政策不确定性上升期银行会降低流动性创造水平。

表 11　　经济政策不确定性对银行流动性创造影响的回归结果

变　量	(1)	(2)	(3)
	LC	LC	LC
L. EPU	−0.019 4*** (0.004 2)	−0.017 6*** (0.003 7)	−0.017 0*** (0.004 0)
Asset		−0.028 3*** (0.005 3)	−0.028 5*** (0.006 6)
ROA		0.060 3** (0.027 8)	0.094 5*** (0.014 6)
CAR		−0.006 8*** (0.001 6)	−0.006 6*** (0.002 1)
NPL		0.011 7*** (0.002 3)	0.008 5* (0.005 1)
LDR		0.002 1*** (0.000 7)	0.002 0*** (0.000 7)
CIR		0.001 5*** (0.000 2)	0.001 3*** (0.000 4)
ALR		0.050 7 (0.086 9)	−0.088 8* (0.048 5)
GDPR			0.000 5 (0.004 8)
MP			−0.014 4*** (0.005 1)
观测值	1 371	1 371	1 371
银行数	161	161	161
Within-R^2	0.062 8	0.155 3	0.167 9

注：L 表示滞后一期；*、**、*** 分别表示在 10%、5%、1%水平上显著；括号内为 D-K 标准误。

3. 经济政策不确定性对银行流动性创造各组成部分的影响

课题组进一步将银行流动性创造划分为表内流动性创造和表外流动性创造，以探究经济政策不确定性对银行流动性创造各组成部分的影响。表 12 报告了经济政策不确定性对银行表内和表外流动性创造影响的回归结果，其中，(1)～(3)列为经济政策不确定对表内流动性创造影响的回归结果,(4)～(6)列为经济政策不确定性对表外流动性创造影响的回归结果。从中可以发现,分别加入银行层面和宏观经济层面控制变量后,经济政策不确定性(EPU)的回归系数均显著为负,意味着经济政策不确定性上升不仅能显著抑制表内流动性创造,也降低了表外流动性创造水平,并最终降低银行整体流动性创造水平。

表 12　经济政策不确定性对银行流动性创造各组成部分影响的回归结果

变量	(1)	(2)	(3)	(4)	(5)	(6)
	LC_BS			LC_OF		
L. EPU	−0.017 7*** (0.003 9)	−0.016 0*** (0.003 5)	−0.015 9*** (0.003 7)	−0.001 8*** (0.000 5)	−0.001 5*** (0.000 4)	−0.001 0* (0.000 5)
Asset		−0.025 3*** (0.003 9)	−0.025 8*** (0.004 1)		−0.002 7 (0.004 2)	−0.002 6 (0.004 3)
ROA		0.063 4** (0.027 4)	0.097 7*** (0.016 3)		−0.005 2 (0.004 5)	−0.005 8 (0.005 3)
CAR		−0.007 3*** (0.001 4)	−0.007 0*** (0.001 7)		0.000 7 (0.000 4)	0.000 6 (0.000 5)
NPL		0.007 9*** (0.002 4)	0.004 8 (0.004 9)		0.003 8*** (0.000 7)	0.003 7*** (0.000 7)
LDR		0.002 6*** (0.000 6)	0.002 5*** (0.000 6)		−0.000 5*** (0.000 2)	−0.000 5*** (0.000 2)
CIR		0.001 3*** (0.000 3)	0.0011*** (0.000 4)		0.000 1 (0.000 2)	0.000 1 (0.000 3)
ALR		0.039 4 (0.083 5)	−0.094 3* (0.050 5)		0.020 6 (0.020 6)	0.017 1 (0.027 4)
GDPR			−0.000 2 (0.004 2)			0.000 6 (0.000 7)
MP			−0.015 2*** (0.004 7)			0.000 9 (0.000 9)
观测值	1 371	1 371	1 371	1 371	1 371	1 371
银行数	161	161	161	161	161	161
Within-R^2	0.058 5	0.070 1	0.117 7	0.145 4	0.145 7	0.157 9

注:L 表示滞后一期;*、**、*** 分别表示在 10%、5%、1%水平上显著;括号内为 D-K 标准误。

4. 经济政策不确定性对银行流动性创造影响的长期动态效应

课题组通过设置经济政策不确定性的滞后多期项,以考察经济政策不确定性对银行流动性创造影响的长期动态效应。图 131 报告了经济政策不确定性多期滞后项的回归系数图,横轴为滞后年度数,实线为经济政策不确定性的回归系数，虚线表示95%水平的置信区间。从图中可以看出，经济政策不确定性对银行流动性创造的负向影响在第2年达到顶峰，但随着时间的推移，经济政策不确定性对银行流动性创造的负向影响呈现逐渐衰减的连贯趋势。换言之，经济政策不确定性对银行流动性创造的影响具有较长的持续性，且存在一个两年“影响期”的时间窗口，直到影响期过后银行才能慢慢消化吸收经济政策不确定性的负向冲击，经济政策不确定性对银行流动性创造的负向影响效应逐渐减弱。

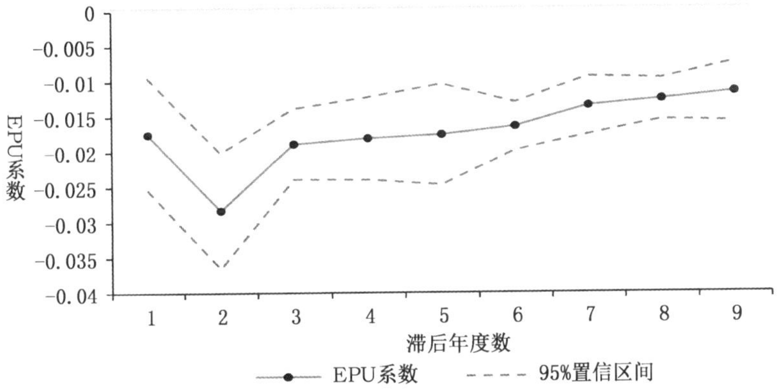

数据来源：上海财经大学高等研究院。

图131　经济政策不确定性对银行流动性创造影响的长期动态效应

5. 总结

在我国以间接融资为主导的背景下，商业银行流动性创造肩负着向实体经济“输血”的重担，提高银行流动性创造水平成为纾解实体经济融资困境、提升金融服务实体经济质效的关键性突破口。课题组通过匹配2007～2017年我国161家商业银行非平衡面板数据和经济政策不确定性指数数据，分析了经济政策不确定性对银行流动性创造的影响。课题组研究发现：经济政策不确定性上升能显著抑制银行流动性创造；具体地，经济政策不确定性上升1个标准差，银行流动性创造将降低约4.236 5%。在银行流动性创造各组成部分上，经济政策不确定性上升不仅可以显著抑制表内流动性创造，又能降低表外流动性创造水平。在时间维度上，经济政策不确定性对银行流动性创造的影响具有长期持续性，存在一个两年“影响期”的时间窗口，直到窗口期之后经济政策不确定性对银行流动性创造的负向影响效应逐渐减弱。

据此，课题组认为，经济政策应注重有针对性的预调微调和精准调控，避免政策剧烈波动带来的不确定性，使银行等市场主体能够准确把握现行政策走向，形成稳定合理预期。经济政策应以科学性、可信性和延续性为基本特征，做好顶层设计和统筹规划，界定好政府“有形之手”的边界，必要时辅以相应配套措施缓解经济政策不确定性带来的负向冲击，提高银行流动性创造水平，引导银行资金流向实体经济，让金融真正发挥好“血脉”作用，以扎实推进当前金融供给侧结构性改革，进而为经济高质量发展提供金融支撑。

（六）中国经济增长与稳步发展面临的主要外部不确定性

1. 中美贸易摩擦的不确定性依然存在，或将继续拖累国内制造业投资增速和利润增速

尽管中美双方已经于 2019 年 12 月中旬就第一阶段经贸协议文本达成一致，美国承诺将履行分阶段取消对华产品加征关税的相关承诺，实现加征关税由升到降的转变。但中美贸易摩擦自 2018 年以来持续发酵，美国政府在中美贸易谈判过程中的表现较为反复，因此，课题组认为中美贸易摩擦存在进一步恶化的可能性。此外，正如课题组多次强调的，中美贸易摩擦的根本原因在于双方贸易表现出来的越来越强的竞争性，增强的竞争性由双边贸易结构和经济结构共同导致，因此中美贸易摩擦注定是一个长期性问题，贸易谈判也很难一蹴而就，而是一个长期反复的过程。

回顾 2019 年，中美贸易摩擦加剧不仅导致中美贸易增速大幅下降，其带来的不确定性也进一步导致国内制造业投资和利润大幅下滑。2019 年 1～11 月，制造业投资累计增速仅为 2.5%，较上年同期大幅下滑 7 个百分点；2019 年，制造业利润增速由正转负，1～10 月累计增速为 −4.9%，较上年同期下降 16.4 个百分点。首先，中美贸易摩擦带来的不确定性影响外贸企业信心，导致制造业投资下滑，是 2019 年制造业投资增速大幅下滑的一个重要原因。中美贸易摩擦不确定性对制造业投资的拖累在课题组 2019 年年中报告中有较为详细的分析。其次，中美互相加征关税导致外贸企业利润大幅下滑。课题组将海关 HS 4 位编码的贸易弹性匹配到国民经济行业 2 位编码的贸易弹性，发现中美互相加征关税

确实对部分制造行业的出口价格和出口数量产生较大影响。受影响较大的行业有化学原料及化学制品制造业、电气机械及器材制造业、交通运输设备制造业、仪器仪表及文化、办公用机械制造业、专用设备制造业、通用设备制造业等。综上，2020 年中美贸易摩擦将大概率持续，并将继续成为拖累制造业投资及其利润的一个重要的外部性因素。

2. 全球经济温和增长，总体外需依然具有下行压力

IHS Markit 公布的季节调整后采购经理人指数在第三季度大幅下滑后，于 2019 年 10 月小幅反弹至 54.6，并在 11 月回落到 53.5 的水平，总体仍位于 50 荣枯线以上。课题组认为，世界范围内经贸摩擦外在的激烈程度行将下降，其发展形式将转化为发达国家以提高技术壁垒形式限制新兴市场国家的产业渗透，各主要经济体逐渐会调整政策重心，面对因此导致的贸易和经济结构调整。IMF 的大宗商品指数预测数据显示，2019 年和 2020 年全球需求扩张有限，其中大宗商品价格指数和金属价格指数都有朝 2016 年水平收敛的倾向。课题组的整体判断是，2020 年全球经济增长来源将随之进一步分散，表现为发达国家增长复苏势头走弱，新兴经济体中的东盟与东北亚区域整合发展前景相对转好，而拉丁美洲国家的增长前景则不容乐观。

(1)美国经济增速回落，民众预期指数回升，下行压力有所缓解

2019 年第三季度，美国实际 GDP 数据的调整增速为 2.1%；相应的环比年化增速同样为 2.1%，与第二季度 2.0%的增速相比总体持平，稍有好转。相对于第三季度稳定在 1.7%～1.8%的同比 CPI 增幅，10 月和 11 月的 CPI 同比增速分别为 1.8%和 2.1%；11 月 CPI 环比增幅为 0.3%，相对 10 月 0.4%的增幅略微下降。从产出和价格指数的表现来看，第三季度美国经济延续了第二季度的表现，在中美贸易摩擦出现缓和兆头的条件下，目前居民的经济前景预期与企业家信心对 2020 年大选期间的产出增速具有比较重要的指示意义。

在生产者价格与劳动者收入方面，11 月美国 PPI 同比增长 1.1%，环比下降 0.4%；季调后 8～10 月的环比增速分别为－0.3%、0.4%和 0%。美国劳工部的数据显示，平均小时工资 11 月初值为 28.29 美元，相比 2018 年同月提高 3.1%，环比提升 0.25%；平均周薪 11 月初值 973.18 美元，比 2018 年同期提升 2.8%，环比提高 0.25%。

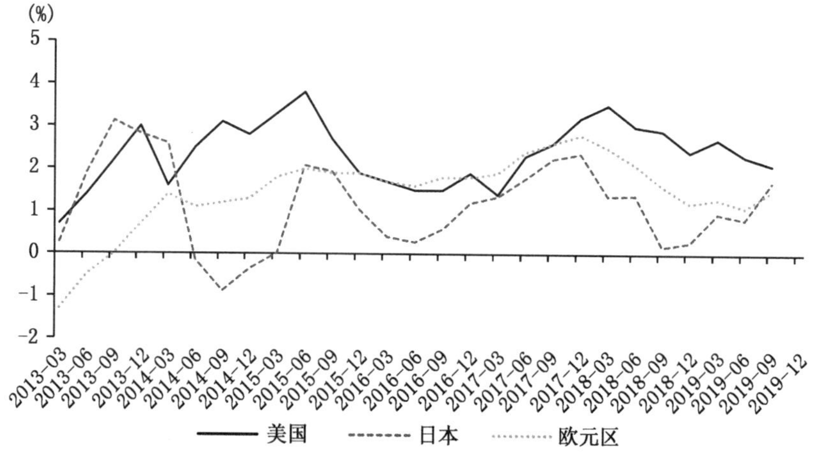

数据来源:CEIC。

图 132　美国、日本和欧元区的 GDP 同比增速

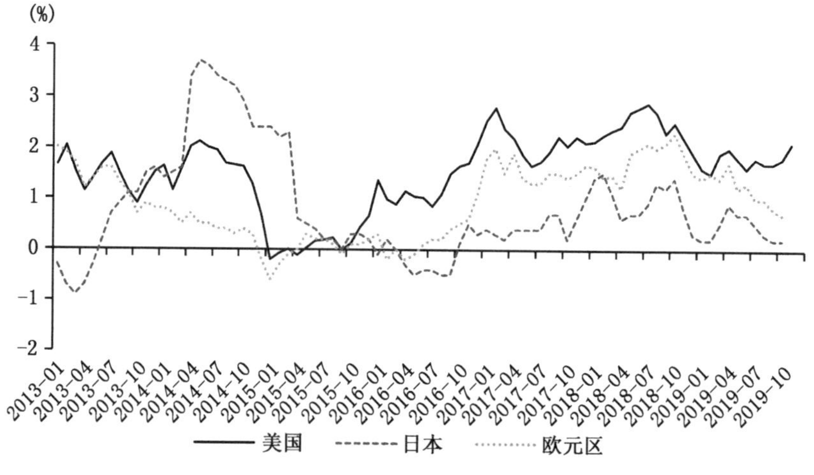

数据来源:CEIC。

图 133　美国、日本和欧元区的 CPI 同比增速

与之相对,失业率数据变化不大。美国 9～11 月的失业率分别为 3.5%、3.6%和 3.5%,继续下降的空间有限。正如课题组在 2019 年年中报告的判断,由于前期经济刺激效力逐渐减弱,美国国内的就业已趋于饱和。

商业零售与消费者信心方面,10 月商品零售额同比增速 3.1%,不及

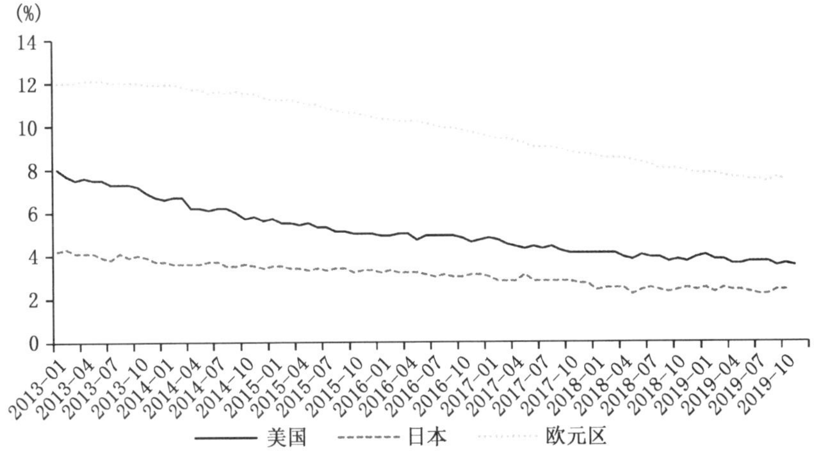

数据来源:CEIC。

图 134　美国、日本和欧元区的失业率

9 月的 4.1%增速,与初值持平;密歇根大学消费者当期信心与预期指数分别为 99.2 和 88.9,对比前期值分别提高 2.4 和 3.6 个百分点。美国国债收益率期限结构恢复常态,在股市指数持续高涨等积极因素刺激下,美国 2020 年经济仍然可能稳定在 2%以上区间。

随着 12 月 13 日中美就第一阶段贸易协议文本达成一致,2019 年中美贸易摩擦谈判再次进入缓和期。预计在美国圣诞假期和中国春节期间,贸易谈判出现波折的概率较低。从基本面数据来看,截至第三季度,美国经济实际增速环比折年率仅为 2.1%,比 2018 年全年增长速度 2.9%下降约 0.8%;中国 2019 年经济实际增长若为 6%,则降低幅度为 0.6%。相对而言,继续维持高强度的贸易冲突对美方更为不利。美联储也在 12 月 12 日发布政策决议,表明维持联邦基金利率不变,即在 2020 年继续将 1.5%～1.75%作为标准区间。该项决议的基础是美国经济走势转弱但总体平稳的现实情况。2020 年 3 月以后,美国进入选举季,为巩固迄今为止在缩减贸易逆差方面达成的共识,特朗普政府动用“极限施压”的可能性下降,但仍然会继续要求中国提高农产品和油气进口数额,而且谈判的重心或将转移到限制技术转让的方向上。另外,中美贸易协议一致认同的内容包括“更具透明度的汇率”,这也暗含了美国以“汇率操纵”理由在金融开放、减少管制等方面对中国施加压力的可能性,并且不排除会成为外生金融冲击的主要来源。课题组认为,如果未来一年内谈判进展再度出现反复,则人民币兑美元汇率或将显现较高的波动性,从而提高外部不确定性。

(2)欧盟经济增长持续放缓,失业率出现反弹倾向

截至2019年10月,欧元区和欧盟28国的工业产出均呈现波动下降趋势,且与2018年相比,生产状况明显恶化:欧元区工业产出季节调整后的同比数值为－2.2%;欧盟28国整体表现稍好,其工业产出同比数据经季节调整后为－1.7%。欧洲国家中,德国10月同比跌幅最大,达到－6.3%;英国和法国分别增长0.1%和0.5%。表现最好的波兰也仅比2018年10月同期增长3.4%。

与此相对,欧元区和欧盟28国第三季度GDP的实际增速分别为1.6%和1.7%,均高于第二季度1.1%和1.3%的增速。英国、法国和德国第三季度增速分别是1.3%、1.7%和1.0%,其中德国受制造业不景气拖累严重。第三季度增幅最大的国家分别是匈牙利、爱尔兰和波兰;与西班牙类似,意大利仍受到高失业率的影响,以0.6%的增速居于末位。

失业率数据则反映了当前欧盟经济在短期继续保持高速增长的根基并不稳定。从10月数据来看,失业率较低的德国、波兰、荷兰、保加利亚、斯洛文尼亚和奥地利等国家在半年间失业率数字难以进一步下降,甚至有反弹趋势,预计劳动力市场已经达到供需平衡。长期来看,欧洲与美国的出口关税纠纷仍需要后续洽谈来化解,这种局面在2020年仍会是抑制德国等制造业出口大国增长的负面因素之一。外需不足的国际市场总体状况大概率将减少制造业的劳动力需求,导致西欧国家就业率再度下降,而用于社会保障的财政支出也将随之增加。对于依赖欧盟内部转移支付体系的东欧国家而言,这种冲击同样会限制其相对较好的增长势头。

欧洲未来重要的另一个不确定性来自英国的脱欧诉求。在12月12日的大选中,鲍里斯·约翰逊率领保守党获得365个议会席位,以独立执政党领导人身份成为民选首相。竞选后,工党领袖科尔宾表示不会参加下一次大选,而鲍里斯则宣称将推动脱欧目标实现。对于欧洲而言,英国的脱欧计划一旦如期达成,本已左支右绌欧盟的财政支出会急遽令缺口扩大;对于英国来说,苏格兰地区的留欧民意或许会演变成一场“脱英”公投。

在勉力应对英国脱欧的同时,德、法两国还要承受来自对美贸易方面

的压力。法国的农产品和德国的制造业产品都是美国精准打击的目标。此外，一旦英国成功脱离欧盟，德国和法国的财政转移支付压力将空前增大。为避免贸易状况恶化，欧盟有可能通过共同加强外资并购与技术转让的限制，换取美方谈判条件的放松。对中国而言，这种局面意味着欧洲，尤其是西欧国家对“一带一路”参与意愿的下降。

3. 东盟和日本经济将受惠于东亚经济圈整合，拉美国家发展前景不乐观

2019 年 11 月，东盟发起的区域全面经济伙伴关系（RCEP）自由贸易协定谈判取得重大进展，除印度外的参与国达成基本共识。在环西太平洋经济体中推行的这项贸易协定释放了降低贸易壁垒的风向，对于扭转全球愈演愈烈的孤立主义潮流具有积极意义。谈判国中，日本对协议达成的效果较为乐观，并且对将要落实的日本—欧盟经济伙伴协定（EPA）也抱有较大期望。从 2019 年第三季度已经发布的经济数据着手分析可知，日本 GDP 实际增速超出预期，同比预估值大幅上调至 1.8%，年度增速突破 1%仍有较大可能；消费税提高至 10%虽然带动物价温和小幅上涨，但内阁府公布的月度消费综合指数却显示居民消费倾向受到抑制（环比下降 2.6%，为 2014 年 4 月以来最大降幅）。总体上，2020 年日本出口贸易有望进一步向南亚和欧洲扩展，并最终抵消消费税提升带来的内需下滑。

东南亚国家中，菲律宾 2019 年前三季度经济增速均超过 5.5%。尽管第三季度通货膨胀率跌破 1%，低于一致预期，消费者信心却触底反弹，回归至荣枯线上方，预计 2020 年第一季度增长预期并不会因此受到较大影响。泰国 GDP 同比增速自第一季度起已经从超过 3%的水平下降到 2.4%左右。作为货币政策应对，泰国市场基准利率在第四季度降低 25 个基点至 1.25%。由于泰国总体贸易仍保持合理顺差，以年度增长而言，经济表现仍然较为稳健。越南和印度尼西亚经济状况相对较好，其中越南前三季度 GDP 同比增速均高于 6.7%，而印度尼西亚的增速也始终维持在 5%以上，两国作为中美贸易摩擦中的产业承接区域，企业生产扩张提高了通货膨胀率，预计全年物价上涨幅度为 3%左右。包括全年增长预估超过 4%的马来西亚在内，上述三国基本面数据的持续好转对于 RCEP 协定的前景具有良好的推动作用。如果中国—东盟 RCEP

在未来正式签订协议,双方重合的产业向劳动成本更低的一端转移。短期来看,国内资本的重新配置可能对部分行业造成影响;长期资本稳定投入高技术附加值的新兴产业后,依然具备优化经济结构、提高经济效益的作用,但需要政策性引导恰当配合,防止盲目悲观情绪向产业链相关环节传递。

新兴经济体中,南非 GDP 同比增速在 2019 年前三季度均低于 1%,而失业率已攀升至 29%,预计复苏目标无法如期实现。俄罗斯第三季度 GDP 增速 1.7%,正在稳步恢复;同时通货膨胀也逐渐摆脱猪瘟造成的托升效应,已经回落至 3.5%。受大宗商品原油价格下跌影响,2020 年俄罗斯经济提升空间依然有限。韩国经济运行空间受到多方因素挤压,逐渐收缩到 2%区间以内。从水平波动的物价和上行的失业率来看,尽管制造业 PMI 和消费者信心指数分别逼近和超过荣枯线,但 2020 年的前景仍不乐观。

受第一季度经济增速拖累,巴西 2019 全年增速预计不超过 1%。第三、四季度,巴西央行将基准利率水平从 6.5%连续下调至 4.5%,以期提振经济,但效果不甚理想。哥伦比亚和秘鲁表现稍好,2019 年全年增速有望超过 3%和 2%。阿根廷、乌拉圭和墨西哥仍在尽力摆脱零增长区间,但前两者实际上的滞涨现状令政策调控的效率大为减弱。委内瑞拉则延续了 2018 年宏观经济的衰退趋势,并且在 2019 年的政坛动荡中再次受到打击,其经济表现还有继续恶化的可能。

第二章

基准条件下 2020 年中国主要经济指标增速预测

课题组基于 IAR-CMM 季度模型对中国经济增长率和其他关键经济指标进行了预测，表 13 报告了 2019 年与 2020 年各关键经济指标的实际增长情况和预测结果。

表 13　　上海财经大学高等研究院对中国各主要经济指标增速的预测　　单位：%

指标＼时间	2019 年					2020 年				
	Q1	Q2	Q3	Q4	全年	Q1	Q2	Q3	Q4	全年
GDP	6.4	6.2	6.0	6.0	6.2	6.0	5.8	5.9	6.2	6.0
校正 GDP	6.2	6.0	5.9	5.9	6.0	5.9	5.7	5.8	6.0	5.9
投资	6.3	5.8	5.4	5.2	5.2	5.5	5.3	5.2	5.4	5.4
消费	8.5	8.6	7.6	7.6	8.1	6.7	6.9	7.5	7.2	7.1
出口①	1.0	−1.5	−0.8	−1.7	−0.8	−1.6	−2.7	−4.1	−1.3	−2.4
进口	−4.3	−3.9	−6.4	−1.1	−3.9	0.0	0.1	1.0	4.3	1.3
CPI	1.8	2.6	2.9	4.1	2.9	4.5	3.6	2.7	1.8	3.2
PPI	0.2	0.5	−0.8	−1.3	−0.4	−0.7	−0.1	0.3	0.7	0.1
GDP 平减指数	1.3	2.0	1.5	1.3	1.5	1.6	1.7	1.8	1.5	1.7

数据来源：Wind、上海财经大学高等研究院。

课题组对 2020 年的基准预测的外部环境主要假设条件包括：

① 本报告的进出口数据均指海关贸易口径下以美元计价的货物贸易进出口。

(1)以 IMF 公布的经济展望报告为基础,预测美国 2020 年全年经济实际增速为 2.3%,法国经济实际增速维持在 1.5%,德国实际经济增速下降至 1.0%,日本实际经济增速略微上升到 1.3%,东盟五国实际经济增速下降至 4.8%,其他经济体大体维持实际经济增速稳定。

(2)美联储在 2019 年最后一次利率决议上,同意不改变利率,政策声明中称当前的政策立场是合适的,课题组预计 2020 年全年不会采取利率行动。

(3)人民币汇率方面,课题组预估 2020 年 CNY/USD 双向波动幅度将加大,但仍在合理区间。

(4)国际贸易方面,预期 2020 年贸易摩擦仍然存在,但摩擦的行业和领域并未进一步扩大。

基于前面对中国经济形势与风险的分析,课题组对 2020 年基准预测的内部环境主要假设条件包括:

(1)居民杠杆率攀升,继续对消费形成负面影响,假定家庭杠杆率 2020 年上升 3 个百分点。

(2)2020 年基础设施建设投资回暖,制造业投资小幅回升,房地产投资温和下行。

(3)根据银保监会公布的相关数据,截至 2019 年第三季度末,商业银行不良贷款率为 1.86%,课题组假设截至 2020 年末,我国商业银行不良贷款率比例上升至 2%。

(4)财政政策方面,考虑到基本建设投资需求,预计 2020 年财政赤字率约扩大至 3%。

(5)货币政策方面,坚持稳健的货币政策,预计 2020 年将降准两次,每次降 50 个基点。

从表 13 可以看出,2020 年经济运行存在下行压力,但在政策作用下可能逐渐好转,GDP 增速较 2019 年继续下降,预计第一至四季度 GDP 增速分别为 6.0%、5.8%、5.9%和 6.2%,全年增速为 6.0%。

消费增速有所下滑。受物价上涨和贸易摩擦不确定性的影响,社会消费品零售总额的增速会有所下降。预计 2020 年第一至四季度的社会消费品零售总额同比增速分别为 6.7%、6.9%、7.5%和 7.2%,全年增速为 7.1%。

投资增速略有回升。受基建投资的拉动及房地产投资的企稳，预计2020年固定资产投资增速累计同比增速将上升至5.4%。加上内部融资及外部经济环境的改善，以上因素共同作用，预计2020年第一至四季度的固定资产投资增速累计同比增速分别为5.5%、5.3%、5.2%和5.4%。

出口增速持续下降，进口增速有望回升。受贸易摩擦及整体经济下行影响，预计2020年第一至四季度出口增速分别为−1.6%、−2.7%、−4.1%和−1.3%，全年出口增速为−2.4%。进口方面受贸易谈判协议影响，制造业投资有望提升，预计2020年第一至四季度进口增速分别为0.0%、0.1%、1.0%和4.3%，全年进口增速为1.3%。

CPI与PPI剪刀差将不断减少。考虑到2020年猪肉等食品价格的变化趋势、国际大宗商品价格的不确定性以及国内需求难以明显改善，预计2020年CPI同比增速将在第一季度达到高峰，之后将呈现下降趋势，第一至四季度CPI同比增长分别为4.5%、3.6%、2.7%和1.8%，PPI同比增长分别为−0.7%、−0.1%、0.3%和0.7%，年均增速较2019年将略有上升，全年CPI和PPI增速分别为3.2%和0.1%。

2020年，发达经济体与新兴市场增速预计保持稳定或略有回升，中美贸易摩擦预计将继续存在，中国仍面临较大的外部环境不确定性，并可能进一步影响出口。与外部不确定性相比，内部经济的不确定性更大。内需下降、消费增速持续下滑也使得内需进一步低迷。课题组认为，在外部环境不可控的情况下，应更多地聚焦于内部经济改革，扩大开放，释放内部经济活力，以更好地应对内外部经济的不确定性，实现我国经济的可持续增长与高质量发展。

第三章

不同情景下的主要经济指标预测及其政策应对

一、不同情景下的经济预测与政策应对

课题组对 2020 年经济增长的基准预测面临着若干上行和下行不确定性。在内部环境改善、全球经济增速回升的背景下,前者主要对消费投资、后者主要对进出口均有提升作用。在贸易摩擦仍可能持续的背景下,外部环境不容乐观,仍可拖累经济增长。虽然预计 2020 年基建投资有望回升,在制造业利润下滑的背景下,制造业投资增长乏力,受到拖累,2020 年固定资产投资增速依然可能下滑。

课题组认为,2020 年内外部环境均面临较大的不确定性。外部的不确定性主要是全球经济回暖和中美贸易摩擦的持续性和反复性,内部的不确定性来自以新经济为代表的内部环境改善及传统制造业利润下滑。课题组将着重讨论内部环境改善、外部环境改善、中美贸易摩擦情况恶化、制造业利润下滑等对经济的影响。

(一)假设情景Ⅰ:内部环境改善对经济增速的影响

从前面的分析可以看出,当前我国经济下行压力依然较大,传统的增长模式已经难以为继,急需寻找新的动力源泉。而全世界经济增长也越来越依靠以信息技术和互联网为代表的新技术、新业态,大力发展新经

济，将为我国高质量发展提供坚实的基础和保障，而这有赖于内部经济环境的改善，也是课题组一直强调的调结构、促改革才能达到的目标。

“新经济”一词最早出现于美国《商业周刊》1996 年 12 月 30 日发表的一组文章中。它是指在经济全球化背景下，信息技术革命以及由此带动的以高新科技产业为龙头的经济，具有高增长、低通货膨胀、低失业、低财政赤字的特点。随后经济合作与发展组织（OECD）、欧盟统计局等国际组织及一些发达国家对新经济的概念和内涵进行了一系列的研究与探索，并衍生出与新经济相关的一系列新名词，如知识经济、数字化经济、分享经济等。

习近平总书记在 2014 年国际工程科技大会上的主旨演讲中表示，世界正在进入以信息产业为主导的新经济发展时期。2015 年 12 月的中央经济工作会议也指出，目前，新一轮科技革命和产业变革正在创造历史性机遇，催生智能制造、“互联网＋”、分享经济等新科技、新经济、新业态，蕴含着巨大商机。2016 年，“新经济”一词被首次写入《政府工作报告》。

目前，理论界和政策界对什么是“新经济”、其内涵和外延是什么等问题，并没有形成统一的理解和认识。一般理论研究认为，“新经济”相对于“旧经济”而言，这里的“旧经济”是指传统的产业和产品形态，而“新经济”则是以互联网、知识经济、高新技术为代表，以满足消费者的需求为核心的新产业、新技术、新产品和新商业模式。“新经济”包含数字经济、智能经济、共享经济和体验经济等具体形态。

新经济对世界经济发展具有重要的推动作用。受益于新经济的发展，1991～2001 年美国经济实现了长期、可持续的快速增长，经济增长率、劳动生产率和资本收益率均较高，而通货膨胀率和失业率较低。对我国而言，新经济的快速成长也能在一定程度上起到对冲传统经济增速下滑的作用，有助于实现经济的转型升级和高质量发展。Wind 提供的国家统计局数据显示，2016～2018 年我国“三新”经济[①]增加值迅速增加，平均增速约为 13.1％，而同期 GDP 平均增速仅为 6.7％，同时“三新”经济增

① “三新”经济是新产业、新业态、新商业模式的简称，“三新”经济增加值是指一个国家（或地区）所有常住单位一定时期内进行“三新”经济生产活动的最终成果。常住单位是指在我国的经济领土上具有经济利益中心的经济单位。生产是指在机构单位的控制和组织下，利用劳动、资本、货物和服务投入，创造新的货物和服务产出的活动。

加值占 GDP 的比重不断升高，2018 年已达到 16.1%(见表 14)。另一方面，2015～2018 年我国经济发展新动能指数[①]也快速上升，平均增速为 28.3%(见表 15)。但表 15 也显示，在经济发展新动能指数中经济活力指标增速存在下滑趋势。由此可见，以新经济为代表的内部环境变化也存在着一定的不确定性。

表 14　　“三新”经济增加值

	2016 年	2017 年	2018 年
三新经济增加值(亿元)	113 587.00	129 578.00	145 369.00
三新经济增加值：第一产业(亿元)	5 830.00	5 998.00	6 227.00
三新经济增加值：第二产业(亿元)	48 497.00	54 253.00	62 453.00
三新经济增加值：第三产业(亿元)	59 260.00	69 326.00	76 689.00
占 GDP 比重：三新经济增加值(%)	15.30	15.70	16.10
占 GDP 比重：三新经济增加值：第一产业(%)	0.80	0.70	0.70
占 GDP 比重：三新经济增加值：第二产业(%)	6.50	6.60	6.90
占 GDP 比重：三新经济增加值：第三产业(%)	8.00	8.40	8.50

数据来源：国家统计局、Wind。

表 15　　经济发展新动能指数及其增速

	2015 年	2016 年	2017 年	2018 年
经济发展新动能指数(2014＝100，下同)	123.50	156.70	210.10	270.30
经济发展新动能指数：知识能力	112.60	125.10	128.50	135.90
经济发展新动能指数：经济活力	144.40	205.50	284.30	292.00
经济发展新动能指数：创新驱动	113.50	126.30	143.30	174.40
经济发展新动能指数：网络经济	137.30	202.20	362.10	605.40
经济发展新动能指数：转型升级	109.70	124.30	132.30	143.90
经济发展新动能指数增速(%，下同)	23.50	26.90	34.10	28.70
经济发展新动能指数增速：知识能力	12.60	11.10	2.70	5.80

① 经济发展新动能指数是利用“三新”调查基础数据，采用线性加权的综合评价方法构建而成的复合指数，用于反映经济新动能发展趋势和进程。从 2017 年开始对经济发展新动能指数测算方法进行了改进，从环比法调整为定基法，以 2014 年为基期，指数值表示与 2014 年相比经济发展新动能的变化趋势。

续表

	2015年	2016年	2017年	2018年
经济发展新动能指数增速：经济活力	44.40	42.30	38.40	2.70
经济发展新动能指数增速：创新驱动	13.50	11.30	13.40	21.80
经济发展新动能指数增速：网络经济	37.30	47.30	79.10	67.20
经济发展新动能指数增速：转型升级	9.70	13.30	6.40	8.80

数据来源：国家统计局、Wind。

鉴于上述各种不确定性因素，考虑2020年内部环境改善的两种情景：情景一，保守乐观：假设内部环境有所改善，使得消费同比增速比基准上升0.15个百分点，固定资产投资同比增速比基准上升0.15个百分点。情景二，乐观：假设内部环境明显改善，使得消费同比增速比基准上升0.3个百分点，固定资产投资同比增速比基准上升0.3个百分点。其他假设以及货币政策、财政政策维持在基准情景。表16报告了2020年的预测结果，在保守乐观(1)和乐观(1)两种情景下，全年GDP增速分别为6.1%和6.2%。

表16　两种内部环境改善情景下对中国2020年各主要经济指标增速的预测 单位：%

情景	保守乐观(1)					乐观(1)				
	2020 Q1	2020 Q2	2020 Q3	2020 Q4	2020 全年	2020 Q1	2020 Q2	2020 Q3	2020 Q4	2020 全年
GDP	6.1	5.9	6.0	6.3	6.1	6.2	6.0	6.1	6.4	6.2
校正GDP	6.0	5.8	5.9	6.1	6.0	6.0	5.9	6.0	6.2	6.0
投资	5.6	5.5	5.4	5.6	5.6	5.7	5.6	5.5	5.7	5.7
消费	6.8	7.1	7.6	7.5	7.3	7.0	7.2	7.8	7.6	7.4
出口	−1.6	−2.7	−4.1	−1.2	−2.4	−1.6	−2.7	−4.0	−1.2	−2.4
进口	0.1	0.2	1.2	4.5	1.5	0.2	0.3	1.4	4.7	1.7
CPI	4.5	3.6	2.7	1.7	3.1	4.5	3.5	2.6	1.6	3.1
PPI	−0.7	−0.1	0.3	0.6	0	−0.7	−0.1	0.2	0.5	0

数据来源：上海财经大学高等研究院。

(二)假设情景Ⅱ：外部环境改善对经济增速的影响

课题组判断2020年全球经济增速将有所回升，但外需总体状况仍不容乐观。IMF在2019年10月《世界经济展望》中预测2019年和2020年全球经济增速分别为3.0%和3.4%。考虑到中美贸易摩擦与英国脱欧后续结果高度不确定,课题组认为2020年世界经济增长率应在3.3%左右,其中,日本和东盟经济转好,欧元区略微下行,美国大体维持目前增长水平。此外,中美贸易谈判貌似已经缓和了局势,但在技术转让和知识产权保护方面的分歧仍将继续存在,并成为长期结构性摩擦的源头。预计2020年美国甚至欧洲对华技术出口管制将明显升级;一旦特朗普成功连任,在2021～2025年间,美国也大概率会在汇率方面对我国施加压力。贸易摩擦的上述发展方向一方面会限制高技术附加值产业的自主发展,另一方面直接关系到我国维持外储充足和金融稳定的目标,以上均是中长期重要的不确定因素。

鉴于上述不确定因素,考虑2020年外需改善的两种情景:情景一,保守乐观:假设外需上升,导致2020年我国出口高于基准3个百分点。情景二,乐观:假设外需大幅度上升,导致2020年我国出口高于基准5个百分点。其他假设以及货币政策、财政政策维持在基准情景。表17报告了2020年的预测结果,在保守乐观(2)与乐观(2)两种情景下,全年GDP增速分别为6.1%和6.2%。出口提升的同时,进口也分别有1.1%和1.7%的提升,PPI也较基准情景有所上升。如内外部环境均有改善,乐观情形下,假设投资和消费高于基准0.4个百分点,出口高于基准3个百分点,全年GDP增速为6.4%,这是极低概率事件,故不在表17中展示。

表17　两种外需上升情景下对中国2020年各主要经济指标增速的预测　单位:%

情景	保守乐观(2)					乐观(2)				
	2020 Q1	2020 Q2	2020 Q3	2020 Q4	2020 全年	2020 Q1	2020 Q2	2020 Q3	2020 Q4	2020 全年
GDP	6.1	5.9	6.1	6.4	6.1	6.1	6.0	6.2	6.4	6.2
校正GDP	6.0	5.8	6.0	6.2	6.0	6.0	5.9	6.0	6.2	6.0
投资	5.5	5.4	5.3	5.5	5.5	5.5	5.4	5.4	5.6	5.6
消费	6.8	7.0	7.6	7.3	7.2	6.8	7.0	7.6	7.4	7.2
出口	−0.5	0.0	−0.2	3.9	0.8	0.1	1.3	2.1	7.4	2.7
进口	0.7	1.0	2.1	5.7	2.4	1.0	1.5	2.8	6.6	3.0
CPI	4.4	3.5	2.7	1.8	3.1	4.4	3.4	2.6	1.7	3.0
PPI	−0.3	0.2	0.4	0.7	0.3	0.1	0.4	0.5	0.8	0.5

数据来源:上海财经大学高等研究院。

(三)假设情景Ⅲ：贸易摩擦情况恶化对经济增速的影响

尽管中美双方已经于2019年12月中旬就第一阶段经贸协议文本达成一致，美国承诺将履行分阶段取消对华产品加征关税的相关承诺，实现加征关税由升到降的转变。但中美贸易摩擦自2018年以来持续发酵，美国政府在中美贸易谈判过程中的表现较为反复，因此，课题组认为中美贸易摩擦存在进一步恶化的可能性。

基于以上考虑，课题组考察贸易摩擦情况恶化对经济增速影响的两种情景：情景一，保守悲观：假设出口增速下降至－5.5%，较基准情形下降3个百分点。情景二，悲观：假设出口增速下降至－7.5%，比基准情形下降5个百分点。表18报告了2020年的预测结果，在保守悲观(1)与悲观(1)两种情景下，全年GDP增速分别为5.8%和5.7%，贸易摩擦恶化对投资和进口也带来负面影响，进口较基准分别下降1个百分点和1.6个百分点，固定资产投资累计同比分别下降至5.2%和5.1%，PPI也有大幅下降，分别下降至－0.2%和－0.5%。

表18　两种贸易摩擦恶化情景下对中国2020年各主要经济指标增速的预测　单位：%

情景	保守悲观(1)					悲观(1)				
	2020 Q1	2020 Q2	2020 Q3	2020 Q4	2020 全年	2020 Q1	2020 Q2	2020 Q3	2020 Q4	2020 全年
GDP	5.9	5.7	5.7	5.8	5.8	5.9	5.7	5.6	5.6	5.7
校正GDP	5.8	5.6	5.6	5.7	5.7	5.8	5.6	5.5	5.5	5.6
投资	5.4	5.3	5.1	5.2	5.2	5.4	5.3	5.1	5.1	5.1
消费	6.7	6.9	7.4	7.0	7.0	6.7	6.8	7.3	6.9	6.9
出口	－2.7	－5.2	－7.8	－6.3	－5.5	－3.3	－6.8	－10.2	－9.6	－7.5
进口	－0.6	－0.9	－0.1	3.0	0.3	－1.0	－1.5	－0.9	2.0	－0.3
CPI	4.4	3.5	2.7	1.7	3.1	4.3	3.4	2.6	1.7	3.0
PPI	－0.9	－0.2	－0.1	0.3	－0.2	－1.1	－0.6	－0.2	0.1	－0.5

数据来源：上海财经大学高等研究院。

(四)假设情景Ⅳ：制造业利润下滑对经济增速的影响

2019年制造业固定投资大幅下滑，制造业前六大行业中，仅电气机械及器材制造业利润总额累计增速为15%，大幅高于2018年全年的1%，其他行业均出现利润增速下降，其中，化工、汽车等行业1～10月利润总额累计同比增速为负，汽车行业利润增速负值逐渐收窄。1～10月，制造业利润总额累计增速为－4.9%，比第三季度负值扩大1个百分点。

基于以上考虑，课题组考察制造业投资下滑拖累固定资产投资的两种情景：情景一，保守悲观：假设固定资产投资累计同比下降至3.7%，比基准情形低1.7个百分点。情景二，悲观：假设固定资产投资累计同比下降至2.4%，比基准情形低3个百分点；表19报告了2020年的预测结果，在保守悲观(2)和悲观(2)两种情景下，全年GDP增速分别为5.7%和5.5%，投资下降对进口也有拖累，进口增速分别下降至0.8%和0.6%，同时PPI也有所下降，分别下降至－0.2%和－0.4%。

表19　两种制造业投资下降情景下对中国2020年各主要经济指标增速的预测

单位：%

情景	保守悲观(2)					悲观(2)				
	2020 Q1	2020 Q2	2020 Q3	2020 Q4	2020 全年	2020 Q1	2020 Q2	2020 Q3	2020 Q4	2020 全年
GDP	5.8	5.6	5.6	5.8	5.7	5.6	5.4	5.4	5.6	5.5
校正GDP	5.7	5.5	5.5	5.7	5.6	5.5	5.4	5.4	5.5	5.5
投资	4.1	4.0	3.6	3.7	3.7	2.5	2.3	2.2	2.4	2.4
消费	6.7	6.8	7.4	7.2	7.0	6.7	6.8	7.0	7.0	6.9
出口	－1.6	－2.7	－4.2	－1.4	－2.5	－1.7	－2.8	－4.2	－1.6	－2.6
进口	－0.2	－0.4	0.4	3.6	0.8	－0.5	－0.9	0.2	3.6	0.6
CPI	4.4	3.5	2.7	1.8	3.1	4.3	3.4	2.6	1.7	3.0
PPI	－0.9	－0.2	－0.1	0.3	－0.2	－1.1	－0.4	－0.3	0.0	－0.4

数据来源：上海财经大学高等研究院。

(五)假设情景Ⅴ：内外部条件持续恶化叠加对经济增速的影响

2019年以来受贸易摩擦的持续影响，我国进出口贸易大幅度下降，内需不振，且民营企业融资成本相对更高，使得制造业企业利润恶化、投资下滑。一方面，虽然中美贸易谈判取得阶段性进展，但贸易争端仍可能常态化，外需对制造业的影响可能存在一定的滞后性；另一方面，内部融资环境若不能有效改善也将继续拖累制造业利润，因此若制造业利润增速继续下滑，将拖累制造业投资增速，并影响经济增长。

课题组考虑到内外部环境持续恶化的叠加效应，假设固定资产投资累计同比下降至1.1%，比基准情形低4.3个百分点；出口同比增速下降至-7.9%，比基准情形低5.5个百分点。表20报告了2020年的预测结果，在极度悲观(3)情景下，全年GDP增速为5.0%，出口下降的同时，进口也受到拖累，进口同比增速下降至-1.5%，消费下降至6.7%，CPI和PPI分别下降至2.7%和-1.1%。

表20　内外部条件持续恶化叠加情景下对中国2020年各主要经济指标增速的预测

单位：%

情景	极度悲观(3)				
	2020 Q1	2020 Q2	2020 Q3	2020 Q4	2020 全年
GDP	5.4	5.1	4.8	4.9	5.0
投资	0.8	0.7	0.8	1.1	1.1
消费	6.5	6.6	6.8	6.7	6.7
出口	-3.6	-7.1	-10.8	-10.0	-7.9
进口	-2.0	-3.1	-2.1	1.0	-1.5
CPI	4.0	3.0	2.0	1.6	2.7
PPI	-1.5	-1.3	-1.0	-0.6	-1.1

数据来源：上海财经大学高等研究院。

二、不同情景分析基础上的政策力度选项

课题组根据IAR-CMM模型分析发现，货币政策效果小于财政政策，货币政策工具中降准对于提升投资的政策效果大于降息。同时考虑到全球进入降息周期，以及货币政策需要时间反应等因素，课题组认为，为了达到特定增长目标，货币政策的短期可行选择是加大降准力度，同时结合积极财政政策适度刺激和引导宏观经济，确保经济平稳运行。根据中央经济工作会议稳增长、调结构的定调，课题组假设2020年经济增长目标将下调至6.0%，并根据这一判断估算了不同情景下可能的政策力度选项。

表21总结了对于2020年基准情景和其他不同情景下全年各主要经济变量的预测结果。其中,基准情景下预计全年GDP增长率为6.0%,校正增速为5.9%;情景Ⅰ和情景Ⅱ下,经济增速也将分别达到6.1%和6.2%,如果内外部环境同时改善,经济增速甚至可达6.4%,无须在基准假设之外增加政策力度;在情景Ⅲ的保守悲观情形下,全年GDP增长率为5.8%,校正增速为5.7%;在情景Ⅲ的悲观情形以及情景Ⅳ的保守悲观情形下,GDP增速为5.7%,校正增速为5.6%;在情景Ⅳ的悲观情形下,全年GDP增速仅为5.5%,与校正增速一致;在情景Ⅴ的极度悲观假设下,如果内外经济环境均持续恶化,则经济增速将大幅度下降,仅能达到5%。

表21　中国2020年各种情景下主要经济指标增速的预测　单位:%

情景	基准	Ⅰ.内部环境改善		Ⅱ.外部环境改善		Ⅲ.贸易摩擦情况恶化		Ⅳ.制造业利润下降		Ⅴ.内外部条件持续恶化叠加
		保守乐观	乐观	保守乐观	乐观	保守悲观	悲观	保守悲观	悲观	极度悲观
GDP	6.0	6.1	6.2	6.1	6.2	5.8	5.7	5.7	5.5	5.0
校正GDP	5.9	6.0	6.0	6.0	6.0	5.7	5.6	5.6	5.5	5.0
投资	5.4	5.6	5.7	5.5	5.6	5.2	5.1	3.7	2.4	1.1
消费	7.1	7.3	7.4	7.2	7.2	7.0	6.9	7.0	6.9	6.7
出口	−2.4	−2.4	−2.4	0.8	2.7	−5.5	−7.5	−2.5	−2.6	−7.9
进口	1.3	1.5	1.7	2.4	3.0	0.3	−0.3	0.8	0.6	−1.5
CPI	3.2	3.1	3.1	3.1	3.0	3.1	3.0	3.1	3.0	2.7
PPI	0.1	0.0	0.0	0.3	0.5	−0.2	−0.5	−0.2	−0.4	−1.1

数据来源:上海财经大学高等研究院。

表22总结了不同情景下为了使实际GDP增长率达到6.0%,或校正GDP增速达到5.9%所需的财政政策力度和货币政策力度。根据IAR-CMM模型的分析,在不同情景下所需的政策力度分别为:

(1)基准情景下,全年GDP增速可达6.0%。货币政策不需要在基准政策额外降准,财政赤字率约为3%,不需增加预算外赤字。

(2)情景Ⅲ的保守悲观情形下,假设出口增速下降至−5.5%,较基准情形下降3个百分点,则2020年GDP增速将下滑至5.8%,与增长目标相差0.2个百分点。此时,货币政策方面需在基准政策之上降准1次50个基点,同时财政赤字需要增加1 457.5亿元,超过预算赤字4.48%,全年赤字率约为3.24%。

(3)情景Ⅲ的悲观情形和情景Ⅳ的保守悲观情形下，假设固定资产投资累计同比下降至3.7%，比基准情形低1.7个百分点；或者假设出口增速下降至−7.5%，较基准情形下降5个百分点，则2020年GDP增速将下滑至5.7%，与增长目标相差0.3个百分点。此时，货币政策方面需在基准政策之上降准1次50个基点，同时财政赤字需要增加2 743.6亿元，超过预算赤字8.44%，全年赤字率约为3.36%。

(4)情景Ⅳ的悲观情形下，假设固定资产投资累计同比下降至2.4%，比基准情形低3个百分点，则2020年GDP增速将下滑至5.5%，与增长目标相差0.5个百分点。此时，货币政策方面需在基准政策之上降准2次，每次50个基点，同时财政赤字需要增加4 629.8亿元，超过预算赤字14.25%，全年赤字率约为3.54%。

(5)情景Ⅴ，假设内外经济环境持续恶化，导致固定资产投资累计同比下降至1.1%，比基准情形低4.3个百分点，同时假设出口增速下降至−7.9%，较基准情形下降5.5个百分点，内外环境恶化因素叠加的影响之下，2020年GDP增速将大幅下滑至5.0%，与增长目标相差达1个百分点。此时，货币政策方面需在基准政策之上降准2次，每次100个基点，同时财政赤字需要增加9 002.4亿元，超过预算赤字27.70%，全年赤字率将达到4.02%。课题组并不建议采用如此激进的短期需求管理政策来达到增长目标。

表22　各情景假设下实现经济指标增速目标所需的政策力度

情　景	基准	Ⅲ保守悲观	Ⅲ悲观 Ⅳ保守悲观	Ⅳ悲观	Ⅴ极度悲观
全年实际GDP增速(%)	6.0	5.8	5.7	5.5	5.0
全年实际校正GDP增速(%)	5.9	5.7	5.6	5.5	5.0
假设经济增长目标(%)	6.0				
假设校正增长目标(%)	5.9				
货币政策所需增加力度	无额外调整	1次降准50个基点	1次降准50个基点	2次降准50个基点	2次降准100个基点
赤字超预算额(亿元)	无预算外赤字	1 457.5	2 743.6	4 629.8	9 002.4
赤字超预算比率(%)	0	4.48	8.44	14.25	27.70
估算赤字率(%)	3.0	3.24	3.36	3.54	4.02

数据来源：上海财经大学高等研究院。

值得注意的是,以上各政策选项分析均是基于单一情景假设所进行的探讨,提出的货币政策力度和财政政策力度也只是政策最终的目标效果,并没有深入探讨具体的政策工具。原因在于,在现实中多个情景往往会相互叠加、相互影响,带给中国经济内外多重冲击,这些不确定性的交互作用可能带来放大效应,导致中国经济的下行压力加大,需要结合实际经济情况灵活运用不同的政策工具。

课题组特别声明,在情景模拟分析的基础上提出上述政策力度选项,并不代表课题组同意上述需求刺激政策。例如,在情景Ⅳ的悲观情景下,在基准政策的基础上连续增加两次大幅降准措施,可能给本来就偏高的通货膨胀带来更大的压力。同时,预算外增加高达 4 630 亿元的财政赤字,不仅会大幅增加财政预算压力,还可能会对社会投资造成较大的挤出效应,甚至恶化企业投资环境,降低经济的增长潜力。课题组认为,随着经济进入新的增长阶段,改革进入深水区,继续推进深层次结构改革,改善营商环境,提振投资者和企业家的信心,释放经济增长潜力,才是维持经济长期健康发展的关键。

三、短期经济政策选项可能对经济造成长期副作用

课题组多次在历年报告中提出,传统的逆周期经济调控政策如货币政策、财政政策着眼于短期稳定效果,可能会造成一定的副作用,影响实体经济的长期健康发展,不利于结构调整和供给侧改革的顺利推进。通过使用 2019 年年中报告中构建的我国房地产市场调控政策指数,课题组发现,我国 M2 增长率与北京、上海两个城市调控指数相关系数达到 0.28 和 0.19。这说明自 2003 年房地产市场全面市场化改革以来,特别是 2008 年金融危机以来,为了稳定短期经济波动,扩张的货币政策常常配合宽松的房地产市场政策使得资金流入房地产市场,推升房价。上升的房价进一步推升土地价格,使得地方政府可以通过土地出让金获得更多收入,有能力执行积极的财政政策。但课题组认为此种通过房地产市场进行传导的货币财政政策协调机制会造成长期资源错配,因为房地产市场的快速发展挤出了工业企业的固定资产投资和研发支出,造成了我国劳动生产率的下滑。

如图 135 所示，基于银行贷款数据，课题组发现，个人购房贷款和房地产企业贷款与工业企业贷款存在此消彼长的情况。特别是 2015～2016 年，伴随着我国大部分城市房价的快速上涨，房地产贷款和个人购房贷款同比大幅增长，但同时造成工业企业贷款同比增速大幅回落。从资金流向看出，房地产市场发展挤出了工业企业的发展。

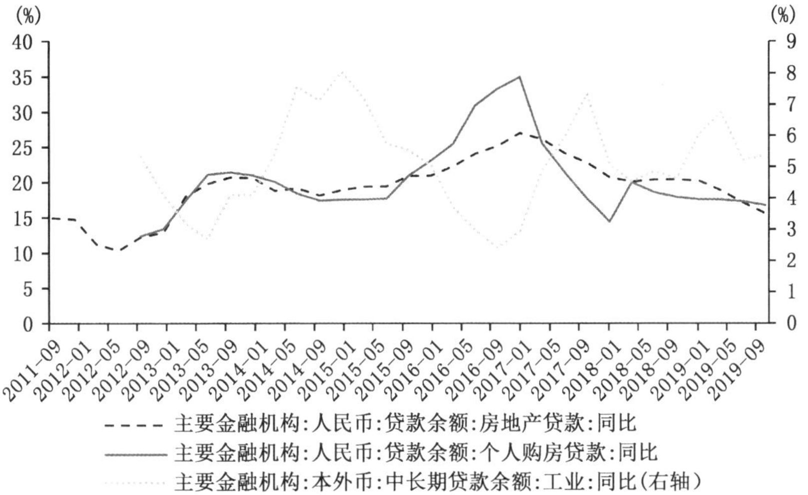

数据来源：上海财经大学高等研究院、中国人民银行。

图 135　银行贷款增速

为了科学验证我国宏观经济政策通过房地产市场对工业企业生产率的影响，课题组首先构建了工业企业劳动生产率指标，定义为工业增加值/同一时期从业人员数，再根据 X12 方法进行了季节性调整，然后计算得出工业企业劳动生产率。

其次，课题组根据 Chen 等（2018）的方法，构建出我国货币政策冲击。冲击大于 0 表示扩张的货币政策，小于 0 表示紧缩的货币政策，历史货币政策冲击数据如图 137 所示。

接下来，课题组使用 Local Projection 方法测量扩张性货币政策对于劳动生产率的影响。图 138 表示此影响的动态效果，扩张性货币政策会造成劳动生产率增速长期下滑。

课题组进一步研究了扩张性货币政策造成劳动生产率下降的原因。通过使用上市公司数据，课题组发现企业出于追逐资本回报的目的，房价

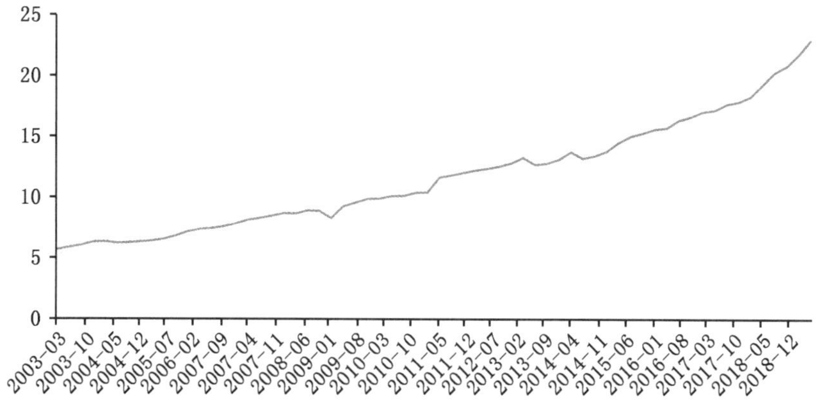

数据来源:上海财经大学高等研究院、Wind。

图 136　工业企业劳动生产率

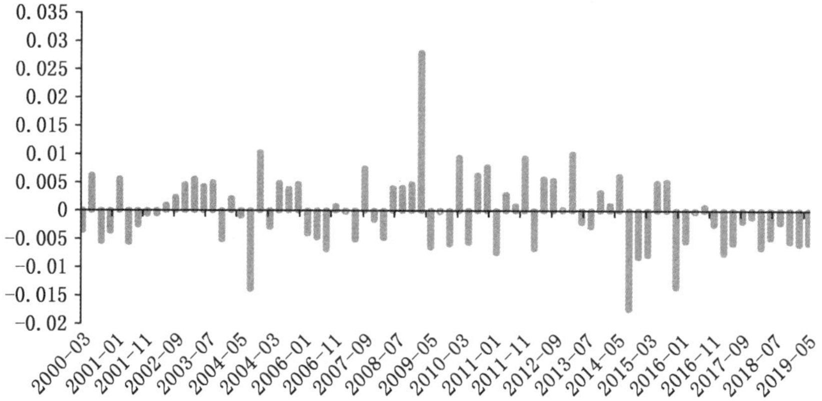

数据来源:上海财经大学高等研究院;Chang C. , K. Chen, D. Waggoner, and T. Zha. Trends and Cycles in China's Macroeconomy[J]. NBER Macroeconomics Annual, Vol. 30, 2016。

图 137　货币政策冲击

的上升促使其加大了房地产投资,如表 23 所示。同时,企业的房地产投资挤出了企业的研发支出和固定资产投资,如表 24、表 25 所示。

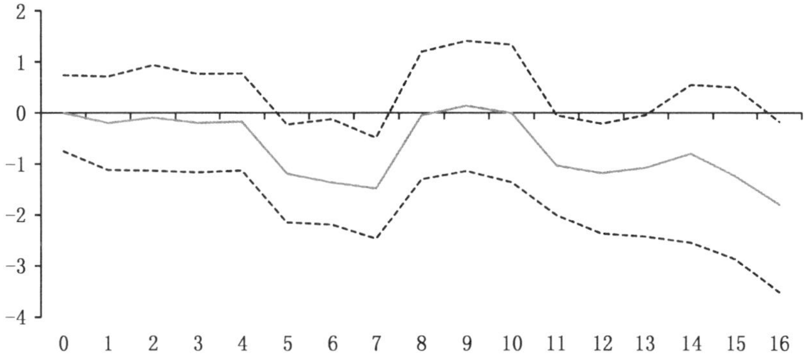

注：虚线表示置信区间。

数据来源：上海财经大学高等研究院、Wind。

图 138　劳动生产率对于扩张性货币政策的反应

表 23　企业房地产投资对房价的回归结果

	房地产投资	
滞后期住宅房价	0.540*** (10.90)	—
滞后期商业营业用房房价	—	0.679*** (9.91)
滞后期资产负债率	0.003** (2.06)	0.003* (1.94)
滞后期无形资产占比	−0.010* (−1.86)	−0.010* (−1.89)
滞后期总资产报酬率	−0.013*** (−2.65)	−0.013*** (−2.70)
滞后期公司规模	0.458*** (14.27)	0.460*** (14.29)
公司成立年限	0.029*** (5.49)	0.028*** (5.32)
滞后期营业收入增速	0.000 (0.40)	0.000 (0.38)
滞后期现金流量	0.001 (1.38)	0.001 (1.44)
滞后期托宾 Q	−0.014 (−1.09)	−0.015 (−1.15)
企业性质	−0.341*** (−4.85)	−0.368*** (−5.23)

续表

房地产投资		
cons	－8.358*** (－18.01)	－9.869*** (－15.05)
R^2	0.156 6	0.151 7
行业固定效应	有	有
年份固定效应	有	有

表 24　工业企业研发投入对企业房地产投资的回归结果

	企业研发支出占营业收入的比例
滞后期企业房地产投资取对数	－0.106** (－2.30)
滞后期资产负债率	－0.014*** (－4.81)
滞后期无形资产占比	－0.026* (－1.76)
滞后期总资产报酬率	－0.044*** (－3.57)
滞后期公司规模	0.145* (1.65)
公司成立年限	－0.130*** (－9.13)
滞后期营业收入增速	0.001 (1.11)
滞后期获取现金能力	－0.001 (－0.67)
滞后期托宾 Q	0.205*** (4.07)
企业性质	0.401** (2.10)
cons	4.525*** (10.38)
R^2	0.109 4
行业固定效应	有
年份固定效应	有

表 25　　工业企业固定资产投资对企业房地产投资的回归结果

	工业企业固定资产投资	
	(1)	(2)
滞后期住宅房价	-0.155^{***} (−4.15)	—
滞后期商业营业用房房价	—	-0.197^{***} (−4.77)
企业房地产投资	-0.085^{***} (−9.87)	-0.084^{***} (−9.81)
滞后期资产负债率	-0.002^{***} (−6.03)	-0.002^{***} (−5.95)
滞后期无形资产占比	0.021^{***} (5.72)	0.021^{***} (5.82)
滞后期总资产报酬率	0.002 (0.91)	0.002 (0.82)
滞后期公司规模	0.871^{***} (46.64)	0.873^{***} (46.76)
公司成立年限	−0.005 (−1.50)	−0.005 (−1.52)
滞后期营业收入增速	−0.001 (−1.59)	−0.001 (−1.56)
滞后期现金流量	0.006^{***} (5.97)	0.006^{***} (5.91)
滞后期托宾 Q	0.020^{**} (2.07)	0.021^{**} (2.10)
有无抵押品	−0.173 (−1.03)	−0.176 (−1.05)
企业性质	0.104^{***} (3.16)	0.108^{***} (3.28)
省级 GDP	−0.019 (−0.63)	−0.015 (−0.50)
省级市场化指数	0.006 (0.39)	−0.004 (−0.32)
cons	1.049^{**} (1.97)	1.567^{***} (2.73)
年份效应	固定	固定
R-square	0.818 1	0.818 3
观测值	2 062	2 062

最后，课题组使用向量自回归模型进行了财政政策对于劳动生产率影响的研究。劳动生产率对于积极财政支出政策的反应如图 139 所示。课题组发现,不同于货币政策,劳动生产率对于积极财政政策反应为正。课题组认为,我国财政支出的重要对象是进行基础设施建设,良好的基础设施作为具有正外部性的公共品可以有效提高劳动生产率。

基于以上研究结果,课题组认为,为了达到兼顾稳定短期经济波动和促进长期经济增长的目标,应更多地使用扩张型的财政政策,特别是提高基础设施建设投资,而需要谨慎地使用货币政策进行逆周期调节。

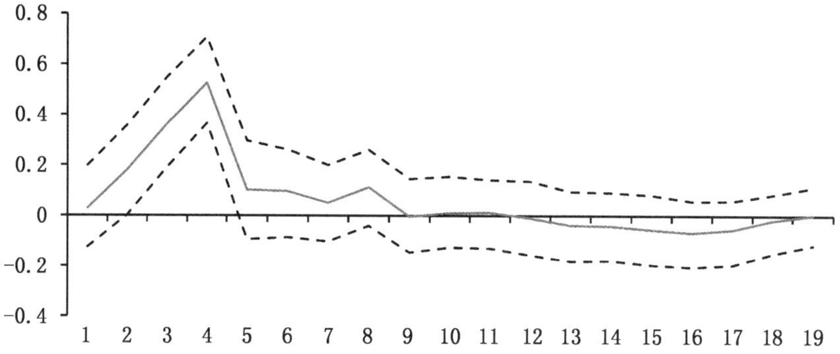

注:虚线表示置信区间

数据来源:上海财经大学高等研究院、Wind。

图 139　劳动生产率对于积极财政政策的反应

第四章

对潜在增长率和福利提高的反事实实验

一、研发创新与优化资源配置并重，提升经济增长潜力

近年来，我国经济正在发生深刻的变化。在人口红利逐渐枯竭、投资回报率整体下滑等背景下，由要素驱动、投资驱动的传统增长模式已难以为继，未来的经济增长，正在向创新驱动、消费驱动的方向不断转变。一方面，研发和创新在经济增长中的作用不断提升。根据课题组估算，全部固定资本形成中的研发比重已经从2012年的2.80%上升到了2017年的3.38%左右。[①] 加上软件以及地质勘探等部分，2017年全部固定资本形成中的无形资产部分已经从2012年的6.61%上升到了2017年的9.34%，在经济中占据越来越重要的地位，对全要素生产率(TFP)的增长产生正向促进作用。但另一方面，正如课题组所指出的，我国经济中依然存在着大量的资源错配，这种错配不但表现在三次产业之间，也表现在产业内部的细分行业结构和所有制结构上，导致产出低效的问题。通过市场化改革，能够改善资源配置，同样能提高潜在增长率。在本章中，课题组将沿用楔值核算模型，探索研发创新和资源配置优化对经济潜在增长率的影响并进行量化分析。

① 2012年的数据是根据研发支出改革前后固定资本形成的差异反推，数据来自2015、2016年的《中国统计年鉴》，2017年的数据根据当年的官方投入产出表推算。

较之传统的基于索罗余值的核算模型，楔值核算模型采用一般均衡框架，兼顾了供需两侧，并且采用了分部门核算框架，能够分析经济转型在经济增长中的作用。但是较之一般的核算模型，楔值核算模型所需要的经济变量也更多，例如，分行业的现价和不变价的总产出数据，以及分行业的最终使用上的结构数据等。目前可供楔值模型使用的全国层面的公开数据仅覆盖2014年之前，因此尚不便对近年来全国层面的增长情况进行分析。但是部分地区公布了楔值模型所需的经济数据，上海便是其中之一。作为中国人均收入最高的地区之一，上海的经济结构与发达国家已经十分相似，代表了中国经济结构转型的前沿面。考察研发创新和资源配置优化对上海经济潜在增长率的影响，对全国层面来说也具有前瞻启示意义。因此课题组选择以上海为例，采用楔值模型量化分析了研发创新和资源配置优化对经济潜在增长率的影响。

在模型设置上，课题组将整体经济分为资本品和非资本品部门。核算结果显示，2013～2017年，资本品部门的TFP年均增长1.24%，对部门总产出贡献率接近30%，而非资本品部门TFP则几乎没有增长。研发力度加强是推升资本品部门TFP增长的重要动力。另一方面，房地产业比重的快速上升则对居民的非资本品消费造成了挤压，从需求侧影响了非资本品部门的产出。随后，在分部门增长核算基础上，课题组对上海经济潜在增长率进行了分析。在基准情景下，“十四五”期间上海的潜在增长率约为6.88%。课题组进一步基于不同情景进行了反事实分析，结果显示，在R&D投入有效促进资本品部门TFP以及非资本品部门的最终使用中商品房增值比重下降这两种情景下，经济的潜在增长率都能进一步提升，“十四五”期间的潜在增长率将分别达到7.48%和7.17%。当两种情景叠加时，“十四五”期间的潜在增长率为7.78%，累计将比基准情景高出0.9个百分点。这一结果表明，鼓励研发创新活动和高新技术产业发展，深化先进制造业与高端服务业的融合，加大研发投入强度，是释放经济增长潜力的重要途径。此外，改进经济中的资源配置效率，防范房地产业的过度发展对居民消费造成挤压，同样也是提升经济增长潜力的重要手段。

(一)总量层面的经济增长核算

根据传统的索罗经济增长模型，整体经济的增长可以分解为要素投入的增长和全要素生产率(Total Factor Productivity，TFP)的增长，其中TFP的增长反映了经济增长的效率。因此，将实际GDP作为产出指标，将资本和劳动力作为投入指标，便可在整体经济层面对上海的经济表现进行初步的分析，结果整理在表26中。

表26　　上海整体GDP的增长核算　　单位：%

时　期	平均增速			
	GDP	资本	劳动力	TFP
2006～2010年	11.26	11.62	4.04	2.90
2011～2015年	7.56	8.45	2.84	1.92
2016～2018年	6.77	8.21	0.35	2.77
时　期	对增长的平均贡献			
	GDP	资本	劳动力	TFP
2006～2010年	100.00	59.87	17.68	22.45
2011～2015年	100.00	55.19	18.42	26.40
2016～2018年	100.00	56.10	2.75	41.14

注：2006～2010年、2011～2015年、2016～2018年的资本份额分别为0.55、0.49、0.46。

数据来源：上海市统计局、上海财经大学高等研究院。

从表26可以看出，2006年以来，上海经济的整体增速逐渐下滑，GDP年均增速从2006～2010年的11.26%下降到2011～2015年的7.56%，再到2016～2018的6.77%。从要素投入的增长来看，资本和劳动力的增速也逐渐进入下行通道，尤其是劳动力的增速下降得尤为明显，2016～2018年的劳动力平均增速仅为0.35%。资本增速也在下降，但绝对增速仍保持在8%以上，2011～2015年和2016～2018年的年均增速分别为8.45%和8.21%。从对GDP的贡献率来看，资本贡献率在三个阶段平均分别为59.87%、55.19%和56.10%，劳动力的贡献率平均分别为17.68%、18.42%和2.75%。

在要素投入增速下行的情形下，TFP便成为决定经济增长的关键。表26显示，2006～2010年、2011～2015年、2016～2018年上海的TFP年均增速分别为2.9%、1.92%和2.77%，对GDP增长的贡献率分别为22.45%、26.40%和41.14%。图140进一步显示了每个阶段中历年

TFP 增速的变化以及 TFP 对 GDP 贡献率的变化。从图中可以直观地看出，2008～2013 年上海经济的 TFP 增速和对 GDP 的贡献都处于较低水平，但从“十二五”后半阶段开始，TFP 的增速以及对 GDP 增长的贡献都出现了明显的提升，这意味着上海经济正朝着效率驱动的方向转型。

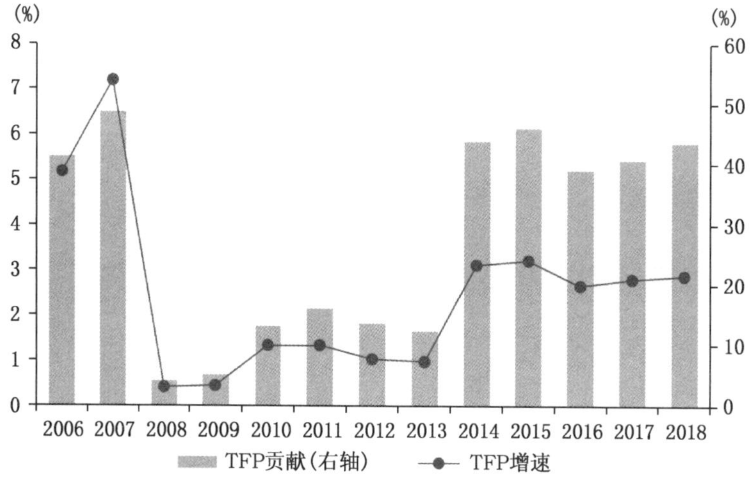

数据来源：上海市统计局、上海财经大学高等研究院。

图 140　不同时期上海经济的 TFP 增速及其对经济增长的贡献

图 141 显示了 2006～2018 年各个时期上海 GDP、各项要素投入以及 TFP 的历年增速变化情况。从图中可以直观地看出，资本投入对 GDP 的拉动效应仍然较为明显，但劳动力自 2014 年起增长基本陷入停滞。TFP 增速则从 2014 年起进入较快增长阶段，增速均维持在 2%以上，对 GDP 增长提供了有力的支撑。图 142 则显示了 2006～2018 年各个时期各项要素投入以及 TFP 对上海 GDP 增长的贡献率的历年变化情况。从图中可以看出，2014 年之后，由于劳动力的增速基本为 0，因此经济增长主要是由资本和 TFP 驱动的。其中，资本贡献率在 2016 年达到 58.7%的高峰，随后逐步下降到 2018 年的 54.5%。TFP 的贡献率变化趋势则呈现相反走势，2016 年的贡献率为 39.1%，是 2014 年后的最低水平，随后逐步上升，达到 2018 年的 43.68%。

从总量层面的增长核算中可以看出，在资本增速稳中有降、劳动力增长陷入停滞的情形下，TFP 对于上海经济增长的作用至关重要，是决定

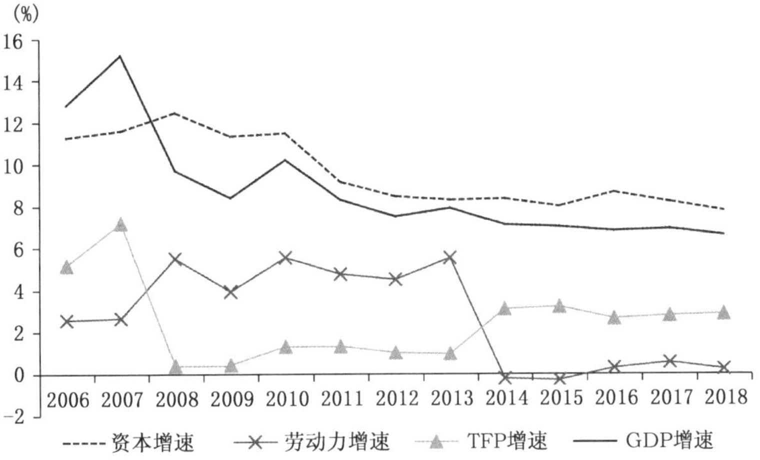

数据来源：上海市统计局、上海财经大学高等研究院。

图 141　2006～2018 年上海 GDP、要素投入和 TFP 的增速变化

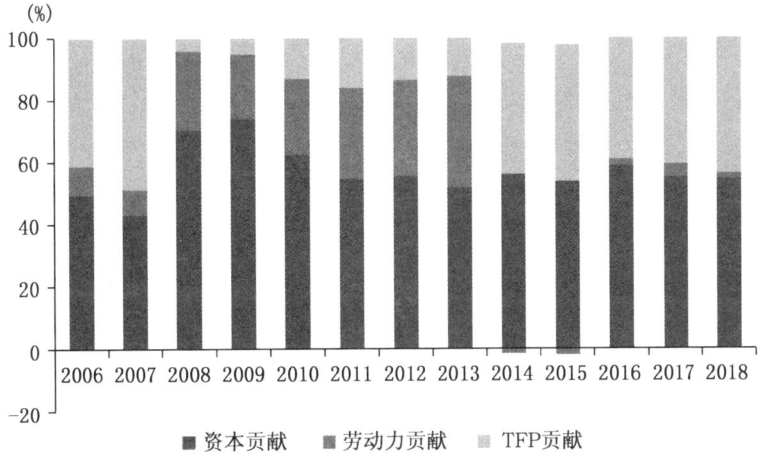

数据来源：上海市统计局、上海财经大学高等研究院。

图 142　2006～2018 年各要素和 TFP 对上海 GDP 增长的贡献

上海经济增长潜力的关键因素。如图 143 所示，2013 年以来，上海的 R&D 投入一直维持在较高水平，并且还在不断增长，2018 年 R&D 经费占 GDP 的比重已经达到 4%，较 2013 年的 3.49%累计上升了 0.51 个百分点，较 2008 年的 2.54%累计上升了 1.46 个百分点，已经达到了发达国家的水平。经济增长理论表明，技术进步是维持 TFP 增长的重要动力，因此研发比重的持续上升,将对上海经济的 TFP 增长起到促进作用。另一方面,近年来,房地产在上海经济中的比重不断扩大。如图 144 所示,2014 年起,房地产业在全社会固定资产投资中的占比超过了 50%,2016、2017 年分别达到 54.9%和 53.2%。上海的民间投资中,更有超过 75%都投向了房地产。[①] 过多资源投向房地产业,将导致资源错配,并对整体 TFP 产生负面影响。

从最终使用的角度,也可以观察到 R&D 和房地产比重的上升。参考官方核算方法,课题组将上海的固定资本形成从构成上分成了建筑物、设备工器具、软件和 R&D 形成的固定资本,以及商品房销售增值。[②] 图 145 显示了固定资本形成中的 R&D 以及商品房销售增值的比重,两者都在上升,尤其是商品房销售增值,占比在 2017 年将近 39%。在固定资本形成中,与其他有形或无形资产不同,商品房销售增值代表的是不动产的交易差价,并不具有生产功能,因此其比重的上升,势必将拖累投资的效率。然而,单从总量层面进行核算,课题组尚无法对上述讨论的 R&D 和房地产等结构性因素加以分析。此时,分部门的经济增长核算便能从经济结构层面,帮助我们进一步理解影响整体经济增长的因素。

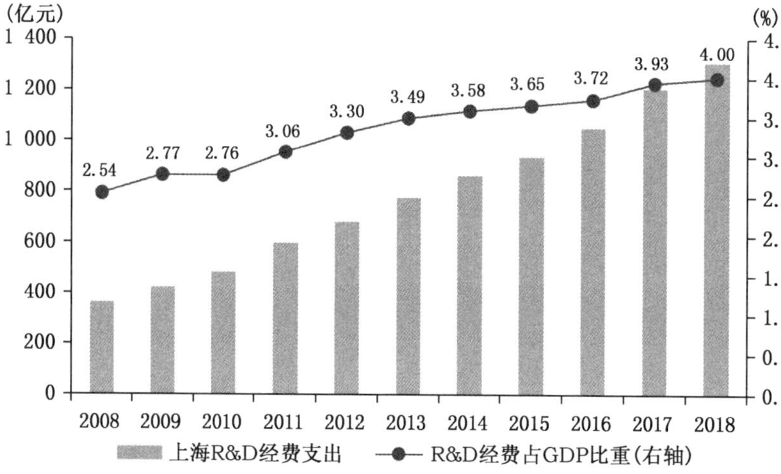

数据来源:上海市统计局、上海财经大学高等研究院。

图 143　2008～2018 年上海研发投入规模及其强度

① 参考历年的《上海经济年鉴》。

② 商品房销售增值指的是商品房销售与建房成本(包括土地购置费用)之间的差异。

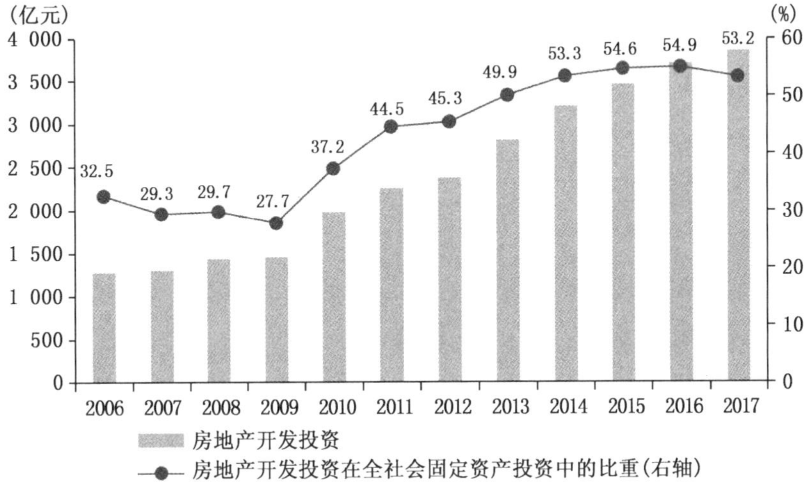

数据来源：上海市统计局、上海财经大学高等研究院。

图 144　2006～2017 年上海房地产开发投资额及其占全社会固定资产投资的比重

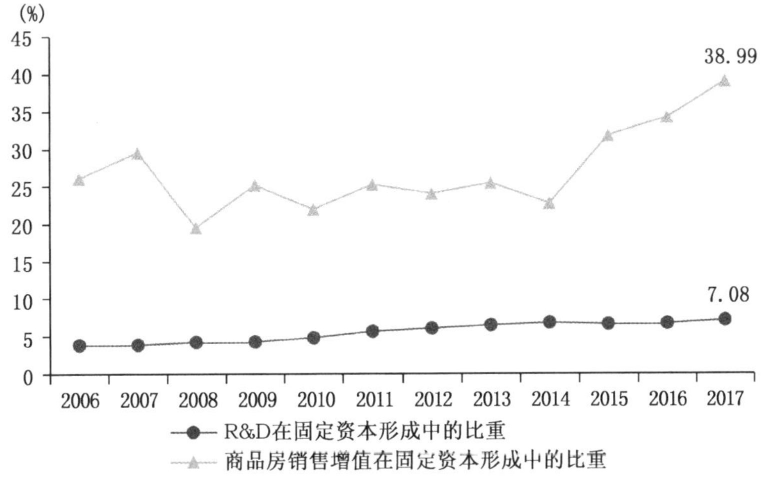

数据来源：上海市统计局、国家统计局、上海财经大学高等研究院。

图 145　R&D 和商品房销售增值在总的固定资本形成中的比重

(二)分部门的经济增长核算

课题组采用的楔值核算模型是在 Cheremukhin、Golosov 和 Guriev 等(2015，2017)的基础上构建的，并对原始模型进行了改进，实现了部门之间在生产和使用核算上的协调一致,并且通过非位似偏好的设定,可以捕捉结构转型中的收入效应。通过求解模型,可以得到理想化条件下的资源配置情况,也即各种均衡条件。另一方面,从实际数据着手,可以得到现实中的资源配置条件。这两者之间的差异,便是模型中所称的楔值。楔值核算将各种楔值视为反映经济中的各种制度性、结构性的因素的变量,并对其进行重点考察。此外,通过改变楔值,还能够设计各种反映制度变化的情景,支持反事实分析。在本节,课题组将在分部门增长核算的基础上,采用楔值模型研究上海经济的潜在增长率。

课题组在以往报告中的楔值模型总体上是按"食品—非食品货物—服务"对经济进行部门划分的,结合上海经济的实际情况,本报告对模型进行了一定的调整。一方面,由于农业在上海经济中的占比已经很低,因此从农业向非农业的结构转型对经济增长的影响已经十分有限,没有必要单独将"食品"作为一个部门进行考察;另一方面,在以往报告中假定只有非食品货物部门才能生产固定资产,事实上只考虑了有形固定资产投资,忽视了占比越来越高的无形资产投资。基于上述考虑,课题组将上海经济分为资本品和非资本品两大部门。

资本品部门既生产各种中间产品和最终消费品,也生产各类有形和无形资产,用于资本的积累。行业门类包括了农林牧渔业、工业、建筑业、信息传输、软件和信息技术服务业(以下简称 IT 行业)以及科学研究和技术服务业(以下简称 R&D 行业)。[①] 考虑到各种有形资产的购置还包含了商业和运输的流通费用,因此将批发零售业以及交通运输、仓储和邮政业也包括到资本品部门中。

非资本品部门生产中间产品和消费品,但不生产资本品,是第三产业中除了 IT 行业、R&D 行业、批发零售和交通运输、仓储和邮政业之外的其他行业,具体包括住宿和餐饮业、金融业、房地产业、租赁和商务服务业、水利、环境和公共设施管理业、居民服务、修理和其他服务业、教育、卫生和社会工作、文化、体育和娱乐业、公共管理、社会保障和社会组织

① 将农林牧渔业纳入资本品部门是从简化模型的角度出发的。由于农林牧渔业占上海经济的比重已经很小,因此这一处理不会影响主要结论。

等。[1] 资本品和非资本品的分类归纳在表 27 中。

表 27　资本品和非资本品部门的分类标准

部　门	行　业
资本品部门	农林牧渔业、工业、建筑业、信息传输、软件和信息技术服务业、科学研究和技术服务业、批发零售业、交通运输、仓储和邮政业
非资本品部门	住宿和餐饮业、金融业、房地产业、租赁和商务服务业、水利、环境和公共设施管理业、居民服务、修理和其他服务业、教育、卫生和社会工作、文化、体育和娱乐业、公共管理、社会保障和社会组织。

采用楔值核算时，需要根据部门间的投入产出结构实现生产和使用两大活动之间的一致，因此在进行分部门增长核算时，不能直接采用增加值法的 GDP 而需要采用总产出作为产出指标，在要素投入中，也需要考虑中间产品的投入。此外，由于统计制度的变化等问题，课题组目前只能对 2013 年以来上海的各项分部门投入产出数据进行相对准确的估算。在此基础上的分部门核算结果如表 28 所示。

表 28　上海经济分部门增长核算[2]　　单位：%

	2013～2017 年平均增速				
	总产出	中间投入	资本	劳动力	TFP
资本品部门	4.94	4.23	4.68	－0.84	1.24
非资本品部门	9.56	11.57	11.14	2.02	0.06
	2013～2017 年对总产出增长的贡献				
	总产出	中间投入	资本	劳动力	TFP
资本品部门	100.00	59.33	13.70	－2.37	29.34
非资本品部门	100.00	75.44	19.06	4.94	0.56

注：资本品部门的中间投入、资本、劳动力的份额分别为 0.755、0.125、0.120；非资本品部门的中间投入、资本、劳动力的份额分别为 0.640、0.155、0.205。

数据来源：国家统计局、上海市统计局、上海财经大学高等研究院。

---

① 房地产业并不生产资本品。各种住宅和非建筑物等不动产都是建筑业的产出，固定资本形成中由房地产业所"生产"的，只有商品房的销售增值，只是一种买卖价差，并非实际的资产。

② 由于分部门增长核算所采用的产出指标与总量增长核算的不同，并且包含了中间投入，且用于平减名义数据的价格指数也不同，因此分部门的增长核算结果与总量层面的核算结果不能简单比较。

与总量层面的核算不同，分部门核算提供了更为丰富的结构层面的信息。2013～2017 年，资本品部门的总产出平均增速为 4.94%，其中，中间投入的平均增速为 4.23%，贡献了将近 60%的增长。资本增长 4.68%，贡献率为 13.7%，而 TFP 增长 1.24%，对总产出的贡献高达 29.34%，是驱动资本品部门增长的关键动力。非资本品部门总产出的平均增速则达到了 9.56%，其中，中间投入平均增速为 11.57%，贡献率达到 75.44%，资本和劳动力则分别增长了 11.14%和 2.02%，贡献率分别为 19.06%和 4.94%。而 TFP 则几乎没有增长，对非资本品部门总产出的贡献率仅为 0.56%。

进一步地，课题组将各个部门的 TFP 水平值在 2013 年均设定为 1，通过图 146 直观地展示了资本品和非资本品部门 TFP 的增长差异。可以看出，2013～2017 年，进一步比较两个部门的 TFP 变动资本品部门的 TFP 持续增长，而非资本品部门 TFP 则陷入了停滞，甚至有所下降。这一结果与我们通过观察固定资产投资以及固定资本形成等角度得到预期是一致的。一方面，资本品部门中的各个行业所生产的各类有形、无形资产，大部分被本部门中的各个行业所使用，其中 IT、R&D 等无形资产比重的上升，代表了资本品部门的产业结构正往高端方向的发展，各类先进制造业和信息产业、研发活动的扩张，驱动了资本品部门 TFP 的增长。另一方面，非资本品部门中的房地产比重不断扩大，具体表现在非资本部门的最终使用中，商品房销售增值(即房地产业所“生产”的固定资本形成)占比不断上升。如图 147 所示，从 2013 年的 27.44%上升到 2017 年的 35.1%，而非资本品部门最终使用中的居民消费比重相应地下降，从 2013 年的 71.4%下降到 2017 年的 62.3%。由于非资本品部门包含了居民服务、教育、医疗、文化、体育、娱乐等与生活性、服务性消费密切相关的行业，因此，在政府消费、净出口和存货变动等其他最终使用项的占比整体保持稳定的情况下，上述结果说明了房地产业的扩张，对居民的生活性、服务性消费产生了挤压。

(三)基准情景和反事实模拟结果

根据分部门增长核算的相关结果，可以应用楔值模型，从模拟和反事实的角度对上海的潜在增长率进行分析。具体思路是，首先从实际数据

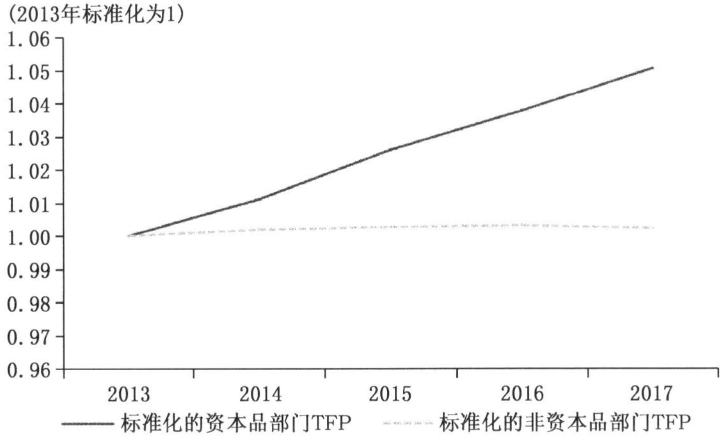

数据来源:上海财经大学高等研究院。

图 146　2013～2017 年资本品和非资本品部门 TFP 指数

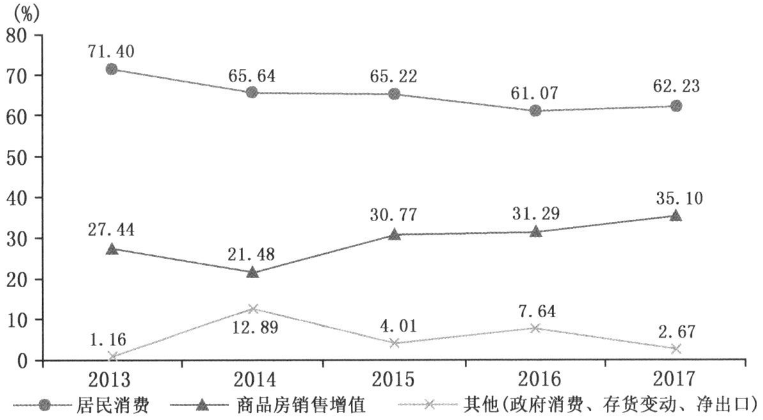

数据来源:国家统计局、上海市统计局、上海财经大学高等研究院。

图 147　2013～2017 年非资本品部门最终使用各项构成的占比

中获得当前经济中的各种楔值的变动趋势,并对其按一定假设进行外推;其次将外推后的楔值代入模型,从而内生式地求解出分部门的各种产出和投入的增长趋势;最后将模拟结果得到的每个部门的最终使用的实际增速按各部门最终使用的名义值加权平均,得到整体经济的潜在增长率。本报告以“十四五”期间上海的各种经济制度因素与“十三五”期间基本持平作为基准情景,并在此基础上计算了“十四五”期间基准的上海经济潜在增长率。随后分别设计了三种情景进行反事实分析,其中,情景1假设“十四五”期间经济中的R&D比重继续提高,使得资本品部门的TFP年均增速较基准提高0.2个百分点;情景2假设“十四五”期间非资本品部门最终使用中的商品房销售增值占比保持在20%,即大约2014年的水平,较基准值下降15个百分点;情景3则是情景1和情景2的叠加,即R&D占比上升与房地产占比下降同时发生时的情景。基准模型和三个反事实情景分析的结果在图148和表29中进行了总结。

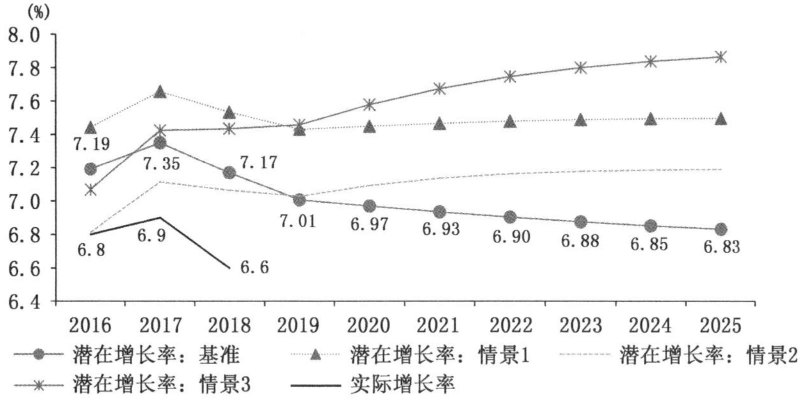

数据来源:上海市统计局、国家统计局、上海财经大学高等研究院。

图148　上海潜在增长率的估算①

表29　“十四五”期间上海经济的潜在增长率

	2016	2017	2018	2019	2020	2021	2022	2023	2024	2025	2021～2025年均增速
实际增长率	6.8	6.9	6.6	—	—	—	—	—	—	—	—
潜在增长率											
基准	7.19	7.35	7.17	7.01	6.97	6.93	6.90	6.88	6.85	6.83	6.88
情景1	7.44	7.66	7.53	7.43	7.45	7.47	7.48	7.49	7.49	7.50	7.48
情景2	6.81	7.11	7.06	7.03	7.09	7.14	7.16	7.18	7.18	7.19	7.17
情景3	7.07	7.42	7.43	7.46	7.58	7.67	7.75	7.80	7.84	7.86	7.78

① 情景1:R&D投入加大,使得非资本品部门TFP提升;情景2:商品房销售增值在非资本品部门最终使用中的比重下降;情景3:R&D投入加大,使得非资本品部门TFP提升,同时商品房销售增值在非资本品部门最终使用中的比重下降。

从图148中可以直观地看出,在基准情景下,上海经济的潜在增长率水平将呈现稳中有降的态势,但总体仍维持在6.8%以上,“十四五”期间潜在增长率的年均增速为6.88%。另外,当技术创新活动有效推动TFP(情景1)以及房地产活动在经济中比重下降(情景2)的情况下,潜在增长率都将得到提升。在情景1下,“十四五”期间的潜在增长率为7.48%,较基准情景高出0.6个百分点;在情景2下,“十四五”期间的潜在增长率为7.17%,较基准情景高出0.29个百分点;在情景1和情景2叠加时(即情景3),“十四五”期间的潜在增长率为7.78%,较基准情景高出0.9个百分点。上海代表了中国经济结构转型的前沿面,考察研发创新和优化资源配置对上海经济潜在增长率的影响,对全国层面来说也具有前瞻启示意义。本节的反事实分析结果显示,鼓励研发创新活动和高新技术产业发展,深化先进制造业与高端服务业的融合,加大研发投入强度,是释放经济增长潜力的重要途径,此外,改进经济中的资源配置效率,防范房地产业的过度发展对居民消费造成挤压,同样也是提升经济增长潜力的重要手段。

二、对大病抵扣福利影响的反事实分析

自2019年1月1日,中国政府出台了个人所得税改革大病抵扣征求意见稿,旨在降低居民生活成本、提高居民可支配收入。此项政策操作如下:纳税人在本年度自付部分的医疗支出超过15 000元但未超过80 000元的部分,可以从可纳税收入中扣除。

(一)基准情形

为了测算大病抵扣的福利效果,课题组建立了一个代际交替随机一般均衡模型。在这个模型中,我们引入了个体劳动生产率和健康状况的异质性。个体的自然健康状况会随着时间的推移而恶化,但是他可以通过医疗支出来恢复和提高健康水平。健康状况会直接影响劳动生产力、死亡率、个体效用。我们用了中国家庭健康调查面板数据来校准参数,估计出劳动收入过程、健康状况变化过程等参数,使得模型在宏观和微观层面上均接近于中国经济。

经课题组测算,以个人为抵扣单位执行的政策在长期稳定状态下的效果并不显著。具体来说,GDP将会增长0.2%,平均劳动生产力增加0.05%,平均生命寿命增长2个月。这项政策一定程度上增加了居民的可支配收入,进而促进了医疗支出的增加和健康水平、劳动生产率的提高。然而其效果并不是十分显著,一个原因是抵扣下限过高。在中国,医疗支出仅相当于GDP的4.6%。如果按一年人均收入为68 000元来看,平均年医疗支出为3 100元,明显低于抵扣下限。同时,这项政策仅适用于劳动力人口,其人均医疗支出仅为1 000元/年。由此,此项政策的受益群体少之又少。另一个原因是我们在模型中忽略了此项政策允许配偶相互抵扣的特征。

为此,课题组在上述模型中引入了家庭结构这一特征,假设一个家庭由男女两人组成。为计算方便但又不失一般性,假设他们有相同的年龄和死亡概率。但是,夫妻双方有各自的教育水平、劳动收入过程、健康状况变化过程以及保险状态。他们共同消费、共同储蓄,以及同时承担大病抵扣。

数值实验表明,目前的抵扣力度增加未来稳态新生人口人均福利460元。其中,夫妻双方都是高学历的家庭福利增加最多,为人均1 324元;相反,夫妻双方都是低学历的家庭福利增加仅为人均260元。一方面,医疗支出大的家庭可用于抵税的部分就大;但另一方面,由于健康状况影响劳动生产率和收入水平,医疗支出大的家庭收入低,可纳税收入少,从而抵扣空间小。基于目前政策所产生的在不同收入水平上的累退效果,课题组认为,第二个方面的因素起主导作用。

在关注稳态未来新生人口的同时,我们也考察了此项改革对目前人口的影响。实施大病抵扣政策后,上述稳态中累退的现象仍然存在。劳动力人口平均福利增加213元。如果我们着眼于那些受困家庭,若男性遭受重大疾病,这样的家庭人均福利增加400元;若女性遭受重大疾病,这样的家庭人均福利增加700元。这个区别主要来自女性医疗支出高于男性,同时男性的收入高于女性。因此当一个家庭中的女性罹患大病产生较高的医疗支出时,男性较高的可纳税收入将给予她更多的抵扣空间。然而,若一个家庭中男女均出现重大疾病,这样的家庭人均福利增加仅为193元。这是因为健康状况直接影响劳动生产率,当配偶双方均出现重大疾病时，劳动效率和劳动供给被严重挤压，使得家庭收入大幅降低，可抵扣的空间变小。

(二)反事实分析

基于以上分析，课题组做了两组反事实实验。基于抵扣下限过高导致宏观和福利效果不够显著的问题，在第一组实验中，我们逐渐降低抵扣下限。当抵扣下限为 5 000 元时，长期稳态情况下人均福利增加 518 元。配偶双方都是低学历的家庭人均福利增加 345 元，而高学历家庭人均福利增加达到 1 495 元。在短期，劳动力人口福利平均增加 225 元。其中，配偶双方均罹患重大疾病产生高医疗支出的家庭人均福利增加 253 元，低于夫妻只有一方产生高额医疗支出。因此，课题组总结，降低抵扣下限可一定程度地提高福利效应，但此项政策所表现的累退的性质依然存在。

由于此项政策出现了累退的效果，即低学历低收入家庭福利提高较小，以及配偶均出现重大疾病的家庭福利效果不显著，第二组实验假设抵扣下限因人而异，取决于家庭收入。当抵扣下限为家庭收入的 7.5%时，长期稳定状态上人均福利增长 439 元。高学历高收入的家庭福利增加仍然超过低学历低收入家庭，但是差距明显缩小，即累退的程度降低。同时，课题组发现，当抵扣下限取决于家庭收入时，配偶双方均罹患大病的家庭福利增加最为显著。

总体而言，大病抵扣政策会一定程度上降低税收负担，提高可支配收入，产生福利效应。但是，由于健康状况直接影响居民收入，所以通过降低个人所得税来提高罹患大病居民的福利，潜在的效果有限，同时会产生累退的现象，即最需要的家庭得到的帮助反而最小。因此，有效政策应着眼于公平。

表 30　　长期稳态福利效果　　单位：元

抵扣下限	平均	男	女	男	女	男	女	男	女
		低	低	低	高	高	低	高	高
15 000	460	260		539		690		1 323	
5 000	518	345		515		708		1 496	
7.5%年收入	439	358		437		529		888	

注：“低”表示低学历，“高”表示高学历。

表 31　　短期福利效果　　单位:元

抵扣下限	劳动力,平均	男患大病	女患大病	同时患大病
15 000	213	400	701	193
5 000	225	482	750	253
7.5%年收入	194	496	851	974

第五章

以深化竞争中性改革应对内外复杂局面

当今世界和中国都处于大变革、大调整时期。从外部看，世界政治经济格局已经发生了深刻变化，既有的全球秩序和多边体系在贸易保护主义、单边主义的冲击之下面临重构，尤其是中美贸易摩擦持续，使得全球经济下滑的风险和不确定性显著增加。同时，科学技术变革日新月异，对现有的体制机制提出了新的挑战，但由于地缘政治因素也被一些国家引入科技竞争之中，使得科技合作发展也面临何去何从的转折。与此同时，受外部性、周期性因素的部分影响，但更主要是受体制性、结构性因素的影响，使得中国经历了一个持续的增长速度下行。从中国自身的发展目标任务尤其是到 2020 年实现国内生产总值和城乡居民人均收入比 2010 年翻一番的目标来看，目前的增速水平已近下边界。如果应对不当，中国经济的下行压力还会进一步增大，发展不平衡不充分的问题也会更加突出。

面对外部的负面冲击和周期影响，逆周期调节政策对于稳定投资、消费、进出口、汇率等有其现实必要性，但需要注意其科学性、严谨性、现实性、针对性的有机结合，且应该与市场化改革、全方位开放的大方向相一致。在全球竞争性货币宽松的背景下，货币政策应保持稳健，做到灵活适度，不搞强刺激。稳健的货币政策需配合宏观审慎政策防止资金流向房地产市场，一方面要防范化解金融风险，稳定宏观杠杆率；另一方面也要落实金融服务实体经济，降低民企融资成本，并从根本上改善投资环境，提高投资效率。财政政策应全面落实减税降费政策,以助力民企、改善民生、促进民富为导向,稳定就业市场形势、缩小民众收入差距、控制家庭债务规模,来激发、提振市场有效投资和消费内生性需求。同时,适度增加财政支出,如基础设施建设投资支出,可促进公共品外部性,提高劳动生产率。产业政策与货币、财政政策有相关性,应更多使用致力提升市场功能的普遍性、功能性或软性产业政策,慎用倾斜性、选择性或硬性产业政策,以与市场化改革的大方向相一致。

相关逆周期调节政策,也应该与中国经济从要素驱动向效率驱动、创新驱动的大方向相一致,而创新驱动就需要更多发挥市场的作用、民企的作用。创新,特别是技术创新,主要靠市场而不是政府,靠民企而不是国企。基础研究主要是靠政府,比如国立的大学、研究机构等。然而,科学技术的创新主要是靠民企,而不是国企,因为技术创新的成功率不到百分之五,哪一个国企的领导、主管敢冒百分之九十五的失败风险去搞技术创新呢?无论是国内还是国际,最具有创新的企业都是民营企业,比如中国的华为、腾讯、阿里巴巴等,都是民营企业承担了风险,而不是由国家来承担。国家是最后的定海神针,不能让国家时刻处在风险之中。所以,不论是从发展、从效率,还是从稳定的角度,改革、发展、稳定、创新、治理应是五位一体的。

需要注意的是,逆周期政策调节只是为进一步全面深化改革开放争取时间、打下基础、创造条件,而不能解决持续发展和根本性问题。课题组主张对于改革到底做对了什么这一问题,需要以控制实验的方法论来区分哪些是改革前后的共性因素,哪些是差异因素。新的差异因素是:较大程度的经济上的选择自由、松绑放权改革、引入竞争机制、对外开放、民营经济大发展、国有经济比重不断下降。因此,市场化改革应坚持竞争中性、所有制中立的原则方向,以改革促进不合理体制、结构的纠正。经济全球化开放应向更高的制度型开放转变,以开放倒逼自身制度环境的改善。这二者是相辅相成、互动互促的,改革推动开放,开放倒逼改革,而竞争中性又是下一步改革和开放的共同关键词,有利于促进“有能、有为、有效、有爱”的维护和服务性有限政府及有效市场的形成,以更全面的深化改革和扩大开放来形成促进可持续增长与高质量发展的制度红利。

一、中国到底需要什么样的改革和政策

无论是总结经验与教训，分析还是解决问题，科学的经济分析都离不开“三维六性”，缺一不可。只有通过“理论逻辑、实践真知、历史视野”这三个维度，才能保证其结论和举措具有“科学性、严谨性、现实性、针对性、前瞻性、思想性”。之所以强调“三维六性”的研究方法，是因为目前许多对改革经验教训的总结、提出的政策建议和改革措施缺乏科学性和严谨性，影响了经济充分平衡的良性发展和现代化经济体系的建立。要科学分析，正确把握成功的决定性因素和存在问题的原因，想找到解决问题的路径和方法，都必须按照科学的本质内涵——控制实验的基本方法论来谈什么是差异因素，不能将所有的因素都放在一起来泛泛而谈；否则无法弄清改革开放到底做对了什么，这弄不好会影响改革发展的大业和政策制定。近些年出现的一些影响经济发展的问题都与“改革开放到底做对了什么”这个问题没有弄清楚有关。造成的后果可能是影响中央全会精神的贯彻执行，使得文件空转，把做对了的改革也往回改。

中国改革之所以取得巨大成就，除了坚持党的领导、坚持社会主义、社会稳定之外，还有几个原因是在市场化转型大背景下，较大程度的经济上的选择自由、松绑放权的改革、引入竞争机制、对外开放、民营经济大发展、国有经济比重不断下降。理论、实证及中国改革开放的实践都表明了，改革不改革、改革到位不到位，经济增长差异巨大，相差可达 3 个百分点。20 世纪 80 年代初中央提出到 20 世纪末经济增长要翻两番的宏伟目标。当时许多经济学家都认为这是不可能的事情，怎么可能在 20 年时间内经济增长提高整整 3 个百分点呢？但以市场为导向的改革开放的结果是大大超出了这个目标。这是被实践所检验的结论，国外和本项目的量化分析的结果显示大致也是如此。

四位俄罗斯裔经济学家在 NBER（美国国民经济研究局）工作论文(2015)《1953 年以来的中国经济》(The Economy of People’s Republic of China from 1953)中对 1953～2012 年中国经济增长因素进行了分析，并对 2012～2050 年的经济增长做了预测，通过运用国际前沿的“楔子法(Wedge Method)”找到一些领域扭曲最大的地方，分别以改革开放前后

各因素的贡献作为假设进行预测比较,其结论就是,改革与不改革,对经济增长影响的差别巨大,年增长率在 2012～2024 年相差近 3 个百分点,而改革开放前后 30 年相差更大,超过 4 个百分点。① 为了检验这个量化结果的准确性,上海财经大学高等研究院"中国宏观经济形势分析与预测"课题组也进行了不同的量化分析,通过"楔子法"给予了同样的验证。在市场化的城乡改革和国有企业改革均迅速实现较为理想化的情景下,我国经济的潜在增长率在未来很长时间内都将保持在较高的水平上。

表 32　　不同发展路径下的预期增长率比较　　单位:%

	2012～2024	2024～2036	2036～2050
以改革开放后的发展路径	7.8	5.2	3.6
以改革开放前的发展路径	5	4.6	3.9

目前,我国民营企业超过 2 500 万户,对税收贡献超过 50%;民营企业创造的国内生产总值、固定资产投资以及对外直接投资超过 60%;民营企业中高新技术企业占比超过 70%;民营企业城镇就业超过 80%,对新增就业贡献率达到了 90%。② 改革开放的理论逻辑表明,之所以强调民营经济发展和市场发挥决定作用,是由于分析解决问题必须从基本约束条件出发,经济问题之所以难解决,是受于两大基本无法改变的客观现实制约:个体自利性和信息不对称。制度的制定不是试图去改变人性,基本做不到,而是将人性(如个体逐利性)作为基本的约束条件来设计制度或规则,以此顺应人性,让人们自愿地改变其行为结果,以此实现个体理性和集体理性的激励相容。

改革开放就是尊重个体自利性和信息不对称客观约束,以市场化改革和全球化开放打破传统体制束缚的必然选择,是不断提高效率和勃发创新力的关键所在,也依然是中国下一步改革和应对当前世界重大变局的基本逻辑出发点。中国经济下一步市场化改革和开放中一个很重要的方向,就是要从过去的政府主导产业政策向政府中性竞争政策转变。这

① Cheremukhin, A., Golosov, M., Guriev, S., et al. The Economy of People's Republic of China from 1953[J]. National Bureau of Economic Research, 2015.

② 《经济结构不断升级 发展协调性显著增强——新中国成立 70 周年经济社会发展成就系列报告之二》,http://www.gov.cn/xinwen/2019-07/08/content_5407113.htm。

不仅是应对国际经贸摩擦的需要，也是解决中国经济自身所面临深层次问题的需要。从机制设计理论的视角来看，由于政府很难改变人性，也少有激励去掌握市场和经济人的具体信息，基于有限信息做出事先的产业政策规划和措施的平均水平不高，但方差却可能会很大，从而要慎用选择性产业政策。

回顾中国改革开放40余年的历史，中国确实推出了许多产业政策，其中有成功的，也有失败的。但是，对于是什么导致这些政策的成功？我们要有清醒的认知。比如，中国推出的一些硬性的、选择性的产业政策之所以成功，在很大程度上是由于同步推出了软性的、功能性产业政策，才增进了市场的竞争性功能。正是因为有了中央产业政策在主导方向性的改革，增加了允许地方区域性的竞争空间，明智的地方政府为了选择性产业政策的成功，就会去竞相配套功能性产业政策，让市场发挥更为重要的基础性作用，这才使得地方的选择性、硬性产业政策成功。同时，地方的选择性硬性产业政策也带来一个后果，那就是地方政府债务的持续快速膨胀，这是推高中国经济宏观总杠杆率的一个重要方面，也是值得高度关注的风险点。

当然，一些战略性、基础性、前瞻性和不被其他国家"卡脖子"的行业需要选择性产业政策，例如许多军工行业，那些投资大、回报低、建设周期长的基础设施行业等。这其中也包括一条：教育行业，中国目前的教育还不属于市场型教育，也不属于普适性教育，这对建设创新国家是远远不够的。这些政策说它是产业政策也好，是政府的其他制度性政策也好，都是十分必要的，政府要制定制度或政策，充分重视其发展。然而，随着中国经济从要素驱动迈向效率驱动、创新驱动阶段，不应提倡以往鼓励投资的产业政策，也不应提倡用抑制投资的产业政策去产能，政府应简政放权，以竞争中性由市场供需来决定企业退出或进入，让企业自己决定如何发展、往哪方面发展。

中国这一轮的经济下滑，与2008年开始的加强基础设施建设和扩大制造业投资所引起的产能过剩、房地产价格泡沫和地方债务违约等问题的影响后果开始恶化息息相关；也与过度运用选择性的产业政策而忽视功能性产业政策及其背后的市场化制度改革、"重政府、轻市场，重发展、轻服务，重国富、轻民富"及结构性失衡未得到根本扭转、政府部门的经济发展属性依然大过公共服务属性、企业部门民营经济的生存和发展面临困难、整体全要素生产率有所下降、居民部门家庭债务规模快速攀升而收入差距又有所拉大,有莫大关系。这种政府主导和国企主要的发展方式也在一定程度,甚至在显著程度上导致国际上的反弹,出现了否定中国市场经济地位的论调。如果美国、欧洲一旦采取封闭围堵,那么将会严重影响国内经济发展,拓展世界市场也会遭遇极大阻击。

中国经济离市场发挥决定性作用的现代化经济体系还有很长一段距离。那么,怎样才能达到这个目标呢?一味地靠选择性产业政策吗?显然不行,需要靠竞争中性、所有制中性政策,要能够带来全要素生产率提高的市场化制度改革。这样,实现中国经济的发展目标也不能靠主张产业政策、事事有为的有为政府,而是要靠定位恰当的、主张竞争政策的维护和服务性有限政府。有为政府的行为边界是游离不定的,甚至是无限和无界的;而有能、有为、有效、有爱的维护和服务性有限政府的行为边界更为清晰,是有限和有界的。只有维护和服务性有限政府治理模式在经济体制转型、结构变迁及市场失灵中发挥着不可或缺的指导性作用,硬性产业政策的采用应适度、慎用,才能导致有效市场和真正让市场在资源配置中发挥决定性的作用,将中国经济导入可持续增长与高质量发展路径。

二、以竞争、所有制中性推动改革开放

从内部看,中国经济发展中的不平衡不充分问题破解之道在于进一步深化市场化改革,在于确立让国有企业、民营企业、外资企业公平竞争的市场环境,激发经济从要素驱动向效率驱动、创新驱动发展转变的内在动力,真正让市场在资源配置中发挥决定性作用,让政府在提供公共服务方面发挥更好的作用。从外部看,竞争中性原则已经在许多国际高水平双边和多边自由贸易协定中得到确认。例如,竞争中性已成为《全面与进步跨太平洋伙伴关系协定》(CPTPP)、《美加墨贸易协定》(USMCA)、《欧盟运行条约》等国际重要多边(区域)经贸协定的重要章节。中美贸易摩擦的关键点也不在于贸易顺差或逆差,更多的是双方在市场准入限制、政府补贴以及产业扶持政策等方面的落差。所以,无论是从国内改革还是从对外开放的角度,竞争中性原则都非常重要。

第一，完善法律和政策体系，确立竞争中性原则。应从国家法律层面对竞争中性原则及其适用性予以确认，如在《公司法》《反垄断法》《反不正当竞争法》等相关法律法规中进行适当体现，健全支持民营经济发展法治环境。在国家高位阶法律没有做出修订之前，各地方政府可以从自身经济的实际出发，对地方自主权以内的一些法律制度安排做出一些先行先试的探索，对于各种市场主体的所有制成分，在政策环境、法律保障、要素供给等方面都一视同仁。同时，可以考虑设立一些实施竞争中性、所有制中立政策的先行试验区。例如，深圳是中国改革开放的一面旗帜，其作为最早的经济特区，起到了探索、实验、示范的作用。历史赋予了深圳中国特色社会主义先行示范区的新定位，但经济依然是中心工作。深圳在民营经济发展和创新驱动发展方面有基础、有条件、有优势，可成为实施竞争中性政策的试验区。

第二，改革国资监管的体制，促进竞争中性落地。应促进从管资产向管资本转变，促进国有资本布局调整，同时深化国有企业改革，让竞争行业中的国有企业成为不依靠政府倾斜政策，与民营企业一样受到公平对待的独立市场竞争主体。《中共中央国务院关于深化国有企业改革的指导意见》中曾提出，“该管的要科学管理、决不缺位，重点管好国有资本布局、规范资本运作、提高资本回报、维护资本安全；不该管的要依法放权、决不越位，将依法应由企业自主经营决策的事项归位于企业，将延伸到子企业的管理事项原则上归位于一级企业”。十九届四中全会着重提出的将国有资本做强、做大、做优也非常有科学性，与将国有企业做强、做大、做优有重大差别。与此同时，创新，特别是技术创新，主要靠市场而不是政府，靠民企而不是国企。民营经济、创新经济最强的是美国，靠的是民企，也靠企业家精神。

第三，提升对外开放的层级，倒逼竞争中性改革。在改革进入深水区之后，改革每往前走一步都十分艰难，开放之于改革的倒逼作用就显得异常重要。进入新时期，“零关税、零壁垒、零补贴”，加强知识产权保护，创造公平竞争营商环境等正成为开放体系下全球经济贸易和投资的目标和重点。这样的开放，对于竞争中性原则的落地具有倒逼作用。并且，新时期的对外开放不能仅仅停留在商品、要素等方面的流动型开放上，也要向规则、议程等方面的制度型开放转变，全方位开展更高标准、更高水平的双边和多边自由贸易协定谈判,加快推进中欧、中英、中日韩、RCEP(区域全面经济伙伴关系)等主要多边双边自由贸易协定谈判或升级谈判,积极探讨加入CPTPP(全面与进步跨太平洋伙伴关系协定)的可行性,在全球贸易规则重塑中保障自身利益。

十九届四中全会将推进国家治理体系和治理能力现代化上升到更高的位置。现代化经济体系是国家治理体系中重要的一环。现代市场经济体系的基本特征是有能、有为、有效、有爱的维护和服务性有限政府及有效的竞争市场,这是理想目标,是基准点、参照系,但只有向最好的学,与最好的比,才能做到更好。"有能"主要是讲国家治理能力和政府的执行力;"有为"是政府在应该作为的地方(主要是维护和服务)不缺位;"有效"是政府行政的效能和效率;这三个主要是处理好政府与市场的关系问题,"有爱"则是讲处理好政府与社会的关系问题。对政府与社会关系的处理是:社会能够自组织、自治理、自服务的,就应放权给社会,政府不必大包大揽。但是目前来看,社会的作用实在是太小,真正好的社会,需要有良好的社会治理。真正有爱的政府,需要解决好收入分配差距、基尼系数过大的问题,满足人民日益增长的对美好生活的需要,尤其是在生、老、病、居、教等民生方面的需要,真正做到生计有所靠、终老有所养、疾病有所医、住者有所居、求学有所教,这才是广大民众真正期望的,也是有能、有为、有效、有爱的维护和服务性有限政府的应有职责。长远来看,持续拉大的收入差距和不平衡发展是会出大问题的。

所以,这里的逻辑是,必须要通过政府的恰当定位来解决政府与市场以及政府与社会的关系。政府、市场与社会三者间的关系不是相互独立的,好的、有效的市场经济和好的、规范的社会都基于政府的恰当定位。十九大报告对于怎样建立包容性的市场经济,以及国家治理体系和治理能力的现代化,也提供了非常准确的描述。报告提出要"以完善产权制度和要素市场化配置为重点,实现产权有效激励、要素自由流动、价格反应灵活、竞争公平有序、企业优胜劣汰"的市场建设目标,也提出要"转变政府职能,深化简政放权,创新监管方式,增强政府公信力和执行力,建设人民满意的服务型政府"。这两段话基本对应了有能、有为、有效、有爱的维护和服务性有限政府的行为特征,正好对应经济包容性、国家强制力(依法治国)和政府执行力及社会包容和谐性的提升,并点出了政府应回归到维护和服务的基本职能上来。

总之，定位恰当的维护和服务性有限政府治理模式，在经济体制转型、结构变迁及市场失灵中发挥着不可或缺的指导性作用，硬性的产业政策尽管是需要的，但应该保持适度、保持慎用，更重要的是，提供基础性制度环境的市场化改革。中国目前离构成现代化经济体系的目标还有较大差距，需要从产业政策更多地过渡到竞争政策，进一步强化竞争中性、所有制中立原则，特别是在当前内外严峻经济环境下市场化改革就显得尤其必要。只有通过市场化改革不断地逼近维护和服务性有限政府这一理想状态，才能建立现代化经济体系，落实创新、协调、绿色、开放、共享的新发展理念，让经济走向更加平衡和充分的高质量发展路径。坚持全局观念和系统思维，以改革、发展、稳定、创新和治理五位一体的综合治理方式，通过根本性的制度变革来正确处理好政府与市场、政府与社会之间的关系，真正让市场在资源配置中起决定性作用，更好而不是更多地发挥政府的作用，并发挥社会自组织在诸多公共事务中的桥梁纽带作用，才能有助于国家治理体系和治理能力现代化目标的早日实现。

附　件

疫情冲击下的中国宏观经济：挑战与出路

中国2020年第一季度宏观经济数据日前公布，国内生产总值(GDP)按可比价格计算同比下降6.8%，尤其是1、2月份主要经济指标下滑严重，3月份有所改善，这反映了新冠疫情导致国内经济活动被严重抑制所带来的巨大负面冲击。随着疫情在全球范围内的持续蔓延，世界各国的经济活动也受到不同程度的影响。中国改革开放以来所形成的、受益其中的全方位全球供应链、产业链、资金链，出现不同程度地被干扰、被中断的情况，且疫情的负面冲击还未见底，需要有忧患意识、危机意识。

面对疫情给资本安全、供应链安全带来的巨大冲击，中国不能因此走向封闭、孤立，还是要进一步推动更高层次的对外开放，以共同利益和共享价值观来凝聚自由贸易的同盟军，确保自身供应链、产业链、资金链安全。同时，为了做好“六稳”工作、实现“六保”目标，短期内中国需要稳步推出具有针对性的减税降费和转移支付政策，并配合有节奏的定向宽松货币政策，减轻国内企业尤其是民营中小企业负担。此外，扩大新基建投资可以发挥一定的作用，但需要注意适度控制规模，并扩大民企参与。

面向未来，中国要以开放倒逼市场化改革，进一步激发激活内部需求，走向内需驱动的创新型经济发展模式。这不是否认继续参与经济全球化的必要性，而是强调自身的内在经济循环体系要建立健全，进一步发展壮大民营经济、进一步保障改善民生生活、进一步促进提升民富水平，建立以中产阶层为主体的橄榄型社会和以民企创新为主导的创新型经济，促进经济可持续增长、高质量发展和动态社会稳定，实现国家治理体系和治理能力的现代化。

接下来，本报告将从当前中国经济运行的主要特征、风险因素及其对策建议三个方面展开论述。

一、当前中国经济运行的主要特征

(一)消费持续低迷，投资增速持续为负，贸易顺差大幅收窄

1. 1～2 月消费骤减，3 月降幅收窄

受新冠疫情暴发的影响，2020 年第一季度社会消费品零售总额 78 580 亿元，累计名义同比下降 19.0%。同比增速与 2019 年同期相比，下降了 27.3 个百分点；与课题组 2019 年年底的预测值相比，低了 25.7 个百分点，反映了新冠疫情黑天鹅事件的巨大负面冲击。其中，1～2 月份名义同比下降 20.5%，扣除价格因素实际下降 23.7%；3 月份降幅收窄，名义同比下降 15.8%，实际同比下降 18.1%。餐饮类下滑最为严重，第一季度累计同比下降 44.3%。同比增速与 2019 年同期相比，下降 53.9 个百分点，降幅在各类消费中最大。1～2 月份在各地封城、旅游业停滞以及居家隔离等措施的影响下，餐饮业的同比增速为－43.1%。3 月份以来，虽然疫情在全国范围内逐步得到控制，但餐饮业并未得到好转，其 3 月份的同比增速为－46.8%，说明人们仍然保持谨慎的态度。除餐饮类消费，其余绝大部分消费品在经历了 1～2 月份的断崖式下滑之后，在 3 月份出现反弹。在零售类中，网上零售类消费在此次疫情中发挥了重要作用。线上商品类消费在第一季度累计同比增速为 5.9%，与 2019 年同期相比，仅下跌 15.1 个百分点，降幅在各项消费中最小。商品类中的食品类消费累计增长 32.7%，与 2019 年水平持平。而对线上服务类商品的需求则较上年同期降低 24.3%，这也反映了服务业在疫情中遭受重创。限额以上单位消费品的同比增速也在经历了 1～2 月份的骤然下跌后在 3 月份出现反弹，其前两个月和 3 月份的同比增速分别为－23.4%和－15.0%。第一季度累计同比增速为－20.5%。同比增速与

2019 年同期相比,下降 24.6 个百分点。

在限额以上单位消费品中,食品类的消费是受疫情影响最小的种类。在 1～2 月份名义同比增速为 9.7%,与 2019 年年底水平相当。而在 3 月份同比增速大幅提高,名义同比达到 19.2%,为近五年最高。食品类消费的提升从侧面说明餐饮业等具有服务性质的消费仍处于低迷状态。需要指出的是,食品价格水平自 2019 年年底以来居高不下,叠加春节错峰和疫情影响,使得食品类实际同比增速在 1～2 月份为－7.0%,在 3 月份回升至 3.7%。中西药品类的消费受疫情影响相对其他种类要小很多,主要原因是疫情带来的不确定性,促使人们囤积药物以备不时之需。中西药品类的同比增速在 2020 年第一季度仍保持正值,名义同比增速在 1～2 月份为 0.2%,而在 3 月份上涨至 8.0%,扭转了 2019 年下半年以来持续下滑的局面。这也反映了人们对疫情的发展仍然持有诸多不确定性,负面心理依然存在。

由于疫情发生在 1 月份,而在 2 月份持续蔓延,消费者的恐慌心理应该在 1～2 月份最为高涨,并反映在这段时间对日用品需求的激增。然而数据显示,日用品类消费的同比增速却在 1～2 月份降至－8.8%,而在 3 月份反弹至 6.5%。课题组分析认为,1、2 月份各地减工减产使人们对日用品类的消费被动下降,而积压的需求在 3 月份复工复产之后得到释放。随着 3 月份复工复课,文化办公用品的需求出现反弹,其同比增速由 1、2 月份的－8.9%上升至 3 月份的 6.1%。与此同时,在居家办公和“停课不停学”的政策下,更多的人选择在家办公,以网络的形式进行沟通和传输信息,各地各级学校也纷纷开展网络授课,这都使得 3 月份通信器材类消费品同比增速由负转正,由 1、2 月份的－8.8%上涨至 3 月份的 6.5%。

相反,在非耐用品的消费中,服装类和化妆品类的消费没有明显回暖迹象。疫情发生以后,服装类消费 1～2 月份同比下跌 30.9%,3 月份同比进一步下滑 34.8%。这主要是因为保持社交距离和居家办公等政策的实施,使得人们减少出门和逛街的次数,所以对服装类的需求出现大幅缩减。同样,化妆品类的消费也在 2020 年第一季度出现近五年来的首次负增长,累计同比增速为－13.2%。

家具类和建筑及装潢材料类消费的同比增速在 1～2 月份分别跌至－33.5%和－30.5%。当疫情在 3 月份得到有效控制之后,各地复工复产的脚步加快,使装修行业得到复苏。同时房地产市场出现回暖迹象,人们在前两个月积压的购买力得到一定程度的释放。无论是新房还是二手房的成交量都相较 1、2 月份有了明显提高,这也促进了家具、装潢材料类的消费。家具类和建筑及装潢材料类消费的同比增速在 3 月份有所回升,分别为－22.7%和－13.9%。

在所有消费中降幅最大的类别为汽车类消费,其同比增速在 1～2 月份跌至－37.0%。3 月份以来随着国内疫情逐步控制,汽车市场也得到回暖,其同比降幅收窄至 18.1%。这里一部分原因是前两个月购买力得到释放,也有相当一部分原因是在疫情警报未能全面解除的时候,出于安全和健康考虑,更多人倾向私家车出行。

最后,疫情在 1 月份的暴发和在 2 月份的蔓延使得各地相继出台封城政策,陆路交通和空中运输量大幅缩减。疫情带来的不确定性也使得相当一部分人取消出行计划,无论是公共交通还是私家车出行都极大减少。减工减产也降低了市内交通流量以及对工业用油的总需求。因此,1、2 月份无论是汽油、柴油等交通运输类的用油需求量,还是燃料油、石油溶剂等工业用油的需求量都大为降低,使得石油及制品类消费的名义同比增速为－26.2%。随着各行各业相继复工,石油及制品类消费的名义同比增速在 3 月份反弹至－18.8%。应当指出的是,由于疫情在全球的蔓延,致使人们外出活动减少,大批企业无法生产,原油供给大于需求,全球油价走低。石油及制品价格指数由 2 月份的 99.0 降至 3 月份的 91.1,使得 3 月份石油及制品类消费的实际同比增速反超名义同比增速,为－10.9%。

2. 投资增速持续为负,降幅有所收窄

全社会固定资产投资名义增速持续为负,实际增速也为负,但较 1～2 月份月均有所回升。2020 年第一季度全社会固定资产投资名义累计同比下降 16.1%,比 2019 年全年累计增速下降了 21.5 个百分点,比 1～2 月份累计同比回升 8.4 个百分点。剔除价格因素后,第一季度全社会固定资产投资实际同比下降 17.3%。整体民间投资增速从 2019 年全年累计同比 4.7%进一步下滑至 2020 年第一季度的－18.8%。分大类看,制造业投资增速较 2019 年年底降幅最大,基建投资次之,房地产业投资增速降幅最小。

2020年第一季度，制造业投资增速同比下降25.2%，比1～2月份降幅收窄6.3个百分点，比2019年全年大幅下降28.3个百分点。制造业投资最多的几个行业里，高技术制造业中的计算机、通信和其他电子设备制造业增速仅下降10.2个百分点，但降幅较1～2月份继续扩大，其他行业包括非金属矿物制品业、电气机械及器材制造业、化学原料及化学制品制造业、通用设备制造业、专用设备制造业、汽车制造业等行业第一季度投资增速均下降较多，且较1～2月份有所收窄。3月份工业增加值同比仅下降1.1%，随着产能利用率的回升有助于制造业投资修复，但工业增加值的回升可能是赶工前期订单，当前工业企业利润明显下降，1～2月份全国规模以上工业企业利润同比下降38.3%，且受海外疫情的影响，外需景气度下降，因此制造业投资增速受需求端的影响仍可能持续为负。4月17日召开的中央政治局会议中关于制造业投资的要点，一是促进传统产业改造升级；二是扩大战略性新兴产业投资，且提出要支持企业出口转内销，以支持制造业投资。

基建投资增速下降16.4%，不含电力、热力、燃气及水的生产和制造业的基建投资增速下降19.7%，比2019年全年下降23.5个百分点，比1～2月份降幅收窄10.6个百分点。基建投资的逆周期调节作用有望发力。疫情冲击带来的停工停产使得基建项目进度受到影响，随着企业基本复工以及项目申报和审批速度加快将加快基建落地。截至2020年3月31日，全国各地发行新增专项债券1.08万亿元，占2020年部分新增专项债券额度的84%，发行规模同比增长63%。按照国务院常务会议部署，各地发行的新增专项债券，全部用于铁路、轨道交通等交通基础设施，生态环保，农林水利，市政和产业园区等领域重大基础设施项目建设；各地用于符合条件重大项目资本金的专项债券规模约1 300亿元，积极带动社会资本，扩大有效投资。目前，投入基建领域的专项债资金占比已超过75%。此外，4月20日的国家发改委新闻发布会上首次定义新型基础设施主要包括信息基础设施、融合基础设施、创新基础设施三个方面，此前广义新基建在整个基建投资中仅占10%左右，在当前经济发展的需要之下可能促进整个产业链的转型和升级，激活结构性潜能。中央政治局会议同样指出要积极扩大有效投资，实施老旧小区改造，加强传统基础设施和新型基础设施投资，促进传统产业改造升级，扩大战略性新兴产业投资。课题组认为，在传统基建稳投资的前提下，新基建可以对投资进行结构化升级改善、增加社会资本的参与度，从而积极扩大有效投资。

房地产投资受影响相对较小，但第一季度整体也呈现负增长态势。2020 年第一季度房地产业投资累计下降 9.3%，降幅比 1～2 月份收窄 8.8 个百分点。房地产开发投资第一季度累计下降 7.7%，降幅比 1～2 月份收窄 8.6 个百分点。特别是，3 月份房地产开发投资当月同比增长 1.1%，为正增长。从销售数据来看，30 个大中城市商品房成交面积 2 月份以来探底回升，土地购置面积和新开工面积降幅双双收窄，预计房地产投资增速将继续回升。从政策来看，中央政治局会议再次提出要坚持房子是用来住的不是用来炒的定位，促进房地产市场平稳健康发展，因此房地产投资回升应较平稳。

分地区看，第一季度，东部、中部、西部、东北地区投资降幅分别比 1～2 月份收窄 7.9、4.9、14.2 和 4.7 个百分点；全国已有 4 个省份实现正增长，比 1～2 月份增加 3 个。分产业看，第一季度，第一产业投资下降 13.8%，降幅比 1～2 月份收窄 11.8 个百分点；第二产业投资下降 21.9%，降幅收窄 6.3 个百分点；第三产业投资下降 13.5%，降幅收窄 9.5 个百分点。第三产业占全部投资的比重为 69.1%，比 2019 年同期提高 2.1 个百分点。

3. 对外贸易增速大幅下滑，货物贸易顺差和服务贸易逆差均较 2019 年同期大幅收窄

2020 年第一季度，受中美贸易摩擦和 COVID-19 全球蔓延的双重影响，进出口增速均出现较大幅度下滑。其中，进出口总额为 9 432.2 亿美元，同比增长－8.4%；出口总额为 4 782.1 亿美元，同比增长－13.3%；进口总额为 4 650.1 亿美元，同比增长－2.9%。出口增速下跌幅度大于进口增速下跌幅度，贸易顺差为 132.0 亿美元，相比 2018 年同期减少 597.1 亿美元。受 2020 年年初以来人民币汇率波动的影响，以人民币计价的进出口增速略高于以美元计价的进出口增速，2020 年第一季度，进出口总额、出口、进口的人民币值增速分别为－6.4%、－11.4%、－0.7%。

进出口增速出现大幅下滑的原因是：第一，COVID-19 先后在中国和世界范围暴发，导致进出口企业的生产和运输均受到持续性的负向影响。

与此同时,COVID-19 的全球蔓延还导致内、外部需求持续疲软。在以上供给和需求负向冲击的双重影响下,尽管 2019 年增速基数较低,2020 年第一季度进出口增速仍然出现大幅下滑。第二,尽管中美双方政府已签署第一阶段贸易协议,但截至目前双边关税仍未出现实质性下降,是进出口增速下滑的又一原因。2020 年第一季度,中国对美国出口和中国自美国进口分别增长－25.2%和－3.7%,大幅低于总出口和总进口增速。第三,与非贸易企业不同,外贸企业的生产链和供应链在全球范围内配置,导致在疫情全球蔓延的背景下,外贸企业间的协调变得异常困难,是导致进出口增速下滑的又一重要因素。

分贸易方式来看,无论是加工贸易还是一般贸易,出口增速均低于进口增速;无论是出口还是进口,加工贸易增速均低于一般贸易增速。分国别来看,对美国出口增速和从美国进口增速均出现大幅下降,持续的中美贸易摩擦及其引发的汇率波动已经对中美双边贸易造成了较大的负面影响。中国对东盟出口增速和从东盟进口增速均显著好于其他国家,与东盟的贸易额持续扩大,导致 2020 年第一季度东盟超越欧盟,成为我国第一大贸易伙伴。出口增长动力主要来自东盟,对中国香港地区的出口增速大幅下滑,新型市场的需求未出现明显回升;进口方面,中国自东盟进口增速和俄罗斯进口增速均出现较大幅度正增长。

服务贸易方面,受 COVID-19 蔓延和货物贸易收缩影响,服务贸易进口较 2019 年出现较大幅度下滑,服务贸易出口略有增长,服务贸易逆差较 2019 年同期大幅收窄。2020 年 1～2 月,服务贸易总额为 455.9 亿美元,同比增长－12.7%,其中,服务贸易出口总额为 175.9 亿美元,同比增长 11.2%;服务贸易进口总额为 280.0 亿美元,同比增长－23.1%;服务贸易逆差为 104.0 亿美元,较上年同期减少 101.5 亿美元。

(二)疫情冲击减缓了 CPI 和 PPI 剪刀差缩小的速度

2020 年 1～3 月份 CPI 同比增速分别为 5.4%、5.2%、4.3%,第一季度平均同比增速为 4.9%,1 月份受春节错月和以猪肉为代表的食品价格大幅上升等多种因素的影响,创下近 8 年来新高。然而,扣除食品和能源的核心,CPI 第一季度增速仅为 1.3%,创下自 2013 年有核心 CPI 数据以来的历史新低。2020 年第一季度食品价格同比上涨 20.3%,大幅高于

2019 年年均 9.2%的增速,其中 2 月份创下近 11 年来的历史新高,主要是由于新冠疫情导致交通运输受阻,影响物资配送供给,同时部分居民由于恐慌而囤购食品。相反,第一季度非食品价格同比上涨 1.1%,其中 3 月份创下近 5 年来的历史新低,主要是由于疫情抑制了非生活急需品的需求。具体来看,1～3 月份食品价格同比增速分别为 20.6%、21.9%、18.3%,影响 CPI 上涨约 4.10、4.45、3.70 个百分点;非食品价格同比增速分别为 1.6%、0.9%、0.7%,影响 CPI 上涨约 1.29、0.73、0.57 个百分点。因此,疫情扩大了 CPI 的结构分化。

从食品分项来看,猪肉的影响最大,主要原因是尚未完全消失的非洲猪瘟导致猪肉供给恢复缓慢,叠加春节和疫情等因素的影响,使得猪肉价格处于历史高位。2020 年 1～3 月份猪肉价格同比增速为 116.0%、135.2%、116.4%,分别影响 CPI 上涨约 2.76、3.19、2.79 个百分点,均大幅高于 2019 年年均 42.5%的增速。除猪肉外,鲜菜价格也对 CPI 同比增速有较大影响。受春节错月和新冠疫情等因素的影响,2020 年 1～3 月份鲜菜价格同比增速分别为 17.1%、10.9%、−0.1%(2019 年同比增速为 4.1%),影响 CPI 上涨约 0.45、0.33、0 个百分点。从非食品分项来看,2020 年第一季度医疗保健类、教育文化和娱乐类、交通和通信类价格分别同比上升 2.2%、1.9%、−1.5%。受疫情影响,2 月份教育文化和娱乐类以及交通和通信类价格同比增速有明显下降,但医疗保健类价格比较平稳,主要是因为尽管疫情使得某些药品和医疗服务的需求上升,同时也使得人们对其他一些药品和服务的需求有所下降,存在一定的相互抵消。与 2019 年相比,2020 年第一季度价格同比增速下降较多的是衣着类和居住类,增幅分别缩小 1.4 和 1.2 个百分点,主要是由于疫情防控使得 2、3 月份许多人足不出户或生活在老家,进而使得相应的衣着和居住需求减少。

从消费品和服务的分类角度来看,2020 年第一季度 CPI 较 2019 年同比增速大幅上升主要是由消费品价格同比增速快速上升所致。1～3 月份消费品价格同比上升 7.7%、7.9%、6.2%,影响 CPI 上涨约 4.85、4.98、3.91 个百分点,均明显高于 2019 年年均 3.6%的增速。而 1～3 月份服务价格同比增速分别为 1.5%、0.6%、1.1%,影响 CPI 上涨约 0.56、0.22、0.41 个百分点,低于 2019 年年均 1.7%的增速。如前分析,消费品价格上升主要受春节、猪肉供给和疫情防控等因素的影响,2月份服务价格创下金融危机以来的历史新低,主要是由于2月份严格的防控措施使得部分服务无法消费,降低了需求。

因此,受以禽畜肉和蔬菜为代表的食品价格和春节错月等因素的影响,CPI在1月份达到近几年峰值,之后呈现下降趋势,第一季度CPI同比增速较2019年年均增速显著上升。但突发的疫情冲击使得交通运输受阻,影响食品供给,同时叠加猪瘟等其他因素,进而导致2月份食品价格同比增速达到近11年来新高,因此2月份CPI同比增速仅比1月份下降0.2个百分点,疫情冲击减缓了CPI同比增速下降的速度。考虑到国际国内新冠疫情对农畜产品供应链的影响以及基数效应,课题组预计2020年食品价格同比增速尽管呈下降趋势,但增速依然保持高位(特别是上半年);疫情也使得国内外需求减少,核心CPI将保持低位震荡。因此,课题组预计2020年CPI同比增速总体震荡下行,但警惕CPI的结构分化,特别是食品价格绝对水平的上升所带来的生活成本上升以及收入下降共同作用所带来的中低收入家庭生活压力的大幅上升,因此建议2020年扩大农畜产业的生产。

2020年1～3月份PPI同比增速分别为0.1%、－0.4%、－1.5%,环比增速分别为0%、－0.5%、－1.0%,跌幅扩大。第一季度PPI平均同比增速为－0.6%,低于2019年年均－0.3%的增速。PPI同比和环比增速的下降主要受生产资料价格的影响,根据课题组的计算发现,目前生产资料在PPI中的权重约占74%。1～3月份生产资料价格同比增速分别为－0.4%、－1.0%、－2.4%,分别导致PPI上涨约－0.27、－0.74、－1.79个百分点;生活资料同比增速为1.3%、1.4%、1.2%,分别导致PPI上涨约0.35、0.38、0.32个百分点。进一步分析显示,2020年第一季度生产资料同比和环比增速下降主要是由于采掘业和原材料价格同比和环比增速的下降所致。1～3月份采掘业价格同比增速分别为4.7%、1.1%、－4.0%,环比增速分别为0.8%、－2.3%、－3.5%。1～3月份原材料价格同比增速分别为－0.8%、－2.2%、－5.2%,环比增速分别为0.3%、－1.3%、－2.7%。事实上,生产资料价格增速的下降与国际油价变化密切相关。第一季度国际原油价格总体呈现下降趋势,特别是3月份原油价格大幅下滑,这主要由于疫情在全球的扩散致使许多人外出活动减少，大批企业无法生产，从而降低了对原油的需求，同时沙特和俄罗斯之间的价格战使得原油价格雪上加霜。总体来说，2020 年第一季度 PPI 同比增速较 2019 年跌幅略有扩大，且 2020 年第一季度内同比跌幅也有所扩大。

分行业来看，多数工业行业价格同比下跌。2020 年第一季度 30 个主要行业中，16 个行业产品价格同比下跌，跌幅超过－3％的行业有 4 个，分别为化学纤维（－11.0％）、化学原料和化学制品（－4.6％）、煤炭开采和洗选业（－3.9％）、纺织业（－3.1％）；14 个行业产品价格同比上涨，涨幅超过 3％的行业有 4 个，分别为黑色金属矿采选业（7.5％）、农副食品加工业（7.1％）、有色金属矿采选业（3.3％）、烟草制造业（3.0％）。与 2019 年相比，2020 年第一季度 30 个主要行业中，20 个行业产品价格同比增速下降，其中燃气生产和供应业、化学纤维制造业、黑色金属矿采选业、煤炭开采和洗选业降幅较大，分别下降 4.9、4.9、4.8、4.7 个百分点；仅 10 个行业产品价格同比增速上升，其中农副食品加工业增幅较大，上升了 4.1 个百分点。

因此，突发的全球疫情冲击降低了对国际原油的需求，扩大了沙特和俄罗斯价格战对原油价格的影响、使得原油库存迅速增加，3 月份原油价格大幅下滑，达到近几年历史新低，甚至 4 月份出现原油期货合约为负的历史奇观，疫情冲击也降低了对其他一些大宗商品的需求，从而 3 月份 PPI 同比增速达到－1.5％，因此疫情冲击拉低了 PPI 增速。考虑到国内复工复产的逐步开展、OPEC＋已于 4 月上旬达成新的减产协议、原油较高的库存、疫情对国内外供需的影响，以及为了缓解疫情冲击多国推出的经济刺激政策所产生的大量超发货币等各种因素的综合影响，课题组预计，未来几个月 PPI 同比跌幅将有所收窄，但依然在低位震荡。

综上所述，疫情冲击减缓了 CPI 同比增速下降的速度，同时拉低了 PPI 增速，减缓了 CPI 和 PPI 剪刀差缩小的速度。随着 CPI 增速回落和 PPI 跌幅缩窄，课题组预计，未来一段时间剪刀差总体将呈现缓慢缩小的趋势。

（三）劳动力市场严峻

2020 年第一季度受新冠疫情影响，失业率上升，城镇新增就业人数同比大幅下降，岗位供求受到较大冲击，PMI 从业人员指数均大幅波动；居民收入增速首次出现负值；流动人口明显下降；高校毕业生就业压力大；低收入群体和民营企业就业大幅下降；中小企业复工缓慢，生活性服务业复岗率较低；外贸冲击显现；互联网经济缓冲效应明显；就业形势严峻，劳动力市场承压。

1. 新增就业人数大幅下降，失业率上升，劳动市场供求同步下降

第一季度失业率上升，新增就业人数出现下降；招聘岗位与求职人数出现双下降；PMI 从业人员指数 2 月份达到低点，3 月份回升，出现大幅波动；全国企业就业人员周平均工作时间下降。

数据显示，1～3 月份的全国城镇调查失业率分别为 5.3%、6.2%、5.9%，季度环比上升，同比增加 0.2%、0.9%、0.7%。其中，31 个大城市城镇调查失业率为 5.2%、5.7%、5.7%，同比分别增加了 0.4%、0.7%、0.6%；新增就业人数累计 229 万人，同比下降 29.3%。

第一季度整体劳动力的供给和岗位需求总量均大幅下降。智联招聘数据显示，第一季度招聘职位数同比下降了 27.8%，招聘人数同比下降了 26.8%。服务业和文化传媒行业同比下降超过 40%，文体教育、互联网 IT、金融业、批发零售等行业同比下降 30%～40%，农业和制造业同比下降 20%～30%，交通运输、房地产和商务服务业同比下降 10%～20%，而能源矿产行业和政府非营利机构受到的影响最小，仅有不到 10%的下降。

从春节后趋势看，市场回暖仍显缓慢。BOSS 直聘数据显示，第一季度就业市场总体招聘需求同比下降 34%，旅游业、广告传媒业、住宿业、餐饮业成为重灾区，春节后十天招聘需求同比分别下降 78.4%、70.7%、68.2%、67.7%，春节后七周招聘需求均环比回升 10%～30%，但同比分别下降 67.4%、53.1%、53%、52.9%，就业形势仍不景气。本次疫情相比“非典”时期对劳动力市场的冲击范围更广、持续时间更长，3 月份就业需求尚未恢复至正常水平。

1、2 月份制造业 PMI 从业人员指数分别为 47.5%、31.8%，虽然在 3 月份恢复至较高水平 50.9%，但这与 PMI 指数的环比性质有关。非制造业情况略有不同，为 48.6%、37.9%、47.7%，2 月份仍处于历史较低区间。非制造业下服务业 PMI 从业人员指数分别为 47.4%、38.9%、

46.7%,3月份仍处于收缩区间;建筑业从业人员指数为55.3%、32.3%、53.1%,3月份恢复至正常水平。制造业和非制造业生产和就业都随着疫情演变产生了大幅度波动,服务业的恢复明显落后于制造业和建筑业,并且季度末市场需求尚未恢复到同期水平。

1~3月份全国企业就业人员周平均工作时间分别为46.7小时、40.2小时、44.8小时,相比上一季度有所下降,其中2月份下降幅度最大,同比下降4.7小时。2020年2月末外出务工农村劳动力人数累计12 251万人,春节期间外出务工人数同比出现下降。

2. 居民收入水平增速首次呈现负值

第一季度居民人均可支配收入累计值为8 561元,增长率为−3.9%。城镇与乡村居民可支配收入累计值分别为11 691元和4 641元,城镇居民实际收入同比下降3.9%,农村居民实际收入同比下降4.7%,农村居民降速相对较高。自2013年第一季度实施新的统计制度以来,全国居民与城乡居民实际收入同比首次出现降低。城乡居民收入比值为2.52,与2019年同期几乎持平。本季度经济下行,居民收入下滑,城乡间的收入差距逐步缩小的趋势没有出现改变,这可能因为疫情对城乡居民收入造成的短期冲击大小相对同质化,长期影响仍然需要观察。

3. 人口流动性下降

全国公路、水路和铁路以及华东地区民航客运量都同比下降。公路方面,2月份全国公路客运量总计13 792万人,同比下降52.4%。其中,山东和陕西下降幅度相对较大,同比下降73.3%和72.6%;北京和广西下降幅度相对较小,同比下降38.4%和34.2%。水路方面,2月份全国水路客运量总计297万人,同比下降55%。其中,安徽和山西下降幅度相对较大,同比下降88.8%和83.5%;而上海降幅最小,同比下降34.5%。民航方面,2月份华东地区民航客运量总计5 033 525人,同比下降84.3%。其中,安徽下降幅度相对最大,同比下降87.6%;上海和福建下降相对较小,同比下降82.1%和82.5%。铁路方面,春运期间(1月10日到2月18日),全国铁路客运量为2.1亿人,同比下降47.3%。其中,江西省的降幅相对最大,同比下降55.7%。

2020年春运之初全国总体迁徙趋势与2019年大体相近。但全国总体迁徙指数从1月21日至25日开始大幅下降,降幅远大于2019年农历同期。且从1月25日开始,全国总体迁徙趋势持续远低于2019年农历同期全国总体迁徙趋势。直到2月9日之后,各地各企业逐渐复工后才波动上升趋向于2019年同期水平。有研究表明①,城市人流量相关趋势在1月20日之前与2019年相似,但在23日之后远低于2019年同期水平。

4. 高校毕业生就业压力大

高校毕业生作为最受关注的就业主体,预计2020年将超过870万人,同比增加40万人,绝对人数和增幅均创下2012年以来的新高,预计留学归国人数将达到60万左右。同时,目前高校生就业主要分布在第三产业,统计局数据显示,大学毕业及以上学历的就业人员在高技术服务业中占比最高,教育行业中占比近45%,信息技术和金融业均为40%左右,多个重点去向行业受到本次疫情的冲击显著。根据BOSS直聘调研数据,春招季应届生整体招聘规模同比下降22%;春节后十天,广告/传媒、汽车、交通/物流/贸易、文体娱乐、服务业、金融业应届生招聘需求同比分别下降69%、67%、57%、54%、53%、50%,电子/通信、能源/化工/环保、制药/医疗、互联网行业应届生招聘需求同比分别下降46%、41%、38%、39%;春节后三周,广告/传媒业、服务业、金融业、交通/物流、文体娱乐、互联网行业应届生招聘需求同比分别下降72%、68%、56%、56%、55%、50%,但医疗和制药行业应届生招聘需求同比仅下降8.8%。应届生就业难度大,招聘供需不平衡。

参照"2019年全国高校毕业生就业状况抽样调查"数据,以60%的求职比例计算,估计受影响的毕业生将超过500万人。目前已出台对小微企业招用高校毕业生给予一次性吸纳就业的补贴、国有企业连续两年扩招高校毕业生、扩大2020年专升本和硕士研究生招生规模、大学生应征入伍规模等政策,旨在同时拓宽高校毕业生就业渠道和鼓励深造、延缓就业,但就业形势最终依赖于各行业的恢复情况,后续政策效果有待观察。

5. 低收入群体和民营企业就业大幅下降

低收入群体的就业人数和工资水平都有较大幅度的下降。智联招聘

---

① Hanming Fang, Long Wang, and Yang Yang. (2020). Human Mobility Restrictions and The Spread of the Novel Coronavirus (2019-ncov) in China(No. w26906)[J]. National Bureau of Economic Research.

数据显示，各个收入层次的职位需求人数下降比例均超过 10%，其中对于月薪低于 4 000 元的职位，招聘需求人数下降比例高达 44%，而对于月薪超过 25 000 元的职位，下降比例仅为 12%。低收入人群受新冠疫情的影响最大，这些低收入人群一旦失去工作，更不容易找到工作，与 2019 年同期相比，复工第三周招聘职位数下降 57.27%，平均招聘薪酬环比下降 2.35%，较多企业缩减招聘规模并削减薪酬。

外资企业和民营企业劳动力需求大幅下降、国企稳定就业较为乏力。据智联招聘数据显示，2020 年第一季度合资和外商独资企业招聘职位数的下降幅度超过了 30%，民营企业的职位需求下降幅度约为 26%，国有企业的职位需求数量也下降了约 20%。[①]

分地区来看，疫情严重地区就业问题突出，湖北及其周边省份受影响大。疫情冲击下，劳动力跨地区流动受阻，东部地区招工难、用工贵，中西部地区外出难、就业难，劳动力滞留问题突出，在 2019 年劳动力市场大范围重新匹配的形势下[②]，跨地区的劳动力误配将进一步加深，摩擦性失业和结构性矛盾将进一步上升。

6. 中小企业复工复岗困难

规模以上工业基本复工，但复岗率滞后于复工率。截至 2 月 23 日，全国规模以上企业复工率达到 83.1%，3 月 1 日提高到了 95%；截至 3 月 28 日，全国复工率 98.6%，基本实现全面复工。分地区来看，截至 2 月 25 日，浙江复工率已超过 90%，而江苏、山东、福建、辽宁、广东、江西复工率也均已超过 70%。复岗率方面，2 月 23 日全国规模以上工业企业复岗率仅为 51.9%；3 月 1 日达到 67.9%；3 月 28 日复岗率比 3 月 1 日增长了 22%，达到了 89.9%。但总体来看，复岗率仍然滞后于复工率，产能有待进一步恢复。

规模以上制造业主要行业复岗率超过 70%，住宿、家政业复岗率较低。根据工信部数据，钢铁、电子行业的员工复岗率均超过 90%，其中，电子信息行业平均复岗率已达 95%。纺织、汽车、机械、轻工等行业员工复岗率也在 70%～90%之间，其中，纺织行业重点企业开工率达到

---

① 部分数据引自北京大学光华管理学院研究报告：《新冠疫情对劳动力市场、中国及全球产业链的影响》。

② 具体数据分析详见本书相关内容。

97.1%，复岗率达到75.9%。总体来看，劳动力密集的制造业如纺织业复工进程较慢。相比制造业，服务业中住宿家政等行业复工进程更为缓慢。根据商务部数据，餐饮、住宿、家政等企业的复岗率分别达到了80%、60%、40%，仍有大量劳动力无法回到工作岗位。截至3月底，工业未复岗人数至少为1 333万人，餐饮业为468万人，住宿业为240万人。根据2019年末各行业就业人数对未复岗人数进行估算，仅考虑以上三个行业的情况下，3月底未复工或失业的劳动力人数可能达到2 000万人左右。

中小企业中有近四分之一仍未复工，复工复岗进程缓慢。大量企业在2月内无法实现复工，复工企业中，员工到岗率也不高。根据中国企业创新创业调查(ESIEC)的数据，截至2月17日，有79.8%的企业在2月10日前无法复工。而根据工信部的监测数据，截至2月25日，中小企业复工率仅为30%，一个月后复工率涨至76.8%(截至3月29日)。相比规模以上工业企业，中小企业复工进程较为缓慢。在复岗率方面，ESIEC数据显示，截至2月17日，有45.5%的企业员工到岗率不到70%，有38.5%的企业存在用工短缺问题。而对于员工短缺的问题，有近一半的企业主要通过延期供货等方式缓解用工短缺带来的负面冲击。

中小企业中，第二产业复工率高于第三产业，生产性服务业复工率高于生活性服务业。工信部信息显示，中小企业中，工业、建筑业等第二产业复工率高于生产性服务业，生产性服务业高于生活性服务业。其中，住宿与餐饮业是主要受影响的行业，根据清华五道口金融学院的调查数据，住宿和餐饮行业在2、3月份的经济活动恢复水平分别为2019年同期的12.8%和23.5%，住宿和餐饮行业的大部分企业处于停业或者已复工，但离正常经营活动差距较大。

7. 外贸冲击显现

国际疫情于3月份迅速蔓延，外需不足成为主要出口压力，进出口行业用工压力上升。据BOSS直聘数据，春节后七周进出口行业招聘需求突变，环比下降2.7%，春招季外贸行业的应届生整体招聘需求也同比下降43%。商务部数据显示①，2018年中国每百万美元出口拉动的就业分

① 数据引自2018年商务部《全球价值链与中国贸易增加值核算研究报告》。

别为总出口41.5人次、货物贸易出口40.2人次、加工贸易出口26.2人次、服务贸易出口56.5人次。假设2019年出口拉动就业的效率保持平稳，以总出口2.8万亿美元、货物出口2.5万亿美元、服务贸易出口2 800亿美元估计，总出口拉动就业约1.16亿人次，其中，货物贸易约1亿人次，服务贸易约1 600万人次。据海关总署数据，第一季度货物出口总值同比下降约11%，主要产品出口额下降10%～15%，据此估计，直接导致的失业或停业可能达到1 100万人次。①

8. 互联网缓冲效应明显

面对新冠疫情，互联网依赖程度较高的新兴服务行业受冲击较小，这些行业主要包括在线教育、外卖餐饮、在线娱乐、同城快递业务等；而互联网依赖程度较低的传统服务行业均遭受较大冲击，这些行业主要有交通运输及仓储业、旅游业等。

新兴服务业中，疫情为在线教育行业带来了较大流量红利。疫情暴发迫使大量的线下用户纷纷转至线上，大幅扩容线上流量池，头部机构通过免费直播课迅速获取千万生源，大型教育培训机构借助互联网技术，体现出较强的抗风险能力。从外卖餐饮行业看，疫情期间，随着餐饮商家对线上市场以及数字化技术重视程度的上升，外卖行业有继续扩张的趋势。从文娱行业看，春节期间受疫情影响，在线娱乐需求显著提升，在线视频使用时间占比显著提升。从快递业看，1、2月份同城业务收入表现优于2019年同期。

传统服务业中，铁路、公路、水运客运量与旅客周转量大幅下滑，货运量及货物周转量也下降明显。从仓储业来看，综合仓储指数和业务量均同比下降，新订单量、业务利润也下降明显。从旅游业看，携程旅游、同程旅游等互联网运营平台用户活跃数同期环比下降明显，在本次疫情中受到了较为严重的负面冲击。通过对比可以看出，互联网经济的发展对新冠疫情短期冲击的缓冲效应明显。

疫情暴发迫使大量的线下用户纷纷转至线上，为在线教育行业带来较大流量红利。春节期间新冠病毒疫情发酵，新东方等传统线下龙头机构迅速响应，第一时间关停线下班，将所有寒假课程移至线上交付；学而

① 这里的人次估计仅使用第一季度货物贸易出口数据，不包括服务贸易。

思网校等头部的在线教育机构也纷纷推出免费直播课吸引流量。据Questmobile数据显示,疫情期间教育学习App行业的日活跃用户数量(Daily Active Users)从平日的8 700万上升至春节后的1.27亿,升幅达46%。根据个推大数据显示,学而思网校春节期间平均日活和新增用户较2019年同期分别增长834.31%和2 422.66%,目前日活跃用户达到千万级别。头部机构通过免费直播课迅速获取千万生源。疫情将K12在线教育获客规模从百万级提升至千万级,这将明显降低行业获客成本。由此可以看出,大型教育培训机构借助互联网技术,体现出较强的抗风险能力。

随着餐饮商家对线上市场以及数字化技术重视程度的上升,外卖餐饮行业有继续扩张的趋势。根据美团研究院公布的《2019年及2020年疫情期美团骑手就业报告》数据显示,疫情暴发后,从1月20日至3月18日,美团平台共新增33.6万有单骑手。他们在武汉市、湖北省和全国各地承担部分医疗物资、医生餐食以及居民日常生活的配送工作。从订单量看,疫情期间分布量最大的新增骑手日订单量集中在11～20单,占比为40.7%;其次为10单以下,占比为33.3%,一定程度上反映出疫情期间保障居民日常生活的消费需求较为旺盛,骑手日均有效接单量与2019年相比有所提升。

春节期间受疫情影响,在线娱乐需求及在线视频使用时间占比显著提升。根据Questmobile的数据,春节期间在线视频的使用市场占比从平日的8.5%提升到12.2%,提升幅度显著。春节期间网络电影日均有效播放同比提升100%,《囧妈》《肥龙过江》两档院线电影在转向网络平台播出后,有效播放位居春节档网络电影前两位。

虽然规模以上快递业整体表现下滑,但1、2月份同城快递业务收入表现优于2019年同期。同城快递业务收入在2020年1、2月份快递业务收入环比下降39.17%,比2019年同期少了3.68%。疫情期间,异地快递受物理隔绝影响,业务无法正常开展;而同城快递则在互联网经济的帮助下,业务收入表现甚至优于2019年同期。

铁路、公路、水运货运量及货物周转量下降明显,仓储业整体表现差于2019年同期。三种运输方式1、2月份客运量环比同期分别下降5.98%、28.51%、17.27%,货物周转量环比同期分别下降5.88%、

28.86%、5.66%，其中水运货物周转量环比同期下降主要由平均运距下降导致。仓储业第一季度综合仓储指数同比下降5.07个百分点，业务量同比下降9.33个百分点，新订单量下降6.84个百分点，业务利润也下降明显，下降了11.87个百分点。

旅游业整体业绩下滑，App用户活跃人数同期环比下降。截至3月16日，我国有28个省(区、市)3 714家A级旅游景区恢复对外营业，复工率仅超过30%。另外，中国旅游研究院发布《2020年清明节假日旅游市场研究报告》显示：2020年清明假日期间全国国内旅游接待总人数达4 325.4万人次，同比减少61.4%；实现旅游收入82.6亿元，同比减少80.7%。此外，线上五大旅游App平台[①]用户活跃人数2月环比同期均下降。

(四)金融市场流动性充裕

从货币供应来看，2020年第一季度M1和M2的同比增速分别为4.8%和10.1%，均呈现反弹之势。其中，M1的反弹主要在疫情影响之下复工复产进度较慢，春节期间大幅增长的现金仍未回存至银行所致，预计随着复工复产的推进，M1的增速在第二季度将下降至2019年同期水平；M2的增速反弹明显，为近三年来最高水平，这主要受其他存款大幅度增长的影响。

从融资需求来看，第一季度社会融资总量为11.08万亿元，同比多增2.47万亿元，实体经济融资需求上升。其中，对实体经济发放的人民币贷款增加7.25万亿元，同比多增9 607亿元；企业债券净融资1.7万亿元，同比增加8 450亿元；非金融企业境内股票融资1 255亿元，同比增加724亿元；表外融资减少840亿元，同比少增1 447亿元；外币贷款折合人民币增加1 910亿元，同比多增1 669亿元。另外，2018年7月以来，社会融资规模统计新增三项内容，即存款类金融机构资产支持证券、贷款核销以及政府债券。其中，政府债券第一季度融资规模为1.58万亿元，同比多增6 322亿元。第一季度政府债券和人民币贷款存量的同比增速分别为17.4%和12.6%，较社会融资存量11.5%的同比增速分别高出5.9个

① 五大旅游App平台为艺龙旅行、同程旅游、携程旅行、阿里旅行、途牛旅游。

和 1.1 个百分点,政府债券和人民币贷款是支持社会融资增速回升的主要力量。

从流动性投放来看,第一季度人民银行虽然在公开市场净回笼资金 5 300 亿元,但通过中期借贷便利(MLF)共计投放约 6 000 亿元的一年期的资金,并且已在 1 月和 4 月分别下调存款准备金率两次共计 1 个百分点,加上 5 月 15 日还将定向下调的 0.5 个百分点,共计投放长期资金将超过 1 万亿元。加上为了对冲疫情的影响,央行先后三次设立的专项再贷款再贴现额度共计 1.8 万亿元,今年前 4 个月,流动性净投放超过万亿元。在充分释放流动性的背景下,关键利率均出现不同程度的下行。其中,4 月一年期和五年期 LPR 报价分别为 3.85%和 4.65%,环比分别下降 20 个基点和 10 个基点;3 月底银行间债券质押式逆回购 7 天加权利率(DR007)为 2.07%,同比下降 0.8 个百分点;一年期 MLF 中标利率为 3.15%,同比下降 0.15 个百分点;3 月底金融机构人民币贷款一般贷款的加权平均利率为 5.48%,同比下降 0.56 个百分点。当前金融系统内流动性平稳充裕,实体经济融资成本明显下降。

从货币政策趋势来看,第一季度主要经济指标下滑明显,受疫情冲击严重,经济发展面临的挑战前所未有,虽然国内复工复产正有序推进,但是国外疫情发展迅速,不论各国采取何种措施应对,其经济都将受到不同程度影响,外部需求出现明显恶化的可能性较大。因此,预计为了对冲疫情的影响以及应对内外部经济可能出现的各种困难,财政政策将更加积极,政府债券在未来几个季度仍将回升支持社会融资增速的主要力量;而货币政策也将更加灵活,人民币贷款,尤其是中小企业的贷款,在贷款利率持续下行的作用下,也将保持较高增速,拉动社会融资需求的增长。相应地,预计货币供应增速在基本与名义 GDP 增速相适应的基础上适度提高。利率方面,欧美等主要经济体为了对冲疫情的影响,也纷纷开始实施宽松的货币政策,人民币汇率对息差的掣肘减小,未来 LPR 下降的空间已打开。

需要注意的是,当前全球疫情的影响已远远超出公共卫生领域,更大的影响正在金融经济领域发酵,由已出的国内外各主要经济指标数据和相关机构的预测便可见一斑。在经济金融领域风险不断加大的过程中,除了要关注金融机构的稳定性,还要注意金融机构可能出现的逆周期反映。例如，截至3月底，金融机构的超额准备金率为2.1%，较前三年同期均高出0.8个百分点，虽然超准的上升有法准转为超准的因素，但也有可能是因为风险配置等因素而使得金融系统内部出现了“流动性囤积”的问题。这一点，从央行4月7日将超额准备金率从0.72%下调至0.35%也可得到佐证。

此外，当前货币政策主要集中在为中小微企业提供帮扶，但是对家庭流动性的关注甚少，银行间利率水平的下降也已经开始传导至实体经济，但是尚未见到传导至消费信贷利率的证据。相关新闻报道甚至显示银行开始下调某些客户信用额度等，在当前居民可支配收入增速下降的时期，家庭的外部流动性不仅没有放松，反而更加收紧。但需要注意的是，当前消费大幅下滑也是拖累经济增长的重要因素，货币政策也应该在促进消费方面积极作为。从国内外研究来看，当经济下行时，除了房贷利率的下降将有助于从减少家庭利息支出的角度来缓解家庭流动性约束（Agarwal et al.，2019），信用卡利率下调或分期手续费的下降也将有助于通过刺激消费而拉动总需求，从而对实体经济的恢复产生积极影响（Dobbie and Song，2020）。

（五）贷款需求旺盛，融资渠口将仍处较高水平

贷款总体需求指数是反映银行家对贷款总体需求情况判断的扩散指数，由中国人民银行针对全国约3 000家银行机构开展调查获得，其取值范围在0～100%之间，以50%作为信贷需求的分界线，数值高于50%以上意味着企业贷款需求处于向好或扩张状态。截至2019年第四季度，中国人民银行发布的银行家问卷调查报告显示，企业贷款总体需求指数为65.3%，比上季度降低0.6个百分点，企业总体贷款需求指数小幅回落，表明实体经济有效信贷需求仍相对不足。与之相关联的是银行贷款审批指数，它是反映银行家对贷款审批条件松紧的扩散指数，其取值范围在0～100%之间，数值高于50%以上表示银行贷款审批条件相对宽松。该银行家问卷调查报告还显示，银行贷款审批条件指数为50.6%，比上季度降低0.5个百分点，虽然贷款审批指数处于宽松区间却有小幅回落，这在一定程度上说明银行资金供给较为充裕，但贷款审批条件有所趋严。

整体而言，贷款需求总体需求指数与贷款审批指数的差值为

14.7％，基本与上季度持平，意味着银行贷款资金相对供给不足，实体经济贷款需求仍无法得到显著满足。若以贷款需求与贷款审批的差值来刻画融资缺口，说明融资缺口仍稳定在较高水平。进一步地，结合2020年第一季度经济典型事实，从贷款资金的需求侧来看，在疫情冲击下，受疫情冲击严重的相关企业，面临着资金链断裂风险，从而可能会推高贷款需求。与此同时，疫情促使数字经济等新兴行业快速崛起，急需大量金融资金支持，实体经济融资需求旺盛的趋势将进一步扩大，预期贷款需求将回升。从资金的供给侧来看，在有关政策要求下，为保证疫情防控企业和机构的融资需求，银行对其贷款审批条件可能会有所松动。但总的来说，处于防控风险考量，商业银行尤其是中小银行可能会更加注重自身风险承担以及企业还款能力，使其贷款审批条件可能趋严。

分企业规模看，各类规模类型企业贷款需求指数继续分化。其中，大型企业贷款需求指数为54.9％，较上季度提高0.5个百分点；中型企业贷款需求指数为57.1％，基本与上季度持平；小微型企业贷款需求指数为69.6％，分别比上季度回落0.6个百分点。整体来看，虽然小微型企业贷款需求有所回落，但长期波动上升的趋势仍未改变，且小微企业贷款需求仍显著高于大、中型企业，说明小微型企业融资难、融资贵的问题依然凸显。事实上，小微企业作为我国宏观经济的“毛细血管”，创造了60％以上的国内生产总值、提供了80％以上的就业岗位、占企业总数的90％以上，其健康和发展直接关系着经济的发展和社会的稳定。然而，小微企业本身抗风险能力弱，叠加此次疫情冲击，其流动性资金将更加紧张，甚至面临资金链断裂的风险，资金压力剧增，可以预见短期内小微企业贷款需求将急速上升。另外，疫情后小微企业更需贷款资金助推其复工复产，这也许会进一步增加贷款需求。

虽然，相关部门出台了一系列缓解小微企业资金困境的政策，但如何从宏观政策传导到小微企业，实现“金融活水”的定向滴灌仍是亟需破解的难题。考虑到不同行业中小微企业在复工复产节奏上的差异性，金融机构需更加精准地服务中小企业，做到量体裁衣，对受疫情影响严重的分支机构适度提高不良贷款容忍度，放宽小微企业贷款标准，同时将融资成本保持在合理水平，进而缓解小微企业融资难题，增强小微企业应对疫情冲击的能力。

(六)人民币汇率波动加大，长期贬值压力不可忽视

2019 年 12 月 13 日，随着中美第一阶段经贸协议的达成，人民币稳步升值，在岸和离岸人民币于 1 月 17 日降至最低，分别达 6.858 5 和 6.866 9。进入 2020 年，突如其来的新冠疫情成为影响人民币汇率走势的主要因素。2 月底国内新冠疫情得到有效控制之前，人民币在 2 月 3 日至 6 日经历了小幅升值，之后随着疫情逐渐加剧，CNH 和 CNY 均呈现单边贬值的趋势，CNH 和 CNY 均“破 7”。2 月下旬，受疫情缓和的影响，CNH 和 CNY 均又呈现单边升值的趋势，并在 2 月 28 日当天升值至 7 以下。随着国内疫情形势的好转和海外疫情的扩散，美元指数下跌，人民币得到部分提振。然而，从 3 月 9 日起 10 天内美股熔断四次，市场陷入恐慌，避险情绪高涨，对美元现金强烈的持有意愿带动美元强势上涨，人民币被迫贬值，中间价于 3 月 20 日突破 7.1；在岸和离岸价也于 3 月 23 日分别达到 7.118 7 和 7.119 8 的高位。随后多个国家出台刺激政策提振市场信心，叠加美元指数受挫及我国复工复产的推进，人民币再度回暖。2020 年人民币在岸与离岸的汇差（离岸减去在岸）从 2016 年 1 月的 1 400 点大幅度缩小，显示人民币做空压力得到缓解，人民币汇率的市场化形成机制不断完善。然而有些问题仍不能忽视。2019 年两次汇差的大幅度上升分别发生在 5 月初和 8 月初中美贸易摩擦恶化时，其余时间基本在 0 周围小幅度震荡。而在 2020 年 3 月中旬全球金融市场动荡时，汇差再度大幅度上升至 664 个基点。此外，2020 年 3 月份外汇储备较 2019 年年底大幅度下降至 30 606.33 亿美元，环比下降 460.85 亿美元，降幅为 1.48%。2 月以来，疫情使人民币再度承压，外汇干预指数明显上升。

尽管如此，课题组认为应对人民币保持乐观前景。第一，目前我国疫情防控走在世界前列，已进入“外防输入、内防反弹”的新阶段，复工复产全面推进。此外，新型基础设施建设加快推进，降准释放资金，经济有望率先回暖。第二，中美利差处于历史高位，我国金融市场相对稳定，随着 4 月 1 日中国金融业的全面对外开放，会吸引海外资产流入。综上所述，课题组认为疫情对于人民币的贬值压力只是暂时性的，2020 年人民币有望稳中有升。但从中长期来看，疫情冲击带来的外需不振可能引起避险

资本再度外流;此外,美元通胀向国内传导,将使人民币升值承压。综上所述,课题组认为2020年中人民币汇率将在7.1左右波动,若发生重大黑天鹅事件,例如全球疫情形势急剧恶化、国际石油战突然严重升级,预计年中人民币美元将达到7.3左右。

在金融对外开放方面,明晟(MSCI)、富时罗素、标普等指数将我国股票和债券纳入并逐步提高权重。另外,为满足境外投资者对我国金融市场逐渐提高的需求,我国不断推动金融业开放,自2020年1月1日起,取消期货公司外资公司外资股比限制;自2020年4月1日起,在全国范围内取消基金管理公司外资股比限制;自2020年12月1日起,在全国范围内取消证券公司外资股比限制。

尽管课题组对人民币汇率保持信心,但是人民币长期贬值压力不可忽视。其一,中国外汇储备仍然具有弱点,纵使相较进口额度以及短期外债,外汇储备均十分充足,大大高于IMF所提供的警戒线。但是外汇储备/M2比例近来呈现下降趋势,2019年年底已经下降至11%以下,远低于IMF建议资本账户开放国家所该具备的20%(或是比对亚洲国家平均约为25%)。2020年以来,外汇储备/M2比例下降幅度明显增大,3月降至约10.3%的水平。自2015年“8.11汇改”以来,尽管我国实行了严格的资本管制,净误差与遗漏项所隐含的资本流出自2015年起连续3年呈现了2 000多亿美元的规模,2018年下降到1 600亿美元左右。其二,中国经济下行压力犹存。其三,需要关注新冠疫情、国际石油战和中美贸易摩擦的进一步发展。

贬值预期若使用人民币无本金交割远期外汇交易衡量,一年期、两年期与三年期远期外汇交易均显示较大的人民币的贬值预期。2019年第二季度以来,三者贬值幅度逐步增加,且分化逐渐扩大。(一年期NDF,2019/12:1.06%;2020/1:1.05%;2020/2:0.8%;2020/3:1.31%。两年期NDF,2019/12:2.01%;2020/1:1.50%;2020/2:1.38%;2020/3:2.64%。三年期NDF,2019/12:3.34%;2020/1:3.35%;2020/2:3.26%;2020/3:3.45%)。尽管2019年10月份以来,一年期、两年期、三年期NDF均有所下降,但三者的分化程度较2019年年初有加大趋势。过去一个月,三年的远期外汇交易价格指向约3.6%的贬值幅度,长期贬值预期仍不可忽视。

更长期汇率走势将受到中国货币政策的目标、各国货币政策、中国经济转型发展以及供给侧结构性改革是否到位等基本面影响。

(七)财政收支大幅下滑，地方债务负担加重

截至 2020 年 3 月，受新冠疫情拖累经济的影响，财政收入大幅下滑。公共财政预算收入累计同比下降 14.30%，增幅比 2019 年同期下降 20.50 个百分点。其中，税收收入累计同比下降 16.40%，比 2019 年同期降低 22.00 个百分点。降幅主要来自增值税、企业所得税和消费税。其中，增值税增幅为－23.60%，比 2019 年同期下降 34.30 个百分点；企业所得税累计增长－12.80%，增幅比 2019 年同期下降 28.60 个百分点；消费税累计增长－16.40%，增幅比 2019 年同期小幅下降 45.70 个百分点。同时，受欧美疫情影响，关税收入继续收缩，下降 13.80%，2019 年同期为负增长 6.80%。但在个人所得税方面，税收收入未减反增，累计同比增长幅度为 3.50%。

房地产相关收入方面，契税收入增长－19.95%，增幅比 2019 年同期大幅回落 26.73 个百分点；土地增值税增长－12.00%，比 2019 年同期下降 26.70 个百分点；耕地占用税收入上升－23.70 个百分点。另外，土地转让金收入增加－16.40%，增速比 2019 年同期减少 11.1 个百分点。随着房地产市场持续降温，地方政府卖地收入将受到制约，部分地方政府债务压力提高。

非税收入方面，截至第一季度，非税收入累计 6 955 亿元，同比上涨 0.10%，占公共财政收入(45 984 亿元)的比重小幅上升至 15.12%，比 2019 年同期(12.95%)上升了 2.17 个百分点，离金融危机前的个位数水平还有较大差距，且在疫情阶段不减反升，有必要加快制度建设，进一步规范涉企收费。

受疫情影响，财政支出大幅下滑。截至 2020 年 3 月，公共财政支出累计同比下降－5.7%，增幅比 2019 年同期下降 16.63%。其中，教育支持同比下降 7.1%，增幅比 2019 年同期降低 15.22%；科学技术支出降低 26.4%，增幅比 2019 年同期下降 44.23%；文化旅游体育与传媒累计同比下降 8.9%，增幅比 2019 年同期下降 29.41%；社会保障与就业累计同比下降 0.7%，增幅比 2019 年同期下降 12.93%；卫生健康支出增幅

4.8%,增幅比2019年同期下降2.99%;节能环保累计同比下降15.1%,增幅比2019年同期降低18.87%;城乡社区事务支出累计同比下降23.6%,增幅比2019年同期降低33.64%;农林水事务累计同比下降3.6%,增幅比2019年同期下降28.46%;交通运输累计同比下降16.5%,增幅比2019年同期下降44.88%

与同一时期实际GDP增速降幅(13.7%)相比,公共财政支出增速降幅略高,体现出一定程度的顺周期性,没有充分发挥出逆周期调节宏观经济的作用。在当前内外需求不足的经济下行时期,政府应当更主动地扩大财政支出稳定总需求,适当提高财政赤字率。

地方政府债务发行明显提速。截至3月底,2020年全国共发行地方政府债券1.61万亿元。其中,新增债券发行1.54万亿元,占提前下达新增政府债务额度的83.3%。一般债券5 065亿元,专项债券1.1万亿元,再融资债券681亿元。发行期限以长期债券为主,期限结构有所优化。第一季度平均发行期限15.7年,比2019年延长5.4年。其中,一般债券18.5年,专项债券14.5年。平均发行利率逐渐降低,第一季度平均发行利率为3.38%。其中,一般债券3.33%,专项债券3.4%。根据国务院常务会议安排,各地发行的新增专项债券全部用于铁路、轨道交通、农林水利、市政和产业园区等领域重大基础设施项目建设。此外,近期还将再提前下达1万亿元地方政府专项债券额度。

从存量债务看,截至3月底,全国地方政府债务余额22.82万亿元。其中,一般债务12.32万亿元,专项债务10.5万亿元;非政府债券形式存量政府债务1 889亿元。地方政府债券剩余加权平均年限5.5年,其中,一般债券5.2年,专项债券5.9年;加权平均利率3.53%,其中,一般债券3.54%,专项债券3.52%。

在疫情影响下,地方债务大量发行,将加重财力薄弱地区的债务负担。2020年到2024年将是地方政府存量债务到期高峰,每年到期地方债和城投债总额均超过4万亿元(分别为4.16万亿、4.44万亿、4.42万亿、4.74万亿、4.02万亿元)。地方政府间还债压力具有较大差异,负债率较高的省份包括青海(74.2%)、天津(71.9%)、贵州(71.1%)、宁夏(49.9%)等,各省债务集中于省会城市。城投债利差较高的省份包括云南(262.63)、湖南(188.22)、山西(182.72)、辽宁(174.07)等。[①] 随着财政政策为了应对疫情和外部冲击积极发力，有必要持续关注中西部经济欠发达地区，尤其是高负债地区的债务负担能力。

此外，地方债二级市场交易活跃度较低，截至4月17日，地方政府债券余额占债券市场比重为22.41%，但2019年以来二级市场成交占比仅为4.74%，应当进一步规范地方政府举债行为，提高债务发行和资金使用透明度，严控债务风险，合理定价，通过多种措施激活二级市场流通功能。

(八)疫情控制得当楼市下行放缓，把握政策平衡确保预期平稳

受新冠病毒疫情冲击，2020年第一季度全国商品房销售大幅度下滑。随着疫情逐步得到控制，下行态势在3月份有所放缓。2020年1～3月份，全国商品房销售面积2.20亿平方米，累计同比下降26.3%，降幅较1～2月份收窄13.6个百分点；销售额2.04万亿元，累计同比下降24.7%，降幅较1～2月份收窄11.2个百分点。

分地区看，第一季度东部地区商品房销售面积8 803万平方米，同比下降24.3%，降幅较1～2月份收窄11.6个百分点；销售额1.13万亿元，同比下降20.9%，降幅较1～2月份收窄9.1个百分点。中部地区商品房销售面积5 706万平方米，同比下降32.8%，降幅较1～2月份收窄12.4个百分点；销售额3 769亿元，同比下降36.1%，降幅较1～2月份收窄10.3个百分点。西部地区商品房销售面积6 824万平方米，同比下降21.9%，降幅较1～2月份收窄19.4个百分点；销售额4 746亿元，同比下降22.1%，降幅较1～2月份收窄18.5个百分点。东北地区商品房销售面积645万平方米，同比下降32.8%，降幅较1～2月份收窄8.2个百分点；销售额550亿元，同比下降28.4%，降幅较1～2月份收窄3.7个百分点。

疫情也引起了房价的波动。随着疫情逐步得到控制，全国房价整体上有所回升，但涨势并不明显。3月份70个大中城市新建商品住宅价格指数同比增长5.4%，涨幅较上个月收窄0.5个百分点，比1月份低1.1

① 根据各省城投债收益率与同期国债收益率之差加权计算。

个百分点;3月份环比上涨0.1%,涨幅较上个月扩大1个百分点,较1月份回落0.2个百分点,与2019年年底相比,新建商品住宅价格累计上涨了0.4%。3月份70个大中城市二手住宅价格指数同比上涨2.7%,涨幅较上个月收窄0.4个百分点,比1月份低0.8个百分点;3月份环比无增长,与2019年年底相比,二手住宅价格基本持平。

分城市看,3月份一、二、三线城市新建商品住宅价格指数同比分别上涨3.3%、5.8%和5.3%,环比分别上涨0.2%、0.3%和0.2%,环比涨幅较上个月分别扩大0.2、0.2和0.1个百分点,与2019年年底相比,一、二、三线城市新建商品住宅价格累计上涨了0.6%、0.6%和0.7%。从二手房看,3月份一、二、三线城市二手住宅价格指数同比分别上涨2.4%、2.5%和2.8%,环比分别上涨0.5%、0.2%和0.1%,环比涨幅较上个月分别扩大0.3、0.2和0.2个百分点,与2019年年底相比,一、二、三线城市二手住宅价格累计上涨了1.2%、0.2%和0.2%。

为了避免忽视房产异质性导致的房价的"被平均"问题,课题组基于公开数据,在控制了住房特征(如朝向、装修情况、楼龄等)和房产所在区域等属性后,构造了更能反映真实房价走势的可比指数。指数显示,2020年第一季度一线城市内部呈现出明显的房价分化,其中,北京和广州整体下行,3月份的房价较2019年年底分别下降了1.57%和1.86%;上海的房价与2019年年底基本持平,微降0.75%;深圳房价则快速攀升,3月份房价较2019年年底已上涨了4.71%。

受近年来严厉的信贷调控影响,定金及预收款和个人按揭贷款已经成为房地产开发企业最重要的资金来源,两者合计占房地产开发企业资金来源的比重已经从2015年的39.28%持续上升到了2019年的49.63%。伴随疫情对商品房销售的冲击,房地产开发企业的资金链承受的压力也在加大,2020年第一季度房地产开发企业到位资金累计同比下降13.8%,其中与销售相关的定金与预收款和个人按揭贷款累计同比分别下降22.4%和7.4%。销售不振使房地产开发企业的土地后续开发也受到影响,2020年第一季度房地产开发企业土地成交价款997亿元,同比下降18.1%,同期购置土地面积1 969万平方米,同比下降22.6%。从100个大中城市的土地成交情况看,2020年第一季度成交土地占地面积累计同比下降17.28%,至4月份前三周,降幅仅小幅收窄至15.52%,显示土地交易仍然较为谨慎。土地开发疲软进一步影响财政收入，2020 年第一季度国有土地使用权出让收入 1.11 万亿元，同比下降 7.9%。

由于土地出让收入在我国地方财政收入中占比较高，同时房地产开发活动涉及的产业链也较长，地方政府在保财政收入和稳经济增长的双重压力下，存在放松调控甚至刺激楼市的动机。另一方面，旨在为企业纾困的信贷资金中也有相当一部分通过各种制度漏洞流入楼市。这些问题的客观存在，结合炒家利用信息不对称进行的推波助澜，都会引发房价的上涨预期。客观而言，在新冠病毒疫情得到有效控制的前提下，为了有序推动房地产开发活动的复工复产、鼓励房地产市场交易活动回归正常水平，确有必要在“因城施策”的指导下对楼市调控政策进行边际调整，然而当前我国房价整体已处于较高水平，而经济增长中枢的下行、人口和劳动力的减少，都意味着经济的基本面已不足以支撑房价新一轮的快速上涨。4 月 17 日的中央政治局会议重申了“房住不炒、因城施策”的房地产调控主基调，稳地价、稳房价、稳预期的长期调控目标仍然不变，不以房地产为短期刺激手段仍是政策的底线。在当前的经济形势下，需要把握好纾困政策和调控政策的平衡，释放正确的政策信号来确保预期的平稳，避免楼市受到新一轮的刺激。

二、中国经济面临的主要风险因素

当前，中国经济面临的风险因素依然很多，下面主要从外部疫情蔓延、家庭流动性等相对比较突出的风险维度进行剖析。

（一）外部疫情蔓延对外贸的影响更大更持久，贸易增速下滑风险持续

第一，疫情在全世界的爆发，对全球化的世界经济构成了重大冲击，并从多个方面对我国经济造成不利影响。(1)从世界产业链的角度看，疫情重挫了发达经济体的消费信心，引发生产活动的急剧收缩。这种外部需求的骤然下降严重拖累了我国的出口，特别是对机电、纺织、服装等行业的冲击尤其严重。(2)疫情导致关键投入的断供，使参与全球产业链生产的中国外贸企业生产受阻，缩减了中国对全球产业链的供给。这一效

应与业已收缩的全球需求叠加，进一步加剧了外贸部门的下行压力。(3)更为严重的是，疫情的爆发阻碍了资源的跨国流动，对国内生产的供应链也构成了巨大挑战。疫情冲击不仅只对个别行业和外贸部门产生影响，还将通过供应链在国内产生涟漪效应，通过上下游关联使疫情的影响不断蔓延，最终扩散到全部行业，使整体经济面临全面下行的严峻局面。

第二，为了应对疫情造成的国际产业链断供，各国不得不被动补全国内生产线，客观上导致了全球产业链的萎缩和贸易保护主义的趋势性强化；同时，全球贸易风险的增加也会进一步削减 FDI，导致全球生产性资本在长期内将出现再分配与再平衡。疫情的全球大流行检验了各国应对重大突发公共事件的能力和协调公共资源的能力。已有文献表明，风险是决定 FDI 流向的一个重要因素，因此，本次疫情大考将改变不同国家对国际资本的相对吸引力，从而引起长期内全球资本的再配置。

第三，据 1～2 月份数据，我国企业对“一带一路”沿线 48 个国家和地区的新增投资同比增长 18.3%，对沿线 59 个国家和地区新签对外承包工程合同额同比增长 25.6%。“一带一路”沿线国家和地区进出口贸易表现好于其他地区。随着疫情在世界范围内的蔓延，“一带一路”投资活动在短期内可能面临劳务输出受限、货物出口受阻以及基建项目延期等问题。但从长期来看，参与国恢复生产的迫切需求仍将推动“一带一路”项目持续进行，同时加强对“一带一路”国家和地区的投资与贸易，有利于缓解发达市场需求不振和贸易保护的外部压力，并有助于释放部分国内过剩产能，缓解国内就业问题。中国作为“一带一路”项目的主要债权人，如何维持债务的稳定可持续性，是长期对外投资风险的重点考虑因素。

第四，从全球价值链参与(backward participation)的角度，出口中包含的外部增加值比例较高的行业，受到疫情的影响也将越大，主要行业及其外部增加值占比为：焦炭和精炼石油产品制造约 35%，计算机、电子产品和光学产品制造、电力设备制造约 30%，橡胶和塑料制品制造、基本金属制造、其他运输设备制造约 18%。其中，计算机、电子产品和光学产品制造、电力设备制造等行业的外部增加值占总的外部增加值近 50%，因此外部产业链断供风险将主要对这些行业产生影响。此外，如果某些行业用于出口的中间品进口投入比例较高，则其受外部影响也越大，这些行业及其出口中的中间品进口投入占比为：计算机、电子产品和光学产品制造、电力设备制造约 53%，纺织品制造约 43%，电子设备、化工、基本金属制造约 30%。这些行业也将受到较大影响。

综上所述，新冠疫情给国际产业链带来的冲击，不但在短期中加剧了我国经济的下行压力，也对我国经济的中长期发展构成了挑战。从另一个角度看，这进一步凸显了转换增长模式的必要性和紧迫性，对加快服务业发展和经济结构转型提出了更高的要求。能否将压力转换为动力、成功实现经济增长从外需导向、要素驱动向消费引领、效率驱动的动力切换，关键在于制度性、结构性、市场化改革的成效。

（二）家庭部门储备现金"过冬"，未来流动性问题不容忽视

家庭金融配置方面，受新冠肺炎疫情影响，2 月份社会消费品零售总额同比增速跌至－20.5%，由此导致家庭部门短期贷款新增额在第一季度陷入负增长，特别是 2 月份，家庭部门短期债务单月减少 4 504 亿元。虽然 3 月份短期贷款新增额攀升至 5 144 亿元，创下有史以来的新峰值，但总体上导致 2020 年第一季度短期贷款新增额减少 509 亿元。而中长期贷款新增额则较为稳定，虽然受疫情影响 2 月份仅增加 371 亿元，但 1 月份和 3 月份同比仍然是正增长，特别是 1 月份，达到了 7 491 亿元的新峰值。从整体来看，家庭部门中长期贷款新增额的同比增速略好于新增人民币贷款的增速，但短期贷款的增速则要差得多。具体而言，2020 年第一季度，我国新增贷款增速同比下降 33%，而家庭部门中长期贷款仅下降 9%，短期贷款增速下降 112%。

从新增贷款的构成上来看，无论是中长期贷款还是短期贷款，经营性贷款在 3 月份均有明显增加，由于经营性贷款主要针对农户和个体工商户的贷款，这一增加也体现了金融机构在疫情当前对实体经济的支持。具体而言，3 月份短期经营性贷款增加 2 716 亿元，中长期经营性贷款增加 1 056 亿元，均达到近些年来的新高。而消费贷款也在 3 月份回归历史平均水平。虽然在第一季度金融系统对于家庭部门提供了足够多的支持，但伴随着海外疫情的加剧，宏观经济的恶化，同企业部门一样，家庭部门在未来一段时期也亟须金融系统的持续支持。

在家庭部门的债务存量方面，截至 2020 年第一季度，家庭部门共累积了 13.5 万亿元左右的短期贷款、43 万亿元左右的中长期贷款。受疫

情影响,家庭的债务结构发生了重大变化,家庭短期贷款与中长期贷款的比值已经由疫情前的40%左右下降至30%左右,家庭对中长期债务变得更加依赖。而在增速方面,家庭中长期贷款的增速虽然从2017年以来一直呈现下降趋势,但在2020年发生跃升,由2019年平均17%左右上升至20%左右。在宏观经济整体受疫情持续影响的当下,家庭部门背负的沉重的中长期贷款产生的还款流,会进一步挤占家庭的流动性。

家庭债务在持续累积的同时,家庭存款的增速加快。2020年1月份,家庭部门新增存款4.24万亿元,虽然2月份减少了1 200亿元,但3月份又继续增加2.35万亿元,是2008年金融危机以来各年3月份的最高值,远超2019年同期的8 800亿元,这也使得2020年第一季度的家庭存款再创新高,比2019年同期增加近4 000亿元。家庭部门1月份存款增加最多的5个省份分别为江苏、浙江、四川、安徽、河北,这5个省份的新增存款额占到全部存款的近40%,由于这几个省份均为民营经济较为发达或者人口流出大省,因此可以说1月份存款增多更多是由于春节的原因。但在3月份疫情影响下,家庭部门存款继续快速增长,这一方面可能是由于疫情导致消费下降,家庭留存的现金增多,同时疫情也导致房地产、股市等其他投资渠道不畅,但课题组认为,更重要的原因是家庭预防性储蓄动机的加强。面对未来汹涌而至的不确定性,家庭有足够的动力增加储蓄、降低消费,而这会使得经济复苏更为困难。

家庭对现金流枯竭的恐惧并非空穴来风,根据课题组利用中国家庭追踪调查(China Family Panel Studies, CFPS)这一微观数据所做的分析,如果家庭在1～12个月内失去收入,但仍然保持原来的消费状况,则面临流动性约束的家庭比例会上升,特别是那些低收入家庭。3个月没有收入就可以使得60%以上的低收入家庭陷入流动性约束的境地。同时由于低收入者的食品恩格尔系数更高,因此,食品价格的上涨对低收入者影响更大,而这会放大疫情对低收入者流动性的冲击,使得对低收入者的实际影响更大。

(三)新冠肺炎流行期的外部经济形势

摩根大通于3月下旬披露,基于当时数据,全球经济在2020年将经历衰退,预计增长幅度为0.9%;4月IMF发布预测结果,指出世界经济

2020 年度会出现 3.0%的负增长,其中发达经济体 GDP 收缩 6.1%。

2019 年第四季度,美国实际 GDP 相比 2018 年增长约 2.3%,全年增速为 2.3%;高盛预测美国 2020 年第一季度实际增速相比 2019 年减半,约为 1.2%,而 IMF《世界经济展望》中考虑 COVID-19 病毒疫情,认为美国 2020 年全年增速可能降至-5.9%。失业率数据方面,2020 年 1~3 月美国劳工部统计结果分别为 3.6%、3.5%和 4.4%。受新冠肺炎全国流行影响,美国登记失业人口在 4 月上旬逼近 1 700 万人。

欧元区 19 国 2019 年第四季度实际 GDP 增速约为 1%,为 2014 年第一季度复苏周期以来最低水平;各国失业率数据尚未完整公布,预计受新冠肺炎大流行影响较为显著。西欧的德国、法国和英国增速分别为 0.4%、0.8%和 1.1%,总体持续低迷;北欧的芬兰和瑞典截至 2020 年 2 月已出现失业率上升先兆,经济形势不容乐观;南欧的希腊、意大利和西班牙等国失业率居高不下,短期内难有好转。

2019 年第四季度,新兴经济体和金砖国家经济增长表现出短暂的向好迹象,然而 2020 年初的新冠肺炎疫情中断了这些地区的缓慢复苏态势。除韩国和印度增长表现尚可(2.3%和 4.7%)外,IMF 预计其余三国 2020 年全年经济衰退,均在-5%~-6%区间内。

受停工停产影响,全球产业链出现断裂重构倾向。日本内阁府 4 月 7 日会议资料在第四节“打造强韧的经济结构”中提及支持企业回流相关举措,相关预算规模为 23 万亿日元;包含其他用途在内,应对疫病流行时期经济困难的一揽子财政援助预算草案总额为 108 万亿日元。草案并未提到帮助企业回国投资的详细金额分配。

新冠肺炎疫情已造成全球大面积停产停工,不仅导致美国、日本等发达国家的产业回流与转移,甚至可能引发全球产业重新布局。目前,拉丁美洲局部地区和非洲部分国家政府对疫病流行状况丧失掌控,不排除下半年新冠肺炎反复流行、进一步延长全球衰退的可能。

三、短期对策及中长期改革建议

中国当前所面临的国内外环境都是空前严峻的,供应链、产业链、资金链受疫情影响,均受到不同程度的干扰乃至中断,且疫情的负面冲击还未见底,需要有忧患意识、危机意识。从外部看,中美关系走向依然是影响中国经济的重要外部因素,对潜在的贸易摩擦升级风险要未雨绸缪。为此,切实履行中美第一阶段协议,巩固保持现有成果,尽量不让贸易摩擦升级,同时在疫情对世界冲击之际以各种方式尽量提供人道主义的国际援助就显得非常重要。事实上,中国不仅要面对美国升级贸易摩擦的风险,整个世界外部环境在疫情冲击之下也正发生深刻变化。面对疫情给资本安全、供应链安全带来的巨大冲击,中国不能因此走向封闭、孤立,而是要进一步推动更高层次的对外开放,以共同利益和共享价值观来凝聚自由贸易的同盟军,确保自身供应链、产业链、资金链安全。

从内部看,短期内中国需要稳步推出具有针对性的减税降费和转移支付政策,并配合有节奏的定向宽松货币政策,减轻国内企业尤其是民营中小企业负担。同时,扩大新基建投资可以发挥一定的作用,但需要注意适度控制规模,并扩大民企参与。面向未来,中国要以开放倒逼市场化改革,进一步激发激活内部需求,走向内需驱动的创新型经济发展模式。这不是否认继续参与经济全球化的必要性,而是强调自身的内在经济循环体系要建立健全,进一步发展壮大民营经济、进一步保障改善民生生活、进一步促进提升民富水平,建立以中产阶层为主体的橄榄型社会和以民企创新为主导的创新型经济,促进经济可持续增长、高质量发展和动态社会稳定,实现国家治理体系和治理能力的现代化。

一是利用疫情对市场供求的冲击,加大对美农产品、能源产品采购力度,对冲国内粮食价格上升压力,充实能源战略储备,充分履行好第一阶段协议。就目前而言,许多国家已经开始限制粮食出口,包括俄罗斯也暂停对外出口大豆至6月,中国如果能够利用好中美第一阶段协议所达成的采购协定,有助于弥补进口缺口,保障自身粮食安全。与此同时,当前能源价格处于历史低点,正是中国逢低买入的良好时机,中国已经是全球各国中率先复工复产的经济体,人民生活也逐渐步入正轨,对于能源的巨大需求会逐步恢复增长。同时,第一阶段协议的良好执行、互利共赢,将为第二阶段的谈判提供一个好的基调。当然,中国也需要从人类命运共同体的角度出发,进一步做好包括对美在内的国际人道主义援助和医疗物资供应,为疫情之后的正常友好交往奠定民意基础。

二是主动朝着“零关税、零壁垒、零补贴”方向推动对外开放,团结日本、欧盟、英国等发达经济体，以多元化确保供应链，倒逼对内市场化改革。在美国不断合纵连横壮大其自由贸易网络的同时，中国同样也需要为中美第二阶段协议谈判积蓄自身力量，这种力量来自进一步的更大力度的改革开放。对外，要进一步扩大同盟军，目前中国所达成的自由贸易协定层面偏低，几乎没有与主要发达经济体的，不要自己将自己归并为中低端类，这特别不利于创新型发展和创新型国家的转变。因此需要朝着“三零”方向多点突破，以利益共享确保供应链安全和促进外部市场多元化。对内，要深化竞争中性、所有制中立导向改革，以法治推动政府职能转变，真正让市场在资源配置中发挥决定性作用，那样市场经济国家地位也是水到渠成的事。

三是深化科技体制改革，增强核心技术创新能力，以创新链支撑产业链，同时大力建设源发于中国的国际金融机构，并推动中企海外融资渠道多元化。科技是第一生产力，而科技创新有赖于体制创新的支持，要让民营企业在科技创新上发挥更大的作用，而不是由政府指定技术方向和路径，要在国际科技市场上参与竞争、合作，遵循国际通行的范式、标准、流程等开展相关研发工作，而不能仅局限在国内。同时，对亚洲基础设施投资银行、金砖国家新开发银行等中国发起的银行要对标世界银行、亚洲开发银行等开展高标准建设。此外，对于赴美上市的中概股可适度引导参照阿里巴巴等赴港二次上市，在解决融资需求的同时分散风险。

从更深层次的视角来看，中国应借此次疫情冲击及中美贸易摩擦升级潜在威胁，化危为机、倒逼改革，尤其是要深化合理界定和理清政府与市场、政府与社会的治理边界的结构性改革，以此解决市场和政府及社会各自缺位、过位和错位的问题。在政府方面，应朝着建立有能、有为、有效、有爱的刚柔相济的有限政府转变。在市场方面，应朝着有利于打破行政垄断壁垒、加大对内对外开放、促进要素自由流动、维护市场竞争环境、激发创新和企业家精神的方向去改革。4 月 9 日颁布的《关于构建更加完善的要素市场化配置体制机制的意见》，有利于充分发挥市场在要素资源配置中的决定性作用。在社会方面，应朝着大力培育社会自我组织、自我治理、自我服务能力的方向去改革。这些是事关中国国家治理体系和治理能力现代化的关键，也是中国能否从制度上、规则上、价值观上真正融入世界的决定性因素。

附 录

上海财经大学高等研究院简介

上海财经大学高等研究院成立于2006年7月，是专注于中国问题研究的学术研究机构和新型专业智库，与致力于原创性前沿理论研究和打造世界一流经济学学术重镇的经济学院一道，共同组成了国家首批“985工程”优势学科创新平台项目——“经济学创新平台”建设项目和理论经济学上海市高峰Ⅱ类学科的重要组成部分。近10多年来，研究院联合经济学院从世界一流大学大规模引进了100多名优秀海归博士，致力国际高水平原创研究，在*American Economic Review*等国际顶尖和知名经济学期刊发表论文200多篇，推动上海财大经济学科从在国际上籍籍无名变为跻身世界第35、亚洲第2、内地第1(根据荷兰蒂尔堡大学全球经济学研究机构2018年排名)的国际学术重镇。

高等研究院的使命在于以准确的数据为依据、先进的理论为指导、科学的研究方法为手段，理论结合实际，定性与定量分析并举，以项目的形式凝聚海内外研究力量，发挥群体作战的规模优势，联合攻关，研究中国改革和发展中出现的长远重大战略性问题和当前难点、热点经济问题，力图打造一个集科学政策咨询、重大项目研究、学术前沿探讨和高级人才培养于一体的大型综合研究机构。自成立以来，研究院形成了系列政策报告，产生了较大影响，许多报告受到相关部门和各界的高度关注及高层领导的重视，一些建议被政府采纳成为政策。

目前，2000 年诺贝尔经济学奖得主丹尼尔·麦克法登教授，2001 年诺贝尔经济学奖得主约瑟夫·斯蒂格利茨教授，国务院发展研究中心吴敬琏等国内外知名经济学家以及中央部委办的学者型领导担任研究院学术顾问委员。本着中西合璧、优化整合的原则，研究院组建了一支博士毕业于多伦多大学等世界一流大学和国内顶尖学府的 50 多人创新团队，并通过柔性机制吸纳了上海财经大学诸多优势学科的学术带头人与骨干力量参与研究院建设。

高等研究院现拥有"数理经济学"教育部重点实验室，与高等教育出版社共同主办全英文季刊 *Frontiers of Economics in China*，同时设立数据调研中心、中国宏观经济研究中心、农业与城乡协调发展研究中心、环境与自然资源研究中心、中国教育改革与发展研究中心、人口流动与劳动力市场研究中心、市场机制设计与信息经济研究中心、行为与实验经济学研究中心、卫生经济与老龄化研究中心、经济学研究全球竞争力评估中心以及博士后中心等常规研究中心。

课题组成员介绍

田国强(负责人)

美国明尼苏达大学经济学博士(1987 年)。高等研究院中国宏观经济形势分析与预测课题组负责人。主要研究领域包括经济理论、激励机制设计、博弈论、拍卖理论、匹配理论、数理经济学、经济转型、中国经济等。在 *Review of Economic Studies*, *Journal of Economic Theory*, *International Economic Review*, *Games and Economic Behavior* 等国际经济学顶尖和重要学术期刊发表论文 100 余篇,国内权威期刊发表论文近 100 篇,包括在《经济研究》发文 17 篇。著作《中国改革:历史、逻辑和未来》获第 16 届孙冶方经济科学奖。2016 年出版的《高级微观经济学》一书填补了微观经济学规范教材缺乏中国元素的空白。目前担任英文学术期刊 *Frontiers of Economics in China* 主编,*Annals of Economics and Finance* 共同主编,*Journal of Mechanism and Institution Design* 副主编,《经济研究》《学术月刊》等期刊编委。曾任中国留美经济学会会长(1991～1992 年)。

盛松成(首席顾问)

教授、研究员、博士生导师,享受国务院政府特殊津贴,第十一届全国人大代表,现任上海市人民政府参事、上海财经大学高等研究院中国宏观经济形势分析与预测课题组首席顾问、中国首席经济学家论坛研究院院长、中欧陆家嘴国际金融研究院常务副院长、中欧国际工商学院经济学与金融学教授,上海财经大学教授、博士生导师,清华大学五道口金融学院博士生导师,曾任中国人民银行调查统计司司长、人民银行沈阳分行行长等职,主要研究方向为货币金融理论与宏观经济调控。多年来,先后在《中国社会科学》《经济研究》《金融研究》和《中国金融》等重要刊物发表专业论文 100 余篇,出版多部著作,并在社会融资规模指标的研究、编制和推广中做出突出贡献。

黄晓东（首席顾问）

美国明尼苏达大学经济学博士（1998年）。中国宏观经济形势分析与预测课题组首席专家。目前担任英文学术期刊 *Pacific Economic Review* 的北美主编，英文学术期刊 *Frontiers of Economics in China* 的共同主编，英文学术期刊 *Macroeconomic Dynamics* 的副主编，曾任英文学术期刊 *China Economic Review* 的共同主编，英文学术期刊 *Canadian Journal of Economics* 的编委会顾问。在包括 *American Economic Review*，*Economic Journal*，*Journal of Economic Theory*，*Journal of International Economics*，*Journal of Monetary Economics*，*Journal of Money, Credit and Banking*，*Review of Economic Dynamics*，*Economic Theory*，*Journal of Economics Dynamics and Control*，*Journal of International Money and Finance*，*Macroeconomic Dynamics* 等国际期刊发表论文几十篇。主要研究领域包括宏观经济学、金融经济学、货币与财政政策、国际金融和贸易、中国经济。

项目成员（按姓氏拼音排序）

陈旭东

上海财经大学经济学博士（2017年）。现为上海财经大学高等研究院院长助理，助理研究员，曾获第16届孙冶方经济科学奖著作奖。主要研究方向：经济史学、中国经济。

陈媛媛

美国波士顿学院经济学博士（2005年）。现为上海财经大学高等研究院院长助理，人口流动与劳动力市场研究中心主任，教授，上海市浦江人才计划（2008年）。主要研究方向：劳动经济学、国际经济学、教育经济学。

龚　关

美国德州大学奥斯汀分校经济学博士（2005年）。现为上海财经大学高等研究院常任副教授。研究方向：应用计量、劳动经济学、健康经济学、老龄化和社会保障、发展经济学、中国经济。

宫 健

东北财经大学博士(2017 年)。现为上海财经大学高等研究院博士后。主要研究方向:宏观经济分析与国际金融。

蒋荷露

美国圣路易斯华盛顿大学经济学博士(2019 年)。现为上海财经大学高等研究院助教授。主要研究方向:宏观经济学、增长与发展、劳动经济学。

Youngsoo Jang

美国俄亥俄州立大学博士(2017 年)。现为上海财经大学高等研究院助教授。主要研究方向:宏观经济学、公共政策、经济周期和计算方法。

Hyeon Ok Lee

美国罗格斯大学博士(2019 年)。现为上海财经大学高等研究院助教授。主要研究方向:宏观经济学、银行学、财政稳定。

李 倩

纽约州立大学石溪分校经济学博士(2014 年)。现为上海财经大学高等研究院助教授。主要研究方向:宏观经济学、财政学。

李双建

南开大学经济学博士(2018 年)。现为上海财经大学高等研究院博士后。主要研究方向:宏观经济学、微观金融经济学、应用计量经济学。

林立国

西班牙巴塞罗那自治大学经济学博士(2008 年)。现为上海财经大学高等研究院副院长,副教授(常任轨),上海市浦江人才计划(2010 年)。主要研究方向:环境经济学、应用微观、应用计量。

刘子熙

德国法兰克福大学经济学博士(2016 年)。现为上海财经大学高等研究院助理研究员。主要研究方向:宏观经济学、国际经济学。

宁　磊

上海财经大学数量经济学博士(2016 年)。现为上海财经大学高等研究院副研究员。主要研究方向:宏观经济学、劳动经济学。

欧声亮

西班牙庞培法布拉大学经济学博士 (2019)。现为上海财经大学高等研究院助教授。主要研究方向:宏观经济学、货币经济学。

唐荣胜

美国圣路易斯华盛顿大学经济学博士(2017 年)。现为上海财经大学高等研究院助教授。主要研究方向:增长与发展、宏观经济学、劳动经济学、中国经济。

王小雯

香港大学经济学博士(2017 年)。现为上海财经大学高等研究院助理研究员。主要研究方向:宏观经济学、信息经济学。

王玉琴

美国南伊利诺伊大学卡本戴尔分校经济学博士(2013 年)。现为上海财经大学高等研究院助理研究员。主要研究方向:货币理论与政策、公司金融学、应用计量经济学。

吴化斌

上海财经大学经济学博士(2011 年)。现为上海财经大学高等研究院助理研究员。主要研究方向:宏观经济学、中国经济。

徐佳文

美国波士顿大学经济学博士(2013 年)。现为上海财经大学高等研究院助教授。主要研究方向:计量经济学、时间序列分析、宏观经济、金融预测。

杨轶波

香港城市大学经济学博士(2015 年)。现为上海财经大学高等研究院博士后研究员。主要研究方向:宏观经济学、经济增长与经济发展。

杨有智

美国爱荷华州立大学博士(2009 年)。现为上海财经大学高等研究院常任副教授。主要研究方向:经济理论、宏观经济学、动态契约理论。

张同斌

西班牙巴塞罗那自治大学博士(2017 年)。现为上海财经大学高等研究院助教授。主要研究方向: 宏观经济学、金融经济学。

赵　琳

中国科学院管理学博士(2013 年)。现为上海财经大学高等研究院助理研究员。主要研究方向:宏观经济监测、预警和预测、货币政策分析。

赵旭霞

上海财经大学经济学博士(在读)。现为上海财经大学经济学院博士。主要研究方向:宏观经济学。

朱　梅

北京大学金融数学博士(2009 年),阿姆斯特丹大学宏观经济博士后(2009－2011)。现为上海财经大学高等研究院副研究员、校讲席副教授。主要研究方向:宏观经济学、金融经济学。